[海外客家研究叢書06]

臺灣與東南亞客家認同的比較：
延續、斷裂、重組與創新

Comparing the Hakka Ethnic Identity in Taiwan and Southeast Asia:
Continuity, Breakdown, Remaking and Innovation

蕭新煌◎主編

Hsin-Huang Michael Hsiao

Editor

中央大學出版中心 | 遠流

《海外客家研究叢書》總序

蕭新煌

　　中央大學客家學院獲得李誠代校長的大力支持，於2012年底正式成立「海外客家研究中心」，在中心的工作目標裡，明列出版《海外客家研究叢書》，以貫穿教學、研究和出版的學術三大宗旨。

　　「海外客家」，顧名思義是以原鄉中國和本國臺灣以外的客家族群和社會做為研究對象。就客家族群歷史淵源來說，臺灣客家也算是中國原鄉的「海外」移民客家，但客家在臺灣經歷三百年的本土化、臺灣化和國家化之後，已與臺灣的新國家社會形成有機體。如此的國家化和「去離散化」的經驗乃構成臺灣客家與其他全球客家很不同的族群歷史和政治文化樣貌。基於此，如果將臺灣客家與其他海外客家進行比較研究的著作，當然也可以列入此一叢書。

　　到底「海外客家」有多少人？一直是人人有興趣、大家有意見，但彼此都不太確定的「事實」。偶爾會聽到的猜測竟高達8,000萬到1億，但根據1994年「世界客屬第十二次懇親大會」所公布的統計是6,562萬，似是比較嚴謹和實在的數字。在這6,562萬當中，中國原鄉大概有5,290萬、臺灣有460萬，剩下來的812萬客家人口，嚴格說來，就是本叢書系列著作要去探討研究的「海外客家族群」對象。

　　如何在這812萬海外客家裡，去做進一步的分類、理解和比較，恐怕也是見仁見智。我認為，至少要做以下的初步分類嘗試：

　　第一群是所謂海外華人集中的社會，即香港（125萬）、澳門（10萬）、新加坡（20萬）。在這三個社會裡，客家族群（共155萬）如何形成、演變，並與其他華人族群如何相同相異，當是很有意義的研究主題。

　　第二群是亞洲和太平洋的海外客家，其總人數有360萬，僅次於臺灣的460萬，包括印尼（150萬）、馬來西亞（125萬）、泰國（55

萬）、越南（15萬）、緬甸（10萬）、澳大利亞（4.3萬）、印度（2.5萬）、太平洋各島嶼（1.7萬）、日本（1.2萬）、菲律賓（6,800）和汶萊（5,000）。這些身處少數的亞太客家族群的變貌和如何維繫客家族群認同，及其與在地本土社會、族群和國家的種種生成、矛盾、辯證關係，即是有價值的探討課題。

第三群是北美洲和中南美洲的海外客家，共60萬。其中美國有28.4萬、加拿大有8.1萬，其餘的23.5萬則分散在秘魯、牙買加、古巴、圭亞那、巴拿馬和巴西等國。這些算是少數中的少數之海外客家族群經驗中，最難能可貴的恐怕就是如何去延續什麼程度的客家文化傳統和習慣的「微觀族群生活經驗」。

第四群是其他的海外客家，共28萬，包括歐洲的20萬和非洲的8萬。其中歐洲的英國有15萬、法國3萬，再次是瑞士、荷蘭、比利時，北歐的瑞典和丹麥也有少數客家人的蹤跡。至於非洲的模里西斯有3.5萬，算是可觀，南非有2.5萬，留尼旺約有1.8萬。

本叢書的目的就是計畫陸續出版有關上述這些分散五大洲，多達80個國家和社會海外客家族群之移民史、在地化歷程、「離散經驗」和維繫並延續客家文化認同的奮鬥和努力。

以上就是我做為本叢書總主編的出版想法和期許。

各章作者簡介

蕭新煌

中央研究院社會學研究所特聘研究員

國立中央大學客家學院講座教授

陳秀琪

國立中央大學客家語文暨社會科學學系副教授兼系主任

黃菊芳

國立中央大學客家語文暨社會科學學系助理教授

林開忠

國立暨南國際大學東南亞研究所副教授

利亮時

國立高雄師範大學客家文化研究所教授兼所長

林本炫

國立聯合大學文化觀光產業學系教授

張維安

國立交通大學客家學院教授兼院長

國立中央大學客家語文暨社會科學學系合聘教授

王俐容

國立中央大學客家語文暨社會科學學系教授

蔡芬芳

國立中央大學客家語文暨社會科學學系副教授

鄧采妍

科技部計畫「從印尼西加里曼丹到臺灣桃園——客家通婚與族群認同」研究助理

元培醫事科技大學學輔專案計畫人員

羅玉芝

科技部計畫「比較臺灣與東南亞客家經驗：臺灣客家族群發展的特色與典範移轉」研究助理

目錄

圖表目錄

第一部分

總論
Overview

第一章　臺灣與東南亞客家認同的延續、斷裂、重組與創新

蕭新煌

　　本書為集體創作的成果[1]，旨在勾勒和建構臺灣與東南亞客家族群發展的特色及其族群認同變貌的典範移轉。「族群認同」是需要經歷與外在社會政治文化脈絡接觸互動後，才會形塑並內化的集體族群意識，是多面向的建構，亦即為多種「制度性文化生活領域」共同呈現的綜合體，客家認同意識亦是如此。本書各章作者均為參與由我擔任總主持人的一項整合型研究計畫「比較臺灣與東南亞客家經驗：臺灣客家族群發展的特色與典範移轉」的子計畫主持人。該整合型研究目的是藉由比較研究來凸顯臺灣客家認同的特色，亦即對照東南亞客家的經驗，彰顯臺灣獨特的客家集體意識及其典範樣貌。

　　過去，我對客家族群意識認同是著眼和聚焦在「客家族群運動的分析」和「客家族群意識認同相關面向的主觀調查」。在過去幾篇分析臺灣民間社會運動的文章（如 Hsiao 2012；Hsiao and Ho 2010）或是族群運動（Hsiao 2013）或是看客家運動對地方社會的影響（蕭新煌、黃世明 2008），都很直接地將客家族群運動的興起、動員和影響視為促成、引發、凝聚和展現客家族群意識和認同的一種組織化、集體化的表現。同樣地，我利用「臺灣族群關係的社會基礎調查」的資料，分析四大族群對七個不同主觀認知態度時，也注意到客家族群在集體意識／認同反應上與閩南、外省、原住民族的異與同，並藉此

---

1 本書內容源自科技部整合型計畫「比較臺灣與東南亞客家經驗：臺灣客家族群發展的特色與典範移轉」（MOST 105-2420-H-001-001-）的研究成果，係由科技部補助經費，謹此致謝。並感謝不具名審查人對本書的修改建議，讓本書的呈現更臻完善。

勾勒臺灣客家族群意識在民主化後，在整個臺灣族群意識的光譜中出現「邊緣性和矛盾問題」的存在（如仍然被其他族群忽略，對族群本身的政治信心和勢力也未上升，但自覺愛臺灣的程度甚至高於閩南人）（蕭新煌 2002）。

我過去是將「族群社會文化生活面向和內涵」和「族群意識及認同」區隔開來處理，並未有意識地去將兩者做結合，或在理論分析架構上將「族群文化的變貌和呈現」及「族群運動和集體意識的表現」加以整合。

然而，若是關切「客家族群認同政治的形成、呈現和變化」而忽略「族群文化各個重要領域或內涵的消長和變貌」，就會失去理解「認同」內部相當豐富的真實生活文化的內容和元素（如施正鋒 2007）。如果只看「客家族群認同調查資料」，就推論客家認同的全部真相，更恐會失之調查時的口頭說法或口說無憑的遺憾。又，如果只聚焦 1988 年客家母語運動的因果，就論斷客家認同的多元體現，也恐會失之只看到族群運動及組織菁英或參與者的意志和表現，而未見更多多數客家族群民眾的生活變化（如范振乾 2007）。

換言之，從我過去臺灣客家研究的經驗警覺到，應該將「客家認同／集體意識」的理解和解讀涵蓋「文化元素和生活體現」面向的必要性和重要性。這種「文化生活－認同意識」連結的警覺，終於在我投入東南亞客家族群研究後有了實踐的機會。我在《東南亞客家的變貌：新加坡與馬來西亞》一書的編寫過程（蕭新煌 2011）中，已明顯呈現這種新考量。那本書是我與本整合型研究計畫部分成員共同進行的一項整合型計畫成果。從客家會館、客家聚落、客家產業[2]、客家宗教信仰和客家家庭這五個足以凸顯和展演客家族群生活重要面向

---

2 東南亞客家特有的族群產業，從早期的錫礦到現存的中藥鋪和典當鋪繼續提供客家經濟生計之途和延續企業／就業網絡，卻未必因此傳承更深一層族群文化傳統（蕭新煌 2011：27），由此顯現，客家產業不僅是凸顯和展演客家族群生活的重要面向之一，更可從其轉變觀察到東南亞客家「族群認同」變化的過程和結果。因此本書第二章將額外涵蓋客家產業的相關文獻回顧。

分別切入探討新馬客家族群「在地化」的過程和結果，除了可以藉此透視東南亞客家在他鄉經歷「適應」及「互動」後，產生「傳統客家不同文化元素的變化」（莊英章 2001），更可由此解讀東南亞客家「族群認同」的變貌，而其適應和互動的機制不外乎就是「在地化」新產生的辯證關係（蕭新煌 2011）。我在該書對新馬客家族群認同變化所下的綜合觀察就是：「如果要在會館、產業、聚落、信仰和家庭五個社會制度領域之中，區分出對傳承、延續東南亞客家認同不同程度的重要性，那麼，適切的總體觀察是：會館和宗教信仰在半公半私領域中，仍有它重要的傳承作用，而家庭則完全是在私領域裡扮演著不可取代的延續角色」（蕭新煌 2011：28）。更重要的一個發現，是東南亞客家所處的族群情境似仍停留在「客居國家」的「離散族群」（diaspora）地位，這從上述的整合型計畫各層面的經驗資料，更可明顯呈現在客家的主觀族群意識深層。

　　從臺灣客家研究到東南亞的客家研究，除了有上述我和相關研究合作者所經歷的轉折和新取向外，從近年來臺灣陸續出版的臺灣與海外客家研究專書來看，也可以看出一些正面而積極的端倪。下述這三個研究趨勢正是本書撰寫和出版的初衷：

　　一、東南亞客家研究的成果陸續出現和累積（如蕭新煌 2011；林開忠 2013；張維安 2013；張翰璧 2013；蔡靜芬 2013）。

　　二、比較客家族群在臺灣、東南亞或其他全球區域的族群經驗開始出現，或許不是有系統主題或國家的比較，但已同時將不同的客家經驗呈現在所出版的編著專書之中（丘昌泰、蕭新煌 2007；莊英章、簡美玲 2010）。可見臺灣客家與其他國家的客家經驗比較已逐漸成為比較客家研究的焦點。

　　三、在瀏覽和檢視上述臺灣與其他全球地區進行比較的客家研究著作中，幾乎不見臺灣與中國的客家比較，亦即與所謂「原鄉」比較的研究取向和動機，似不成氣候，同時所謂曾經盛行的客家源流（溯源）研究典範，也已面臨發展瓶頸（如陳運棟 2007）。

這多少透視臺灣客家研究的典範正在移轉，從「源流典範」到「在地化典範」。而綜合觀察上述一、二兩點，也正可呼應第三點的論述。而另一佐證，即是臺灣客家研究中相當重視「族群運動」（如前述所引文獻）和「國家及政策」的角色（參閱丘昌泰 2007；臺灣客家學會、臺大客家研究中心 2012），以及上述兩個社會政治脈絡在形塑臺灣客家認同的關鍵性（如前述所引文獻；許維德 2013；張維安等 2015）。

　　鑑於上述，本書的比較研究包含兩個層面：第一層，首先進行「制度性文化生活面向展現及架構整合」，「制度性文化生活面向」包括語言、族群組織、家庭、宗教信仰和跨國通婚。經由比較對照，可具體呈現臺灣與東南亞的客家認同意識之彰顯程度，以及兩地客家族群社會文化元素的四種可能變貌：延續（continuity）（文化元素的傳承和接續）、斷裂（breakdown）（中斷、消失）、重組（re-making）（調適後的新舊文化元素的組合）和創新（innovation）（新文化元素或傳統的發明或再創造）。透過五種制度化和集體的族群文化領域及其四種變化在臺灣及東南亞不同國家的比較，可以理解兩地客家族群認同和意識的異同展現，亦即釐清是否出現「一種客家、多種認同變貌」的現象。

　　其次，族群認同一如其他集體認同，雖是以原有族群實體文化元素做為基礎，但畢竟還是需要經歷與外在社會政治文化脈絡接觸互動後，才會形塑出對所屬族群的主觀體驗和內化後才會有的集體意識。因為臺灣和不同東南亞國家（以馬來西亞和印尼為主）的國家族群發展和相關政策脈絡不同，因此就可能出現客家認同集體意識在臺灣和馬來西亞或印尼的不同呈現。第二層面的「族群認同的綜合面向呈現及其變貌」，即分別深化和延伸上述五個客家認同面向後，再統攝歸納，以進一步刻劃臺灣客家族群發展的特色，與論證臺灣客家族群發展的確已是「自成典範」，既不同原鄉，也有異於他鄉。

　　根據上述已有的臺灣客家族群運動、國家族群政策和族群認同這三個相關主題的相關研究成果，以及所收集到東南亞客家研究的相關

發現，大致可以凸顯在與東南亞客家認同經驗比較對照後，臺灣客家認同大概有以下的幾個典範特色的可能命題，這也正是本書書寫所想驗證的：

一、臺灣客家族群認同的集體上揚，是因應臺灣整體社會民主運動和臺灣意識的興起而起，此一歷史因果關係頗有其特殊性。相對而言，在東南亞的客家族群卻因上有華人認同覆蓋，外有馬來和印尼主流優勢族群壓抑，而顯得隱形化。

二、另一方面，臺灣的客家族群認同的浮現和躍升也有助於臺灣國家意識一體化，族群意識則多元化的形塑。

三、臺灣客家族群認同的集結、凝聚和提升，以及在客家族群不同文化領域的自覺，相當程度是透過「客家族群運動」所催生、建構和鞏固，是社會運動所帶動留下的一種社會建構結果。但對照來說，東南亞從戰後迄今從未發生過客家族群運動，至多是上一層的華人族群（教育、語言、文化）運動，但東南亞華文教育運動卻似乎無助於當地客家族群意識的凝聚，反而是造成對其壓抑和壓縮的作用。

四、臺灣客家族群認同的提升有直接而明顯的國家角色介入因素。從 2000 年以來，在過去的十多年已看到以下四個中央客家政策的具體結果：在法律層次有《客家基本法》的制定；在行政層面有部會級的「客家委員會」；在學術教育領域則設置了三個國立大學的客家研究相關學院；在媒體傳播範疇方面，則更有「客家電視臺」的設立。相對而言，在東南亞各國中，上述的國家角色均不存在，相關客家政策也未見。

以上這四個臺灣客家族群典範特色即是本書企圖在與東南亞比較中，擬以經驗性研究加以驗證和凸顯之所在。以上所鋪陳的理論分析途徑和論述，在表 1-1 可更清楚顯示本書五個子題之間的整合程度和相關性。

表1-1 本書分析架構

客家語言變化（接觸與變化）（臺灣 vs. 馬來西亞）
→（延續、斷裂、重組）

客家家庭角色與社會組織（家庭、會館、同鄉會）（臺灣 vs. 馬來西亞）
→ 家（延續）、同鄉會（創新）vs. 家（創新）、會館（延續、重組）

客家宗教與信仰在地／新生（義民爺、大伯公）（臺灣 vs. 馬來西亞、印尼）
↗ 義民爺（創新）、仙師爺（創新）vs. 義民爺（創新）、大伯公（重組、創新）

客家跨國通婚 加里曼丹客家-臺灣桃園客家通婚移民女性（臺灣 vs.印尼）
↗ 印尼客家媳婦的客家認同（創新）vs.原生地 客家認同（重組）

客家認同的內涵與變貌：臺灣與東南亞的比較（一種客家、多種認同變貌）

面向	臺灣	東南亞
語言	延續、斷裂、重組	延續、斷裂、重組
家庭	延續	延續
族群組織	重組、創新	延續、重組
宗教信仰	創新	重組
跨國通婚	創新	重組

已提升為在地化的國家（民）族群　←　仍停留在有族群網絡離散的族群

臺灣客家的特色與典範：自成一格（不同於原鄉、也有異於他鄉）移轉 ⇨ 典範

1. 客家認同是因／回應臺灣族群而上揚，歷史因果有其特殊
2. 客家認同也有助於臺灣國家意識一體化的形塑、凝聚多元化的意識
3. 客家認同是透過「建構」所催生、是社會運動的結果
4. 客家認同的提升有其直接而明顯的國家角色介入：「法律面」、「行政層面」（基本法）、（中央設有客委會層級單位）、「學術教育領域」（設三個國立大學的客家研究學院）、「媒體傳播範疇」（客家電視臺）、凝聚、重振、發揮、提升客家認同

一如前述，本書各章分別探討下述五個主題在臺灣與東南亞的比較：客家語言、客家社會組織和家庭、客家信仰、客家通婚、客家族群的認同變貌，這五個主題正是上述由主編擔任總主持人的科技部整合型計畫「比較臺灣與東南亞客家經驗：臺灣客家族群發展的特色與典範移轉」的五個相對應子計畫，本書各章作者也是各子計畫的主持人、協同主持人或研究助理。

一、臺灣與馬來西亞客家話的發展與挑戰

　　臺灣與馬來西亞地區的客家人，都具有類似的移民來源和族群背景；經歷移民後的語言延續與斷裂，同樣面臨在社會文化變遷的環境下語言存亡的危機，以及語言存續創新的挑戰。然而，移民至今近三百年的時間（東南亞地區另有近四十到六十年間的新客家移民），雖然臺灣、東南亞地區的客家人來自相近似的原鄉，但在不同的社會背景、不同的語言環境下，臺灣與東南亞地區的客家話，無論在平面語音系統[3]、語音演變規律、詞彙使用習慣、語法結構方面，都個別有不同的發展類型。臺灣與東南亞地區的客家話也都面臨相同的困境，即在全球化、多元族群、多元文化的環境裡，客家話總居於相對弱勢的角色，甚至瀕臨語言的消失。本主題研究透過田野調查進行臺灣與馬來西亞客家話的比較，分三個面向探討：1. 臺灣與馬來西亞客家話的融合與混用：從社會語言學的觀點，觀察臺灣與馬來西亞客家話歷經遷徙所造成的語言「斷裂」現象，分析這兩個地區的客家話在多元族群文化、多語環境下，客家話經重組再造後語言融合與混用的使用現況及發展模式。2. 影響臺灣與馬來西亞客家話語言變遷的脈絡因素：從社會結構、經濟產業、婚姻與信仰的角度，探討這些不同層面的社會因素對客家話產生的影響。3. 復振臺灣客家話的策略：綜觀臺

---

3 指該地區客家話聲母、韻母、聲調的音讀系統，例如臺灣苗栗縣的四縣客家話，平面語音系統是由17個聲母（含零聲母）、71個韻母、6個聲調所組成。

灣和馬來西亞客家話經歷的語言變遷，以及語言消長之社會因素，為臺灣客家話在歷經「延續→斷裂→重組」等過程後，尋找「創新」合宜的典範移轉和生存之路。

（一）臺灣與馬來西亞客家話的混用與融合

臺灣的客家話有向使用人口較多的優勢腔靠攏的趨勢，馬來西亞則因社會環境不同，經濟產業因素反而是形成客家優勢腔更重要的條件。

1.臺灣的語言使用現況可歸納為三類

（1）向優勢的四縣客家話靠攏

臺灣客家話以使用人口最多的四縣客家話為優勢腔，他腔的客家話逐漸向四縣客家話靠攏，最後甚至放棄自己的客家話腔調，改說四縣客家話。此發展類型佔最多數。

（2）混用型客家話

此類型是受優勢腔「滲透」而形成的語言變遷，即強勢語言的語言使用習慣進入弱勢語言，使得弱勢語言的語音或詞彙被取代，成為混有其他語言成分的「不道地語言」。臺灣的客家話中，內部差異性較大的要屬饒平客家話，早期饒平客主要分布在中臺灣，今多已成了福佬客，目前保留下來的饒平客家話，主要分布在苗栗的卓蘭，新竹的六家、紙寮窩，桃園的中壢、過嶺。新竹的饒平客與海陸客接觸，桃園的饒平客長期與佔多數使用人口的四縣客接觸，這些地區的饒平客，部分已改說海陸或四縣客家話，部分雖然仍維持說饒平客家話，但有許多詞彙已被海陸或四縣客家話取代，呈現饒平客家話與海陸或四縣客家話混用的語言現象。

混用型的客家話以受閩南語詞彙及語法大量滲透的詔安客家話最為經典，臺灣的詔安客家話主要分布在雲林縣

的二崙、崙背，以及桃園市大溪區的南興村、中壢區的三座屋。在語音系統上，詔安客家話與粵東客家話不同，詞彙的使用習慣也有差異，這些因素讓二崙、崙背的詔安客，因處於閩南語環伺的詔安客家話「方言島」（dialect island），多數的詔安客成為能說詔安客家話與閩南語的「雙語人」（bilingualism），甚至詔安客家話退居到家庭語言，日常對外的生活語言是閩南語，更甚則完全不會說詔安客家話。

（3）融合型客家話

四縣客家話與海陸客家話長期接觸，融合成兼具兩種客家話特色的「四海客家話」，且形成穩定的語音結構系統，「四海客家話」的聲母、韻母、調值有多種組合方式，例如海陸聲母 ＋ 四縣韻母 ＋ 四縣聲調（食 $\int$t⁵）、海陸聲母 ＋ 四縣韻母 ＋ 海陸聲調（針 t$\int$m⁵³）、四縣聲母 ＋ 海陸韻母 ＋ 四縣聲調（橋 k'iau¹¹）等等。

2.馬來西亞客家話

以霹靂州金寶地區雙溪古月（Malim Nawar）的河婆客家話為例，從河婆客家話詞彙混用現象、河婆客家話的馬來語滲透、多元文化融合在飲食名稱及店名的呈現等三方面，來觀察雙溪古月河婆客家話的發展與使用現況，以作為探析馬來西亞客家話的窗口。

（1）河婆客家話詞彙混用現象

馬來西亞客家人因非華人的政府政策，需自行負責籌措教育、民生等相關費用，與發展經濟來謀生。基於生活上的需要，語言溝通以能聽懂彼此的意思為首要，故能熟悉對方的客家話，久而久之，形成「你中有我、我中有你」的混用型客家話，堪稱是馬來西亞客家話的最大特色。例如霹靂州的金寶地區雙溪古月河婆客家話，該地區以廣東話為強勢語言，而客家人口次於河婆客的則是梅縣

客。為了生活上的需要而產生的語言接觸，使當地河婆客家話不僅混用了梅縣客家話的「雞棲、兩公婆、心臼」等詞彙，也混用了粵語的「啱啱好、生嘅、唔該」，以及馬來語「mak^{31} sak^{53}房（廚房）、pa^{55} sa^{55}（市集）、sa^{11} wei^{55}（油棕）、ts'on^{11} lui^{55}（賺錢）」等詞彙。試想金寶客家話繼續發展下去，會是何種景象呢？若從檳城客家話來看金寶地區的客家話，可預見的是，將會結合多種混用型客家話重組出新的「金寶客家話」。

（2）河婆客家話的馬來語滲透現象

在馬來語為官方語言的政治環境下，許多馬來西亞的華人會說馬來語，在長期的語言接觸下，已出現馬來語對客家話的滲透。有趣的是，這些借入客家話的馬來語詞彙，多數在各種客家話中的使用習慣一致；也就是說，不同的客家話會相同的借入某些特定的馬來語詞彙，例如，「錢」原鄉河婆講「錢」，古來新山河婆及雙溪古月河婆都講「lui^{55}」；「市集」原鄉河婆講「墟」，雙溪古月河婆講「pa^{55} sa^{55}」，古來新山河婆則有「街場」和借來的「pa^{55} sa^{55}」兩種說法。

（3）多元文化融合呈現在飲食名稱和店名

店名方面，可看到客家話、華語、福建話、廣東話、馬來語、英語的各式結合，例如「咖啡」說「Kopi」、「咖啡店」說「Kopitiam」[4]、「美珍香」標示「MEE CHENG HIANG」，MEE CHENG 是華語，HIANG 是福建話、「雲吞面」標示「Wan Tan Mee」，Wan Tan 是廣東話，Mee 是福建話。

---

4 傳統新加坡咖啡店，tiam 是福建話「店」的發音。

（二）影響臺灣與馬來西亞客家話語言變遷的脈絡因素

1. 教育與經濟場域的語言使用

馬來西亞華人社會不論是教育場域或經濟活動場域，華語和英語普遍都具有較高的影響力與實用性。而金寶的知名企業家丹斯里拿督丘思東局紳因是梅縣客家人，所以他在當地就以說梅縣客家話為主，雙溪古月的河婆客家話就有許多梅縣客家話成分。此現象同於臺灣，早年王永慶企業王國說閩南語，員工應徵與工作都得會說閩南語。臺灣閩南人佔經濟優勢，使得許多客家人從隱性的客家人變成無言的「福佬客」。相對的，柔佛州的古來客家人，因沒有相對之下獨大的企業（例如礦產），所以沒有優勢客家話的存在，以致形成各種客家話平等互混的情況。足見語言使用的選擇，與當代社會經濟有很大的關係。

2. 宗教信仰的影響

宗教信仰是人類重要的精神活動，不僅凝聚族群感情，也間接保存了語言。例如臺灣桃竹地區的義民廟祭祀圈十五大庄輪祀的習俗，緣於信仰的力量，凝聚了各大庄的感情與向心力，亦有助於各大庄保有自己的客家話，中壢、宋屋祭祀圈說的是四縣客家話，新竹枋寮祭祀圈說的則是海陸客家話。當然，信眾用相同客家話的腔調溝通，也會有助於凝聚同一祭祀圈的認同。

3. 國家語言政策的影響

馬來西亞殖民時期的馬來語與英語並重，到獨立後的確立馬來語的國語地位，再加上華人社會語言的學習以華語為第一優先選擇，這些都壓縮了馬來西亞客家話的生存空間。反觀臺灣，近年幸有國家政策的保護，教育部及客委會進行各種客家話的保存與推廣的課程與活動，雖然推廣成效仍有很大的改進空間，但對於客家話的延續已發揮一定程度的助益。

4.廣播媒體的影響

馬來西亞客家話多向梅縣客家話靠攏的原因之一，是由於馬來西亞地區的客家電臺或流行歌曲，都是使用梅縣客家話。臺灣有專屬的客家電視臺和客家廣播電臺，考量聽眾以講四縣客家話的人佔多數，或許也有其他的考量，同時節目主持人也以說四縣客家話佔多數，所以民眾透過廣播媒體所聽到的客家話也以四縣腔為多，這在無形中擴大了四縣客家話的使用範圍，而相對弱化了其他腔調的客家話。

5.周邊方言的影響

馬來西亞的客家話除了內部的相互滲透混用之外，還有來自外部廣東話、福建話的影響。以馬來半島的中部為界，往北受廣東話的影響較大，往南受福建話的影響較大。因此，霹靂州的客家人多半能使用流利的廣東話，而柔佛州的客家人則大部分能講福建話。若以全馬而言，廣東話的影響力又大於福建話。這些區域優勢方言對雙溪古月和士乃的客家話也有不同程度的影響。

6.客家話結構的影響

在諸多客家話中，要屬梅縣客家話的語音系統最單純最容易學，也與華語的語音系統及詞彙使用習慣最接近。因此，在以華語為主要社交語言的華人生活圈中，為求方便溝通與容易學習，也就自然而然地以梅縣客家話為主流，這也符合人類語言往簡單原則發展的趨勢。臺灣四縣客家話的語音系統與梅縣客家話接近，它在臺灣的角色，也類似梅縣客家話在馬來西亞的角色，不僅好學好說且分布廣人口多，自然會成為臺灣客家話的優勢腔。

（三）復振臺灣客家話的策略

從馬來西亞客家話的現況來看臺灣，其他腔調的客家話向四縣客家話靠攏是必然的趨勢。相對而言，其他弱勢客家話就有可能會消失，但是從方言研究和文化保存的立場來看，這當然是非常不樂見的

結果。因為一種語言的死亡就代表一種文化的死亡。唯一能扭轉此趨勢的關鍵在於國家政策的積極介入，研擬有效復育弱勢客家話的語言政策，例如先立法將客家話確立為「國家語言」，再從教育著手，結合社區、家庭，研擬從幼稚園、小學、國中到大學的客家話相關學習課程，尤其在高等教育成立客家語文學系，並進行政府部門跨部會協調，從各層面訂定各種配套措施。此外，還須借助客家族群民間公民團體的力量，透過各種活動來活絡客家話、推廣客家話。

二、臺灣與馬來西亞客家社團和家庭之比較

此一主題研究目的在於比較臺灣與馬來西亞客家社團組織及家庭在客家文化傳承上的角色，了解兩地客家社團組織如何透過文化或族群的各種活動，來延續／重組客家群體網絡及形塑客家認同？以及客家家庭內對於客家語言、習俗與飲食的文化面向之傳承情形如何？客家文化對於家庭內個人的客家認同有著怎樣的作用？並將這些討論放在兩地的政治經濟脈絡來加以合理的理解。

客家人從中國南方的省份向外移民，臺灣與當時的馬來亞[5]都是客家移民落腳的地方，就移入的時間來看，臺灣始於清朝初年，而馬來亞則是在清中晚期。由於兩地的社會型態不同、移民型態和移出原鄉也不盡相同，使客家人在兩地的發展就有明顯的差別。在社團組織方面，會館是東南亞客家人重要的社會組織。在東南亞，特別是馬來亞地區，隨著歷史的發展，會館的類別也衍生出很多種。在此，所談的客家會館或同鄉會主要係以地緣團體為主。

本主題研究選擇了臺灣高雄的四大庄頭，也就是臺灣島內的客家再移民所形成的社團組織（同鄉會）（亦即屏東、臺中（東勢）、新

---

5 馬來西亞於1963年9月16日成立，而之前都稱為馬來亞。為了符合歷史的發展，因此在行文中，1963年9月16日之前稱為馬來亞，而1963年9月16日之後則稱這片土地或國家為馬來西亞。

桃苗以及美濃這四個客屬同鄉會），以及在高雄市的客家家庭。而在馬來西亞部分，則挑選了吉隆坡的四間客家會館（雪隆嘉應、惠州、茶陽大埔以及赤溪會館）以及吉隆坡市區的客家家庭來進行資料蒐集與訪談，並將兩者進行比較分析。本研究比較並不著眼於臺馬客家社團組織性質的異同，而在於這些客家社團組織在兩國脈絡下所扮演的文化角色為何。

（一）臺馬客家社團組織與發展的比較

雖然移民背景不同（高雄客家是在日據時期，因應農業及工業經濟發展而形成的島內再移民；吉隆坡則主要是英國殖民時期，從中國直接移民到來，多從事農工粗活），臺、馬兩地的客家社團基本上都是針對移入移民而創設的聯誼互助組織。在這方面的確是「延續」了華人移民會館之傳統。

馬來西亞的客家會館除了有互通資訊、聯誼之外，相當程度也有自保的功能，在現代國家尚未發展的年代裡，會館具有保護同鄉生命與財產的功能，或將客死異鄉的同鄉運回原籍安葬。客家人移墾臺灣的情形，固然曾出現會館的形式，如鄞山寺中汀州會館。問題在於汀州會館的功能性，最終退卻至信仰中心，並沒有如東南亞會館產生的多功能性，這跟臺灣社會型態不同於東南亞的英殖民地有關。臺灣移民進入臺灣主要是進行開墾，先民們需要組合起來以爭取諸如灌溉水源、與他族械鬥等情境。隨著歷史的演進，客家人也在社會環境變遷中尋找生存適應的方式，於是形成了臺灣內部的客家再移民現象，這也是高雄市客家同鄉會設立的大背景。史料記錄的高雄市同鄉會始於1950年代末的工商業發展，引發了大量農村客家人口紛紛遠離鄉村，移往經濟機會比較多的都會區，此時乃開始出現了以故鄉為名的客家社團，這現象就跟東南亞或馬來西亞客家人在城市謀生時設立會館一樣：即他們都會以自己或祖先曾經落腳的地方或鄉村或聚落為凝聚同鄉的準則，只是在高雄的客家主要以他們所來自的臺灣鄉村或聚落作為結合同鄉的地緣組織名稱，例如新桃苗同鄉會；而吉隆坡的客

家移民則是延續了他們對中國原鄉的認同，如嘉應會館、惠州會館、赤溪會館等。

　　進一步比較兩地客家社團的功能，可以發現：高雄的客家社團組織在功能上逐漸單純化，也就是維持最基本的聯誼功能。這跟臺灣興起的客家運動與客家成為公共議題有很大的關係，許多原本客家社團的功能，如經濟、政治或文化等，開始轉移到其他專責單位或組織上，譬如客家文化社團、客家公共事務組織甚至政府的客委會等等。反觀吉隆坡的客家社團組織，在功能上卻隨著歷史的發展而相對的複雜化：從單純的聯誼互助到綜合經濟政治與文化的多功能社會組織邁進，這當然是因應馬來西亞的政治經濟發展和泛華人認同的興起，使得客家這樣的次族群範疇越加的「私人化」。因此，雖然兩地的發展趨勢不同，但也可以說這些客家社團已與傳統的會館組織有所「斷裂」，並在各自的國家社會脈絡中進行了「重組」與「創新」的過程。

（二）臺馬客家家庭的文化傳承角色

　　家庭屬於私領域，也是文化「延續」的重要場域。就高雄與吉隆坡的客家家庭來看，文化的延續確實不容易。在家庭內的文化傳承基本上是透過社會化來達成，但由於現實環境的限制，譬如客家人與非客家人通婚家庭、都市中雙薪家庭而需將孩子社會化交給專責機構或家庭幫傭、正規社會化的學校教育缺乏客家的文化元素等等，這種種因素都是讓客家家庭無法有計畫地進行文化傳承的內外在干擾因素。高雄都會區，因都會區的人口以閩人為主，加上正規教育以國語為主，因此社會的優勢語言是普通話與閩南語。在現實的考量下，高雄客家人必需學習和使用這些優勢語言。在高雄的客家移民第一和第二代基本上都還能以客家話對談，但到了第三四代，如果沒有積極的語言保護和復振政策和措施，隨著未來世代的來臨，客家語言很可能因此會走入歷史。

　　在客家認同方面，我們可以看到高雄的客家人會從其所移出的臺

灣北中南各地自稱。這樣的自稱很自然，且沒有完全否定個人或許還是知道其祖先來自中國原鄉，但明顯的是在客家認同上，高雄客家人早就已經與中國原鄉「斷裂」，並進行「重組」和「創新」。而吉隆坡的客家人，特別是參與會館的活躍份子，似乎還無法忍受年輕人只知道自己是居住在不同馬來西亞地方的客家而竟不知道自己原鄉在哪裡的趨勢。這些文化保守派人士堅持保存對中國原鄉的認同，並使用中國原鄉的名稱來作為自己的集體認同。這可說是一種強調「延續」原鄉、卻未能與在地連結的客家認同。

高雄客家人主要為二次或多次移民的結果，他們面對的主要是閩南人，雖然居於少數的客家人在社會上隱形，但是他們仍有著影響力。臺灣的客家家庭與社團雖面對文化傳續的問題，再加上目前有公部門資源的挹注，讓文化傳承仍有支持的力量。但是社團的功能性停留在聯誼和發揚族群文化上，在經營上較缺少積極性。由於客家人在臺灣的移民時間長，加上各種如開墾活動、宗族組織的形成等等，使得客家人在臺灣建構起一個個的社群，這些社群或所謂本土化（在地化）的客家群體成為臺灣內部移民時的「祖籍地」。這可以從高雄四大同鄉組織的名稱看出來：它們在同鄉組織的名稱上，根本已捨棄中國祖先源流地的名稱，而都是以開臺先輩在臺灣落腳發展的地方為其原鄉。

對高雄客家同鄉社團來說，他們所延續的是在臺灣祖籍地的文化，所關懷的亦是原居地的各種事情，譬如九二一大地震對東勢的破壞與影響、美濃的反水庫事件，以及對原居地的經濟建設和投資。他們似乎跟中國原鄉文化已經「斷裂」，只跟在臺灣的原居地加以延續。因斷裂而必須再重新組合跟創新，如代表高雄客家人的夜合花、藍染，以及各類創作歌曲和戲劇等等，因而顯得高雄客家有著跟馬來西亞客家非常不同的「文化展演」。

在馬來西亞，客家先輩所移民的地方是英國殖民地，他們的角色很多時候並非開墾，而是作為歐洲重商主義與資本主義發展的勞動力。很多人都是在歐洲人開發的城市裡擔任工人或經商，這樣的發展

不同於開墾為主的臺灣。因此，很多的同鄉社團都是在城市裡，透過富裕的客家商人創辦起來的。由於都市中的華人亞群眾多，為區別彼此，同時為了團結同屬，它們大多以中國原鄉作為組合的基礎。在殖民時期，這些同鄉會館除了關心中國原鄉的種種事務，也同時關注殖民地的發展。經歷 1949 年的中國共產黨化，同時由於馬來亞本土政治發展的結果，讓這些同鄉社團逐漸轉向馬來亞化，也跟中國原鄉有了斷裂。

但是這樣的斷裂並沒有讓它們更本土化，主要原因是因為馬來西亞本土化的發展為整體華人帶來文化消滅的集體焦慮，馬來人至上的政策，更令會館在華人社會的功能性獲得強化，並且成為了文化與教育的捍衛者。面對這樣的政治現實整體，華人的認同以及有關華人文化的具體化或客體化因應而生，其他華人亞群認同與文化反而被壓抑下來，只能成為家庭或同鄉會館內部的文化展演。因此，吉隆坡的客家家庭裡，客家文化是否得以傳承並非家庭社會化所能解答的，我們還必須了解每個家庭所處的社會、經濟環境而定。家庭之外，吉隆坡的客家同鄉會館在中國開放後積極與原鄉進行交流互動，並從中找到自己的定位，也就是與原鄉再連結，深化亞群的歷史與文化的縱深跟延續，極力排斥本土化的重組與創新。

因此，對吉隆坡的客家人而言，「斷裂」與「延續」同時行進，與原鄉的延續反而變成主軸，但在年輕輩之間，不同程度的斷裂又正在進行中，譬如不知道自己的祖籍，只知道自己的客家認同也大有人在。這樣的斷裂會如何發展？目前看來尚未明朗。這也是不同於臺灣的斷裂、重組、創新與延續的馬來西亞現象。

三、臺灣與東南亞客家宗教信仰的比較：義民爺、仙師爺與大伯公

在華人社會裡經常會有新的神格誕生，而這個現象蘊含了很重要的「人神關係」，也就是人可以成神，神性是內在於人，而不是像西

方社會那樣，人和神之間有一道絕對的鴻溝。因此，在華人文化的世界圖像中，人神關係與西方的一神教不同，在華人文化的世界圖像中，人有一些途徑可以轉化為神。

客家族群的特色之一是廣泛的移民遷徙，特別是在臺灣、東南亞各地尤其集中。客家在移入地區落地生根的過程中，宗教信仰扮演了重要的角色。

本主題研究主要是將臺灣的「義民爺」信仰，和馬來西亞、印尼這兩個東南亞國家的客家人重要的兩種信仰，即「大伯公」和「仙師爺」信仰進行比較。這是以前沒有人做過的，也是此一主題研究的重要新貢獻。

由於臺灣和東南亞都是華人移墾社會，帝國統治力有限，不論是拓墾、治安、防盜往往都需大量依賴民間自發力量，也因此，華人社會對於實現「忠孝節義」等集體意識者的崇拜，不但可以更清楚在移墾社會看到其原形，而且可能更聚焦於對保衛地方社會有德有功者的崇拜，在臺灣展現出來的是義民爺信仰，而在東南亞，則是「大伯公」信仰的在地變形。

臺灣的義民爺為了保衛家園而戰死，並且多為無名英雄，雖然就部分臺灣「史觀」而言，「義民爺」有所爭議，但是就臺灣客家人來說，義民爺毫無疑問已經具有神格。從華人社會來說，不斷有新的神格誕生，義民爺是在臺灣誕生的新神格，也是傳承華人社會中神格創造的傳統，亦即符合「忠孝節義」，皆有可能被當作神明崇拜。

在馬來西亞檳榔嶼對「海珠嶼大伯公廟」和在柔佛州新山市對眾多大伯公廟所做的調查，以及參與沙巴州2015年「大伯公節」的觀察和調查後發現，「大伯公」雖是傳承中國原鄉華人所信仰的土地神，但卻已有不同而多樣的在地化發展。有關東南亞大伯公神格的爭議，主要有三種見解：

第一種說法認為大伯公就是華人信仰的土地公，屬於自然神。

第二種說法認為大伯公乃是對於最先開墾南洋當地的前輩和英雄的崇拜，這些前輩可能是有名有姓的，也可能是無名英雄。

第三種說法則認為大伯公就是羅芳伯這位婆羅洲拓墾客家英雄。

在馬來西亞上述地區的初步調查顯示，大伯公在馬來西亞恐怕已經不再有土地神的性質。由於華人移民來到南洋異地，原來華人的土地神管不到當地的土地，所以華人移民採借了馬來人原來的土地神「拿督公」，作為庇佑土地的神明，而原來的土地神（大伯公）則轉換並提升到具有保佑全家平安的神格性質。

華人社會中，有德有功者成神之路有二：一是以新的神格呈現，譬如中國歷史上，以及臺灣、東南亞各地在不同時間出現的各種新的神明，有人稱此為「造神運動」。二是進入既有的信仰體系，「伯公」即是最常見的型態。

仙師爺信仰是馬來西亞華人社會中，人變成神的一種「創新」信仰，更是從惠州客家信仰漸漸發展成為華人共同的信仰資產。仙師爺信仰主角盛明利，是一個客家族群在馬來西亞的英雄，後來成為仙師爺甲必丹盛明利信仰。它是客家族群的信仰，即惠州客家人在馬來西亞的在地神信仰。它早期主要分布在惠州客家礦工居住的地區，隨著時間的變化，仙師爺信仰逐漸地成為馬來西亞很重要的在地信仰之一，並於華人社區之中流傳，被廣大的華人所共同信仰。

惠州籍客家礦工們，和其他的華人一樣離開故鄉的時候，帶著家鄉的信仰（譚公仙聖信仰）到外地來謀生。作為華人，惠州客家人也分享其他各種華人所共有的信仰，例如關公信仰、觀音信仰、天后信仰等。不過移民東南亞的客家人，似乎另外有一個特色，容易新創本土的信仰，就像在西加里曼丹有羅芳伯，在砂拉越古晉有劉善邦，仙師爺盛明利就是西馬地區客家人在地新興的信仰。仙師爺信仰在西部馬來西亞是一個非常特別的現象。首先，是目前看起來大部分的華人都是信仰一般華人共同的神，或故鄉的神，或在地周邊族群的神。以盛明利為對象的仙師爺信仰，隨著客家籍，特別是在惠州客家籍礦工求生活、求發展的過程中，為了共同的利益和目標而犧牲的領袖，去世之後「浩氣長存」，加上相關人士的經營塑造，開始成為擁有共同記憶的一群人的新興信仰。

仙師爺信仰在馬來西亞的分廟最少15個，隨著族群產業的開拓，近年來陸續發現多達26個之多[6]。

　　此一由盛明利轉變而來的仙師爺信仰，後來逐漸地跨越了方言群，而成為華人共同的信仰。仙師爺，從作為惠州人的認同和信仰，擴大成為華人的認同和信仰：「當社會發展趨向要求穩定，整個馬來西亞華人社會以至各民族，都深深體會和諧與團結之必要之刻，惠州人盛明利化身為神的神話，自20世紀初以來，已不僅僅單純是海山公司或惠州籍人士本身的英魂崇拜」（王琛發 2002：8）。可知，仙師爺的信仰，已由惠州客家的信仰逐漸演變成為華人共同接受的信仰。

　　仙師爺盛明利生前的特質，待人處事的態度被加以美化成為天賦異稟的英雄和領袖，去世之後顯靈、托夢等傳說更是流行。加上一些關鍵人物的推波助瀾和營造，仙師爺盛明利信仰，漸漸的確立其地方信仰的地位。隨著時間的演變，跨越族群、跨越地區為其他華人所分享的信仰。在這個信仰發展的過程中，可能牽涉到一些關鍵人物的聰明設計，例如葉亞來和陸佑，因為有實際的需要，建立了仙師爺的廟宇和神話，一般信眾的香火，使神話進一步深入民心。

　　然而，死後成神受人祭祀，並非理所當然就一定會成為正神，神格的提升牽涉到民間的文化邏輯、國家力量的介入、不同的史觀、不同人群的立場。臺灣客家人的義民爺信仰，是臺灣社會新生創造出來的神格，原本就被客家人視為神明，近年透過義民節和遶境等儀式，客家人更進一步提升其神格。相對的，馬來西亞近年連續舉辦「大伯公節」，也提升了大伯公的神格，擺脫中國大陸和臺灣華人社會中，伯公只作為土地神的固有本質。臺灣的義民爺和馬來西亞仙師爺和大伯公，雖各自傳承中國華人社會有德有功為神或者崇拜保衛家園英雄人物的文化邏輯，但也都「重組」了移墾社會的在地元素，而後經過「創新」，成為臺灣客家人或者東南亞客家人的文化象徵。

---

6 這與主祀神或陪祀神的地位區別有關。

義民爺、大伯公、仙師爺信仰經過初步釐清並比較，以下幾點是初步的結論：

（一）都是英靈崇拜（人格神）。

（二）華人社會中，有德有功者成神之路有二：一是以新的神格呈現，「義民爺」、「仙師爺」即是。二是進入既有的信仰體系，「伯公」即是最常見的型態。

（三）神格的提升牽涉到民間的文化邏輯、國家力量的介入、不同的史觀、不同人群的立場。臺灣客家人舉辦義民祭和遶境活動，馬來西亞連續舉辦「大伯公節」，都是試圖透過活動能見度提升神格的當代作法。

（四）神格會經過提升，神格跟著人飄洋過海，也可能產生功能轉換。臺灣義民廟透過分香、組織聯誼會、臺北都會的祭典、跨縣市遶境等活動和儀式，試圖擺脫其他族群視為陰鬼的質疑，逐漸提升其神格並爭取其他族群的認同。福德正神在中國大陸和臺灣，都是土地公，福德正神跟著移墾華人來到南洋異地，不再是自己的土地，因此也就喪失了土地公原有的職能。

四、從印尼西加里曼丹到臺灣桃園：
　　客家通婚與族群認同

　　此一主題研究主要從跨國婚姻與族群通婚對族群認同之影響的角度出發，探討在跨國婚姻架構下，以透過婚姻移民方式來臺的印尼客家女性為研究對象，檢視其族群認同在跨國移民過程中所受到的影響與變化，並且從其日常生活觀察客家文化如何延續、斷裂、重組及創新。

　　印尼華人在歷史的進程中，經過了荷蘭殖民、二戰時日本佔領、印尼革命、蘇卡諾「舊秩序」，以及蘇哈托「新秩序」時期，華人皆被視為「他者」，尤其蘇哈托時期，部分華人雖有某些經濟特權，然

文化生活受限最多，尤以宗教、教育、媒體為甚。因此，一般印尼華人與當地原住民（pribumi）並未建立良好關係。移民與認同的相關理論關注隨著移動過程，主體如何在不同社會、歷史、情境下詮釋與建構自我的認同。來自印尼的客家受訪者，也的確經歷複雜的認同形成過程，而這個過程一直到臺灣還是持續發展與改變：印尼認同、華人認同與客家認同都在生命歷程中交錯與共生。來到臺灣後新的客家認同、臺灣認同與東南亞認同也在日常生活中慢慢混合交融地出現。對她們而言，臺灣是個「安全」的華人環境，但她們仍然以印尼與華人為首要認同。客家對她們來說，乃屬於原生情感上的「素樸文化認同」（許維德 2013），是以血緣、語言為主。

婚配後夫家的生活習慣、住家環境也改變她們自身的客家認同。如果夫家位居在客家優勢地區，此區便容易形成客家語言、文化等優佔地區，女性進入此夫家，便入境隨俗，展現強烈的客家認同。但若反之，客家認同便成為無關緊要、無迫切的認同需求。在國語通行、族群混雜的情況下，進入此夫家的女性甚至就會以更寬廣的「臺灣人」集體認同取而代之，「客家認同」乃變成是家庭語言和內化的身分認同。

以語言為例，印尼客家女性在最明顯的族群客觀特徵——語言上的展現與臺灣夫家環境有關。因此夫家是客家人，所以她們基本上會以客家話作為與夫家的溝通語言，如此的確符合「文化親近性」的觀點。然而，需要注意的是，部分通婚女性與夫家間並不是都可以順暢的用「客語」溝通。因為臺印客語仍有腔調與用法之別。此情形亦出現在她們對外互動時，由於印尼原鄉的客家口音阻礙溝通，因而寧願使用華語或是閩南語。如果夫家家庭為閩南，或是閩客通婚家庭，印尼客家女性在家庭中，便沒有客語環境。此外，值得思考的是，對於她們來說，因其移民身分，故學習華語是融入臺灣社會與生存的必要途徑。因此，以客語為主的語言使用可能是延續的，但也可能是斷裂的。

至於認同是否經歷重組的過程，研究發現認為這與通婚印尼女性

受到歧視的經驗有關。印尼客家女性因為其「外籍配偶」的身分遭受到一些人的質疑時,「客語」的口音可以變成反擊的策略。當一些通婚女性未能夠標準地使用華語而被質疑不是臺灣人時,回答「我是客家人」便成為有力的防衛工具。在「創新」部分,「印尼客家人」的認同出現也是當她們面對夫家親戚因認定她是「印尼人」而有所歧視時,以「印尼客家人」來作為與夫家親戚共享「客家人」拉近彼此關係的利器。

在跨國婚姻的脈絡下,印尼客家女性在臺灣的族群認同,語言的延續和斷裂、認同意識的重組及創新其實都展現出相異的面貌。

五、結論:臺灣與馬印客家認同的變貌

經由上述的論述,以下將臺灣與馬來西亞、印尼客家族群認同的構成社會文化制度內涵,即客家語言、族群組織、家庭、宗教信仰、跨國通婚等各面向呈現的變貌樣態,表列圖示出來,以作為本書在比較研究上的成果。

表1-2　臺灣與東南亞客家認同各面向的變貌樣態

地點 / 人物	語言		族群組織		家庭		宗教信仰		跨國通婚 印尼客家通婚婦女		綜合族群認同	
	臺	馬	臺	馬	臺	馬	臺	馬	語言	認同意識	臺	馬
延續	✓	✓	✓	✓	✓	✓	✓	✓	✓	?	✓	✓
斷裂	✓	✓	✓	?	?	?	?	?	✓	?	✓	✓
重組	✓	✓	✓	✓	✓	?	✓	✓	?	✓	✓	?
創新	✓	✓	✓	?	✓	?	✓	?	?	✓	✓	?

說明:「✓」表示明顯呈現的變貌;「?」表示不確定的變貌。

（一）語言

從臺灣和馬來西亞各方面的展現而言，臺灣和馬來西亞的客語大致「延續」原鄉的語音系統；但依然受強勢語言或強勢客家次方言影響，產生了融合與混用「重組」現象；而臺灣「福佬客」的出現以及馬來西亞的客家話受馬來語（官方語言）、華語及周遭方言的排擠、壓抑形成斷層，已明顯出現「斷裂」的後果。

（二）族群組織

臺灣高雄客家社團與馬來西亞客家社團都「延續」了華人移民會館傳統的聯誼互助之功能；唯一不同的是，臺灣的客家社團因客家運動已使客家公共議題提升到公領域，而被其他客家社會運動團體所主導，以致其所扮演的只是「單純」的聯誼互助角色。馬來西亞的客家族群因受當地政經局勢以及華人運動只集中在提升華人整體意識而壓抑了客家意識，使客家社團逐漸向「多功能」的社會組織邁進。雖然兩地的客家社團發展趨勢不同，但皆已與傳統會館的功能有所「斷裂」，並各自依在地國家的社會脈絡「重組」以及「創新」。

（三）家庭

雖然臺灣和馬來西亞的客家家庭均因通婚、孩子的社會化主導對象，以及學校教育缺乏客家文化元素等因素，而逐漸削弱其撐起傳承（延續）客家文化的重大功能，但現階段家庭仍是「延續」客家文化的重要場域。

兩地的「客家認同」有相當不同的發展方向，高雄的客家人早已經以臺灣內部二次移民時的「移出地」（如東勢）作為認同身分，與遠古的中國大陸原鄉認同已「斷裂」，並「重組」、「創新」了臺灣在地化的新認同，而吉隆坡的客家人似乎仍堅持「延續」其源自中國大陸的原鄉認同意識。

（四）宗教信仰

　　義民爺是在臺灣傳承（延續）華人社會創造神格的傳統所誕生（創新）的新神格；馬來西亞的大伯公雖然也傳承中國原鄉的土地神信仰（延續），然而其神格已經完全不具有掌管土地的性質（斷裂），其神格性質已轉換提升為先賢崇拜和保佑全家平安。而仙師爺則也是由客家英雄（盛明利）從人變一種神的信仰，屬於在地「創新」的神。

　　臺灣的義民爺和馬來西亞的大伯公信仰內涵，都「重組」了移民在地的文化元素，近年並分別舉辦了義民節和大伯公節，提升兩者的神格，「創新」地躍升為臺灣客家人或東南亞客家人的文化象徵，可謂是兩地客家人都創造了自己的神祇做為強化族群宗教信仰的認同對象。

（五）跨國通婚

　　婚配來臺的印尼客家女性的「客家認同」有多樣的展現。如果夫家是住在客家優勢地區，此區便容易形成客家語言、文化等優佔地區，女性進入此夫家，便入境隨俗，展現強烈的客家認同；但若反之，客家認同便成為無關緊要、無迫切的認同需求，在國語通行、族群混雜的情況下，進入此夫家的女性便會以更寬廣的「臺灣人」集體認同取而代之，「客家認同」則變成是家庭語言和內化的身分認同。

　　以語言為例，當以外配身分而被歧視其華語腔調時，會以帶有「臺灣認同」的客家認同自稱為客家人，此為認同意識的「重組」現象。又當其印尼人的身分受歧視時，會以與夫家共享的客語溝通基礎的成分，強調自己是「印尼客家人」，此為認同意識「創新」的另一種展現。

　　綜觀上述，臺灣客家族群認同的浮現與上揚，是因臺灣整體社會民主運動和臺灣意識興起而起，是客家族群運動建構的結果。臺灣客家族群認同的集結、凝聚和提升，以及在不同文化生活領域的自覺，是經由民間認同意識和客家族群運動，使客家性（Hakkaness）提升

至國家層次和公共領域。因為有國家政策介入、協助傳承、維護客家族群的生存與發展，因此臺灣客家族群認同是全國性的，並有助於「國家一體化，族群多元化」的健全發展。

因此，臺灣客家族群早已經「去離散化」，而成為以「臺灣的客家人」自居的臺灣族群之一，其華人／漢人的族群性已經為國民／公民性所超越，認同層次也超越了個人／家庭／客家庄（社區）而提升至國家認同。反觀東南亞各國的客家族群，從戰後迄今，從未發生過客家族群運動，至多是上一層的華人族群（教育、語言、文化）運動，但華文教育運動無助於當地客家族群意識的凝聚，反而是造成對其壓抑和壓縮的作用。也因為東南亞的客家族群上有華人認同覆蓋，外有馬來和印尼主流優勢族群壓抑，且沒有國家積極力量的介入與協助傳承或復振，而顯得一再隱形化，其客家族群認同乃退居或受限為對中國原鄉的歷史移民認同，他們仍然以「離散族群」來自處或自居，而因此始終無法超越和突破華人的族群認同，但沒有獨立自主的客家族群認同，只有東南亞集體華人認同下的一個「亞族群／次群體」認同，因此也就無法提升成為「東南亞的客家人」。

總而言之，經由臺灣與東南亞兩地的比較後，可印證客家族群認同意識的確呈現「一種客家、多種認同變貌」的現象。而臺灣的客家族群已將臺灣各地的地方社會作為自己客家認同的歸屬，成為「本土化」的客家族群，其認同也已超越原鄉認同為「在地化」的客家認同，其歷史背景與政治發展脈絡是臺灣獨有的特色；臺灣的客家認同的確是全球在地化客家認同的新典範。

參考文獻

Hsiao, Hsin-Huang Michael, 2013, "Ethnic Movements, NGOs, and Their Impacts on Ethnic Policies in Today's Taiwan", in *Asia Pacific World*, 4 (1): 5-14. UK: Oxford Berghahn Journals.

——, 2012, "Social Foundations of Political Vitality", in *The Vitality of Taiwan*, edited by Steve Tsang, pp. 37-56. UK: Palgrave Macmillan.

Hsiao, Hsin-Huang Michael and Ming-sho Ho, 2010, "Civil Society and Democracy-Making in Taiwan: Reexamining the Link", in *East Asia's New Democracies: Deepening, reversal, non-liberal alternatives*, edited by Yin-wah Chu and Siu-lun Wong, pp. 43-64. London and New York: Routledge.

王琛發，2002，〈惠州先民在森美蘭歷史上扮演過的角色〉，王琛發《惠州人與森美蘭》，頁7-10。馬來西亞：森美蘭惠州會館出版。

丘昌泰，2007，〈政策篇〉，收錄於徐正光主編《臺灣客家研究概論》，頁534-562。臺北：行政院客家委員會、臺灣客家研究學會。

丘昌泰、蕭新煌主編，2007，《客家族群與在地社會：臺灣與全球的經驗》。臺北：智勝文化、桃園：中大出版中心。

李如龍，1999，〈馬來西亞華人的語言及其歷史背景〉，《東南亞華人語言研究》，頁1-5。北京：北京語言文化大學出版社。

吳詩興，2014，《傳承與延續：福德正神的傳說與信仰研究——以馬來西亞華人社會為例》。砂拉越詩巫永安亭大伯公廟出版。

林開忠主編，2013，《客居他鄉——東南亞客家族群的生活與文化》。苗栗：客家委員會客家文化發展中心。

施正鋒，2007，〈認同政治篇〉，收錄於徐正光主編《臺灣客家研究概論》，頁448-479。臺北：行政院客家委員會、臺灣客家研究學會。

范振乾，2007，文化社會運動篇，收錄於徐正光主編《臺灣客家研究概論》，頁417-447。臺北：行政院客家委員會、臺灣客家研究學會。

張維安、陳麗華、許維德、潘美玲、呂欣怡、莊雅仲、柯朝欽、蔡晏霖、郭貽菱、劉堉珊，2015，《客家族群與國家政策：清領至民國九〇年代》。南投：國史館臺灣文獻館。

張維安主編，2013，《東南亞客家及其周邊》。桃園：中央大學出版中心、

臺北：遠流。

張翰璧，2013，《東南亞客家及其族群產業》。桃園：中央大學出版中心、臺北：遠流。

陳波生、利亮時，2012，〈客家人與大伯公的關係——以新馬為例〉，收錄於徐雨村主編《族群遷移與宗教轉化：福德正神與大伯公的跨國研究》，頁23-31。新竹：國立清華大學人文社會學院。

陳運棟，2007，〈源流篇〉，收錄於徐正光主編《臺灣客家研究概論》，頁19-41。臺北：行政院客家委員會、臺灣客家研究學會。

莊英章、簡美玲主編，2010，《客家的形成與變遷（上）》。新竹：交通大學出版社。

──，2010，《客家的形成與變遷（下）》。新竹：交通大學出版社。

莊英章，2001，「客家社會與文化：臺灣、大陸與東南亞地區的區域比較研究」國科會規劃案計畫書。

許維德，2013，《族群與國族認同的形成：臺灣客家、原住民與臺美人的研究》。桃園：中央大學出版中心、臺北：遠流。

蔡靜芬，2013，《「舊」娘？「新」娘？：馬來西亞砂拉越州客家社群的婚姻儀式及女性》。桃園：中央大學出版中心、臺北：遠流。

蕭新煌，2016，〈臺灣與東南亞客家意識的浮現〉，收錄於蕭新煌等撰、邱榮舉主編《2015桃園市乙未‧客家紀念活動暨國際學術研討會論文集》，頁35-46。桃園：桃園市政府客家事務局。

──主編，2011，《東南亞客家的變貌：新加坡與馬來西亞》。臺北：中央研究院－亞太區域研究專題中心。

──，2011，〈東南亞客家的變貌：族群認同與在地化的辯證〉，收錄於蕭新煌主編《東南亞客家的變貌：新加坡與馬來西亞》，頁3-30。臺北：中央研究院－亞太區域研究專題中心。

蕭新煌、黃世明，2008，〈臺灣政治轉型下的客家運動及其對地方社會的影響〉，收錄於張維安、徐正光、羅烈師主編《多元族群與客家：臺灣客家運動20年》，頁157-182。新竹：臺灣客家研究學會。

臺灣客家研究學會、國立臺灣大學客家研究中心，2012，「2012新世紀臺灣客家：十年的回顧與前瞻」研討會論文集。

第二章　臺灣與東南亞客家經驗比較的文獻回顧

蕭新煌、羅玉芝

一、前言

現在學界對於「族群」（ethnic group）所下的定義為：「指一群因為擁有共同的來源，或者是共同的祖先、相同的文化、風俗習慣或語言，而自認為、或者是被其他的人認為，構成一個獨特社群的一群人。」亦即，族群強調以成員之間的「共同來源」或「共同祖先」（common descent）作為區分「我群」與「他群」的標準，並且這些共同特質是由同類人群因認同其所屬而進行傳承的。除此之外，族群認同還有兩個重要的特性：1.通常是「相對性[1]」的認同。「弱勢」對比「優勢」，通常有衝突對立的關係，且「優勢」是被動由相對「弱勢」所界定出來的。2.「族群」通常是弱勢者的人群分類想像（王甫昌 2002）。一般而言，一群人的族群認同通常是建立於具體的血緣、語言或宗教上的特徵，或是抽象的共同經驗、歷史、或是記憶；更重要的是，一個人的族群認同離不開集體認同，也就是說，這群人必須在主觀上有共同的認同感（施正鋒 2002），不管是哪個定義，基本上，都會強調其族群的共同性，以作為成員認同的基礎。

過去許多研究指出，在沒有相對的族群存在於周邊時，特別是沒有與其他族群發生衝突時，族群認同意識往往並不明顯，亦即，一族群在與其他族群接觸互動後，才可能產生族群認同意識。因此，族群

---

1 王甫昌（2002）所謂的「相對性」，指界定「我們」與「他們」的身分對比，「他們」通常是族群的敵人或壓迫者。

認同是個體以原有的族群實體文化元素作為基礎，經歷與外在社會政治文化脈絡接觸互動後，形塑出對所屬族群的主觀體驗和內化後才有的集體意識。此一族群認同意識多產生於在某一環境屬少數族群的個體與非我族接觸時，感受到被壓迫而引發對自我的認識與認同（王甫昌 2002）。

王甫昌（2002）並進一步將族群意識分三個層次：第一層是「差異認知」、第二層是「不平等認知」、第三層是「集體行動必要性認知」。首先，族群可指出自己和其他群體在文化、祖先來源或歷史經驗上有「差異」，並意識到「我群」與「他群」的不同，且認定因為這些差異，而受到「不公平、不平等」的待遇，有了必須經由族群運動為自我發聲的認知。當族群運動者認為成員因不能隨意改變的文化（族群）身分而受到不公平待遇時，他們會藉此推動族群政治行動，來作為建構與宣揚族群意識的組織基礎，此為族群認同意識萌芽的契機。當族群認同意識達到第三個層次「集體行動必要性認知」，且促成族群運動時，才能將族群意識充分地發展出來。

族群認同意識可能展現於有形或無形的族群文化中，為凸顯臺灣客家的典範特色，本書與同樣是移民的東南亞客家進行客家意識、客家認同程度的比較。客家比較研究可從客家特色元素和客家文化標籤去了解和切入。劉大可（2009）就客家地區整理出數種群體認同的象徵符號，其中包含方言、會館、神明信仰等，也是本文後續將探討的部分。客家話是客家人彼此相互連結的紐帶，也是客家人賴以生存的精神家園；會館是精神語言的一種外延，有整合移民社群的社會功能；而不同的信仰是區分「我群」和「他群」的重要力量。

Jessica Leo 則在她的 *Global Hakka*（2015）一書中，列出 20 世紀 20 種客家文化標籤，並論述那些標籤是否仍適用於 21 世紀：移民經驗（migration）、血統（blood ancestry）、語言（the Hakka language）、建築（architecture）、飲食（food）、教育（education）、職業與商業（trade and occupation）、宗教信仰（religious beliefs）、社團組織（Hakka unanimity）、武術與拓荒精神（fighting and pioneering spirit）、窮困（poverty）、節儉持家（thrift and frugalness）、勤奮吃苦（diligence）、保守守舊（conservativeness）、客家婦女與性別角色（Hakka women and gender roles）、藝術表現（音樂、舞蹈、舞大旗）（artistic expression）、喪葬禮俗（death rituals）、父權／父系／重男嗣（ritual for boys only）、系譜中的法名（ordination names）、重輩份名（派輩派字）（generation names）。王雯君、張維安（2015：136-141）在「文化產業基本調查」中曾問及：「您覺得客家文化的特色是什麼？」得出191種答案，其中包含勤勞節儉、客家美食、刻苦耐勞、簡樸實在、保守、山歌、語言、勤勞、努力、擇善固執、重視家庭宗族倫理……等，和Jessica所提出的標籤基本相合。另外，王、張所得出的答案中，還包括了「硬頸」一項，是Jessica沒有提到的。「硬頸」是一個很難化約成具體意義的形容詞，它表現出客家人堅忍、勤奮、肯吃苦，還有對教育的重視，但就兩者提及的特色標籤中，「勤勞節儉、刻苦耐勞、努力、節儉持家、持家、勤奮吃苦」等，或可濃縮為「硬頸」。另外，還有幾項特色標籤是相近而可合為一的，如Jessica的「父權／父系／重男嗣」、重視「系譜中的法名」、「重輩份名（派字）」等，與王、張（2015）「重視家庭宗族倫理」近似；「保守」、「保守守舊」、「沒創意」等也相似；「客家美食」可涵蓋在「飲食」標籤之下；「藝術表現」則涵蓋「山歌」一項。但是Jessica的20種文化特色標籤中，哪一個才是最重要的？要同時具備所有的文化元素標籤，還是只要有10個就是客家？是以個人還是以集體為單位？這些標籤會在哪裡呈現？作者也無法定論哪些才是客家特有，哪些則是華南華人共有？這些正是目前要進一步去釐清的。

臺灣和東南亞國家的國族發展、相關政策與文化脈絡不同，兩地客家認同象徵符號的認同程度就可能不同。因此，當研究臺灣跟東南亞客家認同的意識和浮現時，「客觀研究」跟「主觀詮釋」都很重要，可分為兩個層面進行比較分析。首先，可從上述的族群文化元素中，整理出幾個關鍵的「制度性文化生活範疇及其展現」：語言、家

庭、族群組織、宗教信仰、跨國通婚，並經由比較各內涵在臺灣與東南亞的對比，形成「文化社會變遷」的視野——延續（continuity）（文化元素的傳承接續）、斷裂（breakdown）（中斷、消失）、重組（remaking）（調適後的新舊文化元素的組合）、創新（innovation）（新文化元素或傳統的發明或再創造）。亦即，這些制度性文化生活標籤可能是延續的；也可能因斷裂而失傳；或是將新舊元素重組，變成人類學家和社會學家很重視的「創造出來的傳統」；或是無中生有的創新。

其次，過去針對客家意識和客家認同的調查是單一層面的，例如「你是不是客家人？」、「你認不認同客家人？」但是客家文化認同應該是多面向的建構，是多種制度性文化共同呈現的綜合體，需要擴大、提升個別的制度性社會文化內涵，予以統攝歸納，並藉此審視臺灣和東南亞各文化面向的形貌和蛻變，此為第二層面的比較——族群認同的綜合面向及其變貌，也可視為跨域客家比較的「族群認同變貌」。第一層面的比較可體現不同地區的客家認同或客家意識的彰顯程度，第二層面的綜合比較則將五種社會文化內涵統攝起來，並具體呈現客家意識的樣貌和認同的程度，而「客家認同的浮現與變貌」就是兩地客家比較研究的焦點與核心課題。因此，第一層面和第二層面是連動的，第一層面的比較研究若不紮實，第二層面便顯得空泛；沒有第一層面豐富的資源，便無法釐清族群認同的變貌。

本書首先將客家族群認同視為文化生活元素集體生活經驗化的展現，將客家認同與族群文化生活連結，比較臺灣與東南亞客家族群經驗，並界定出四種族群文化的集體認同變貌。經過系統化整合、比較和對照臺灣與東南亞客家族群文化生活各面向的認同內涵和變貌過程在兩地的多元展現後，進一步勾勒和釐清臺灣客家族群發展的特色和典範移轉，並驗證臺灣客家族群發展經驗的確是「自成典範」，既不同於原鄉，也有異於他鄉。

關於臺灣和東南亞的客家比較研究，以下分別從語言、族群組織與家庭、宗教信仰、產業與經濟、通婚、綜合認同意識六個方面說明

之。

二、語言

　　語言、飲食與祭祀行為是最明顯的族群界限載體（張翰璧 2007a
：119）。其中，語言能讓人們相互溝通、傳達想法和情緒，承載著
許多日常言行邏輯的文化和價值觀，是傳遞歷史記憶與交流知識等最
重要的工具，也是傳遞無形的文化象徵和有形的文化遺產的主要媒介
（施正鋒 2002；張維安 2015a；Jessica Leo 2015）。調查一個地區的
語言使用方式，可了解該地區的語言生活，並可從該地區人們的言語
行為，進一步探知該群體的語言態度（陳湘琳、辜秋瑩 2015）。

　　族群互動是一個動態的過程，族群之間可能因為同化而消失，也
可能因此產生新的人群分類（張維安 2015a）。族群間的社會權力關
係，會產生弱勢族群的語言流失或使用優勢族群語言的現象，進而改
變個體的認同意識（張翰璧 2007a：119）。在一個族群人口大量聚
居而且與其他語言隔離的地區，只要客觀環境適合族群生存繁衍，族
群語言通常可以在自然的情況下一代代地傳遞下去。不過，當周遭環
境有其他語言存在，有了語言接觸（language contact）後，難免有語
言融合、語言取替或語言消亡（language extinction）等現象，一旦產
生語言移轉（language shift），這些語言即有強弱勢地位之分（徐正
光、蕭新煌 1995：9）。而語言除了是一個群體存亡的指標，語言的
地位更象徵著族群之間的權力（power）關係（施正鋒 2004：21）。

　　Jessica Leo（2015）認為「全球化」和「移民行為」經常決定個
體在家庭（私領域）和工作場所（公領域）使用的語言，語言和認同
意識之間的關係也越來越受關注（Jessica Leo 2015）。語言不僅會反
映客觀條件（例如制度性的語言偏見、政治及經濟勢力、語族人口的
多寡等）而呈現其強弱和消長，是族群認同與族群動員的基本動力，
同時也是語言的使用者在客觀與主觀的環境下選擇的結果。一個凝聚
力強且族群意識濃烈的語族，可以透過有意識的集體努力，維持其語

言的活力於不墜（徐正光、蕭新煌 1995：14）。方言／語言不僅是表徵群體最重要的符號之一，也可說是群體認同的重要因素（劉大可 2009：427）。語言可以凝聚個體和群體的認同，是傳承個體和群體文化認同的負載者，是一個族群所擁有的特色，因此往往是被用來當作辨識集體認同的指標，尤其在一個有多元族群的國家裡，少數族群原生的獨特語言往往是辨識他們的標誌（施正鋒 2004：21；張維安 2015a）。因此，為了維持文化認同和個體認同，維護個體的母語是非常重要的（Jessica Leo 2015）。就客家人而言，客家話就是他們賴以生存的精神象徵，相通的話語是連結彼此的紐帶，正是這種有別於其他文化的話語氛圍，才凝聚了各地的聚居族群和移民群，客家方言無疑是組成客家文化的重要部分（劉大可 2009：428）。

（一）臺灣的客家話

語言是最為方便的族群區別標幟。早期各族群在移民來臺時，往往因為彼此有同樣的方言或方言口音而聚居。臺灣的客家族群強調以語言作為認同的指標，傾向於以「會不會說客家話」來辨識一個人的客家「純度」（施正鋒 2004：146）。

種族和文化背景各異的人們居住在各自的原鄉時，通常已習慣孤立且與世隔絕的鄉村生活，一旦共處在一個新的環境裡，不同群體之間彼此語言不通，互相爭奪資源，族群內部和族群之間的誤解和衝突時常演變為分類械鬥，如林爽文、朱一貴、戴潮春等事件。分類械鬥加上彼時的清鄉政策，各族群間的隔閡愈甚，亦使同籍人因此往往聚居一處。因此，區分彼此身分、族類的條件有二：一以居住地域，二以使用語言（羅肇錦 2000）。而群聚居住的型態有利於保存閩客族群的語言和文化，以及閩客分類意識的維持。

早期聚族而居時，較能保留方言的純正，但 1960 年代後，因都市化與工業化使人口向都市大量集中，客家人亦如是。最初，客家族群生活在孤立、與外界隔絕的原鄉村莊時，世代之間的族群文化與認同意識可以完整地傳承下去，但當他們移居至別處與其他族群有了文

化的接觸和交流後，他們的客家認同便重新被形塑，而且每經過一次移民，都會一點一點調整其「認同」內涵（Jessica Leo 2015）。都市人口眾多，而有頻繁的語言接觸與競爭。散居在都市的客家人由於人口比例較低，且受迫於政經情勢和閩南語的壓迫，為了融入主流社會，客家人多半選擇隱藏自己的客家身分和符號（如客語、客家習俗、生活習慣），學習使用其他優勢族群的語言——華語、閩南語。徐正光、蕭新煌（1995）曾調查臺北地區客家民眾及其家庭使用客語的情形，他們在公共場所（公領域）多使用華語或閩南語，客家話則已退居家庭或族群內（私領域）使用，客家成為所謂的「隱形族群」。近期，客家不僅隱形於都市，在傳統客家人聚居之處亦有流失的情形，其日常生活語言已為閩南語和華語所取代，客語的社會功能已退縮成為家庭使用的語言（徐正光、蕭新煌 1995：9、31-32），甚至有連私領域也被閩南語取代的情形，即所謂「福佬客」的出現。羅肇錦（2000）便指出，早期中彰[2]投雲嘉一帶，是漳州客分布最多的地方，歷經多次與泉州人和廣州人械鬥、失敗後，逐漸變成「福佬客」。而康熙年間來自閩西府的汀州客（包括永定、上杭、武平、長汀、寧化）、漳州府的漳州客（包括南靖、平和、詔安、龍溪、漳浦）及潮州府的饒平客、大埔客（包括饒平、大埔、豐順、揭陽），現在則大都不會講客家話，也大都不承認他們是客家人。桃園過去咸認呈「北閩南客」分布，但中壢、平鎮一帶的客家話已退守至私領域，公領域以閩南語和華語為主，另外，除觀音、龍潭、楊梅等郊區，大溪、八德、埔心等地，幾乎已是道地的閩南語區。

　　通婚是影響家庭語言使用的另一個重要因素，都市因人口大量聚集，各族群通婚的機率也會較高，而客家族群外婚現象更為明顯。當不同語族的人通婚後，常會以第三種共同且可以溝通的語言作為媒介

---

2 早期到彰化平原拓墾的客家人，以來自潮州、饒平的客家人為多數，生活周遭都是閩南人，為維持生存，出門在外講閩南話，回家才講客家話（羅肇錦 2000），退居於私領域的客家話在尚未有客家意識之下，客家話隨時間消失殆盡。

（徐正光、蕭新煌 1995：23-24）。客家族群的外婚，使客家族群的特質被稀釋，下一代客家語言使用率的低落，更弱化了其對客家的認同（張維安 2015a）。而政府推行的國語政策，獨尊華語、限制方言的使用，使在都市出生成長的第二代客家，因缺乏自然習得及使用客家母語的環境，造成他／她們逐漸失去使用客家話的能力與習慣（徐正光、蕭新煌 1995；王甫昌 2002）。因此，語言與認同之間是高度相關的，沒了「語言」的存在，「認同」也會逐漸消散。

　　隨著政府的「國語政策」和族群間的互動與通婚，在政治力量形塑以及不平等的語言權力生態環境影響下，華語成為強勢的政治語言，而閩南語則因近年來的政經情勢，逐漸在公領域中佔有重要地位。客家話受華語和閩南語打壓及威脅，使其在公領域的使用空間一直被壓縮，其地位更隨著世代更替、居住環境的變異以及家庭中不同語群的介入，日漸降低其傳遞家庭社會化的功能，年輕一代的語言使用呈現「國語化」和「去客語化」的現象（徐正光、蕭新煌 1995：31-32）。客家特質因遠離原本的環境與實作空間而失落，而且在新一代客家人的身上尤其清楚，張維安（2015a）將這種情形稱為「代間集體失憶」。客家人「隱形化」的行為，不僅使客語、文化流失，也連帶削弱客家人對「客家」的「族群認同」。

　　1987年，政治上的解嚴使臺灣本土社會得到自由化的發展，因此80年代期間，當閩南人主張閩南語是「臺語」、有了爭取主體性的論述時，客家人開始感到「被邊緣化」、歷史詮釋權被剝奪、客語的地位被矮化，因而形成各種以關懷鄉土、文化與經濟生活權益的反對運動（王甫昌 2002；蕭新煌、黃世明 2008；張維安 2015a；劉堉珊 2015）。

　　徐正光、蕭新煌（1995）提到，弱勢語言必須獲得足夠的制度性支持，才可能避免在其他強勢語言的競爭中被淘汰。然而要獲得制度性支持（如政策保護）前，必須先達成集體行動的共識，弱勢族群須以了解自己的族群和語言文化的現狀作為基礎，並得到其他族群了解與尊重後，自己的主體性才能建立，才能改善族群與語言文化生存的

環境。臺灣客家話的政治處境便是如此，唯有改變不平等的語言資源分配狀況，才能延續客家話的生存，因此必須達到王甫昌（2002）所提出的族群認同意識的第三層次──「集體行動必要性的認知」，構建臺灣客家的族群意識，再透過政府的政策推動，減緩並避免客家話在華語、閩南語甚至英語等強勢語言的競爭中遭受淘汰的命運（徐正光、蕭新煌 1995；王甫昌 2002）。近幾十年來，臺灣客家人對於自己族群與語言文化的存續懷有深重的危機感，為了喚醒隱形於社會中的客家人，改變不利於族群與語言生存的客觀環境，客家人有了自發性的意識集體行動，如出版刊物、「還我母語」運動、成立「客家公共事務協會」等（徐正光、蕭新煌 1995：26-27、31）。

　　族群發聲運動是客家意識開始集結、爭取客家文化與政治參與權的起點（劉堉珊 2015），使原本只是眾多人群分類原則之一的語群差異，開始成為定義共同文化基礎的重要指標。其中客家族群認同論述中，最重要的基礎是 1988 年的「還我母語運動」，它將「客家」提升到「族群」的層次（王甫昌 2002），其主要訴求為要求政府將客語納入學校教材，並設立客語電臺與電視臺。「還我母語運動」讓客家族群不再侷限於私領域、不再「隱形化」，並提升客家族群的認同，捍衛文化公民權和歷史詮釋權，建構了臺灣社會多元族群文化的基礎（張維安 2015a）。客家族群發聲運動的結果，是政府陸續設置客家電視臺、制定客家政策、成立客委會和客家相關學院系所[3]、推行客語檢定考試等相關措施，保存、延續與發展客家文化內涵的意識行動已從民間拓展至政府公部門。

　　關於臺灣客家話的著作與論述很多，其中較經典的有羅肇錦（1990）《臺灣的客家話》、（2000）《臺灣客家發展史（語言篇）》，羅肇錦、陳秀琪合著（2011）的《臺灣住民志──語言篇》，鍾榮富（2004）《臺灣客家語導論》，陳秀琪（2012）《客家

---

3 臺灣現今的客家研究教育機構，有三個客家學院，兩個客家研究所，並有大約八十多位專業的客家研究人才。

話的比較研究》等，皆描述了臺灣客家話的現況、語音或詞彙特色；另外也有許多描述、探究客家話因語言接觸而產生語言變異的論述，如陳秀琪（2006）〈語言接觸下的方言變遷——以臺灣的詔安客家話為例〉探析受閩南語包圍與影響後，詔安客家話所產生的變化；呂嵩雁（2007）《臺灣後山客家的語言接觸現象》說明花東客語在與原住民族、閩南語、華語接觸後，產生詞彙變化而形成特殊的花東客家話現象；賴文英（2012）《語言變體與區域方言：以臺灣新屋客語為例》則進一步說明區域方言與其他族群方言互動接觸後，所形成特殊的方言變體；另有賴文英（2007）〈論語言接觸與語音演變的層次問題——以臺灣客語四海話的形成為例〉，黃菊芳、鄭錦全（2013）〈臺灣海陸客家話的地域變體〉等皆如是。

（二）東南亞的客家話

　　東南亞國家的華人社會用方言或籍貫區分出不同群體，進而建立幫群。幫群間會因為方言或語言的差異，而產生內外群體的認知（黃賢強、賴郁如 2013：1-3）。

　　東南亞華人主要來自廣東與福建，語言作為族群的首要區別性標誌，不同籍貫的群體會因使用不同方言而形成族群界限與幫派間的對立。殖民政府的政策，更強化了方言群的認同，例如「新村[4]」的建立（蕭新煌等 2005：191-192）。不過，民族主義興起後，東南亞各國的語言政策使華語及方言受到排擠，例如馬來西亞政府早期採同化

---

4 馬來西亞境內有許多因應二戰後殖民政府政策而產生的聚落——新村，這些新村是馬來西亞戒嚴時期的產物，主要是因1950年代，英國殖民政府為打擊馬共（Malayan Communist Party, MCP）的活動，並防範馬共勢力繼續擴張，而擬定「布利格斯計畫」（Briggs Plan），將可能與馬共有所接觸或有馬共嫌疑的居民移殖至「新村」，除了便於集中管理，也施行戒嚴措施斷絕村民與馬共成員之聯繫。這項措施，也無意間促成新的客家人的聚落。這些客家聚落在語言文化方面，因人口優勢，而繼續保持了客家話的使用（張曉威、吳佩珊 2011：145-156）。儘管居民可能來自不同祖籍地，但新村內流行的客家話會以當地多數相同祖籍口音的客家話為主。

政策，其教育政策措施加速了方言群認同的消逝，取而代之的是英語群與華語群的認同（麥留芳 1985；陳湘琳、辜秋瑩 2015），且使華人內部認同意識更加具有凝聚力（張翰璧、張維安 2005：157）。新加坡在1960年代和1970年代間，利用英語教育將孩子的母語轉換為英語，並以此作為「新加坡認同」的媒介（Jessica Leo 2015）。然而在1980年代建國後，政府意識到華語文的重要，轉而積極推廣華語並提倡國家認同重於族群認同，使得方言忠誠度下降，產生方言習得斷層（嚴修鴻 2007）。近年來，更由於華語地位的提升，華語運動、華語節目以及臺灣流行音樂的影響，使客家話在部分地區呈現雙重隱形的現象而逐漸退居為私領域使用的語言（蕭新煌、林開忠 2009：252-253）。越南將越南語作為國語，使越南鄉區的家庭語言受到越南語入侵，都市地區的客家話則多受廣府話的影響，華語價值被貶低，更遑論方言的地位（蕭新煌2012）。泰語則是泰國的強勢語言，目前在泰國的客籍後代，他們的客語能力因為語言環境的嚴苛與認同意識的弱化，正轉移至以泰語為主（蕭新煌等 2005：199-200）。印尼政府的同化政策是將國家語言以印尼語為代表，並禁止方言的流通。唯有亞齊、山口洋等地區因為客家人口的優勢，以客家話為主要溝通語言，因此還保有客家話的流通，但是因為經常與其他族群接觸而產生語言變異，如山口洋的客家話雖以河婆腔為主，但其中融合了惠來、陸豐、興寧、梅縣及五華等亞群的客語口音，更夾雜了許多印尼話而形成特殊的山口洋客家話（蕭新煌2012）。

東南亞當代客家的最大特色，是其作為方言群的屬性（麥留芳 1985）。相對於如臺灣的閩客族群，馬來西亞華人之間的方言群體只是在華族之下的子分類，並不適合以族群概括（陳湘琳、辜秋瑩 2015）。作為次群體的方言語群認同與族群認同最大的差異，在於方言群的認同論述往往更強調其在所屬族裔認同框架下的位置，因此必須不斷地與所屬族群的起源與文化特徵進行對話（劉堉珊 2015），東南亞的客家認同論述便是如此。

關於馬來西亞客家話較詳細描寫的著作有：陳曉錦（2003）《馬

來西亞的三個漢語方言》詳細描述馬來西亞語言環境與三個較多人使用的漢語方言，並提供馬來西亞中較強勢的客家話的語料；陳曉錦（2014）《東南亞華人社區漢語方言概要》則說明了客家人在東南亞的分布，並分上、中、下三冊分別描述其中數個方言點的語音、詞彙及語法系統，並與中國原鄉做比較；甘于恩、冼偉國（2009）在〈馬來西亞漢語方言概況及語言接觸的初步研究〉概述馬來西亞當地漢語方言的種類和分布，以及各漢語方言相互接觸後產生的現象。關於客家群體語言研究與族群認同的論文為數尚不多，比如練春招（2000）的〈馬來西亞柔佛州柔佛巴魯市士乃鎮的客家方言〉、張翰璧與張維安（2011）〈馬來西亞浮羅山背的客家族群分析〉、黎卓蓉（2012）〈雪蘭莪沙登新村華人語言使用方式的調查〉等數篇。近年來則有不少以東南亞客家話作為研究對象的論文，如葉麗燕（2001）《馬來西亞士乃客家話調查報告》、陳欣慧（2006）《印尼亞齊客家人之研究》、黃惠珍（2008）《印尼山口洋客家話研究》、吳靜宜（2009）《越南華人遷移史與客家話的使用──以胡志明市為例》、江欣潔（2013）《馬來西亞沙巴龍川客家話研究》及黃素珍（2013）《印尼坤甸客家話研究》等。

（三）比較

　　語言能強化群體和個人的歷史敘事和詮釋權，使群體或個體擁有認同意識，可使群體依此主張維護其「本土性」和「土著性」；相反的，在群體或個人在忽視和排斥其認同意識時，語言也容易被犧牲掉，例如香港客家人改說廣東話（Jessica Leo 2015）。

　　根據前文分別論述臺灣與東南亞的客家話使用情形，可證實政治經濟勢力和語言傳播力的強弱，確實攸關族群文化存續力的強弱。一如臺灣平埔族群與客家移民互動後，最終丟失其本來的語言而被同化為客家人，被同化後，其認同也因此產生轉變（張維安 2015a）。臺灣客家在被華語和閩南語強勢侵擾下，也有相同現象，其中，「福佬客」就是一個絕佳的例證。在馬來西亞，客家話也與鄰近的其他方言

和官方語言——馬來語接觸互動而產生重組，例如山口洋客家話，即為融合各方言而形塑出來的語言。

客家族群雖是臺灣的第二大族群，但早期客家話地位因「國語政策」在公領域被壓制，加上客語的傳播權益未受重視、都市客家人口比例少、通婚所造成的「代間失憶」和教育與傳播體系受強勢的華語和閩南語影響，會說客家話的客家子弟逐漸減少，連帶使客家文化的傳承面臨斷層。東南亞的客家族群因「習慣」、「華語更利於溝通」、「不同籍貫通婚的情況增加」等因素而選擇華語為溝通語言，和臺灣客語流失的原因（徐正光、蕭新煌 1995、王甫昌 2002、張維安 2015a）大致相同。

語言與族群文化、族群認同以及社會的政治經濟環境密切關聯，「語言」和「認同」之間的依存度，顯現於「語言流失」和「文化失憶」的高度關聯性（張維安 2015a）。回顧臺灣和東南亞的客家話地位，臺灣過去在政治力量形塑以及不平等的語言權力生態環境影響下，華語成為強勢的政治語言，在公領域中被高度使用。近年來的政經情勢，使閩南語逐漸在公領域中佔有重要地位，客家話在華語和閩南語兩種強勢語言的激烈競爭下，在公領域的使用空間進一步被壓縮。除此之外，客家話的地位更隨著世代的更替、居住環境的變異以及家庭中不同語群的介入（如通婚），已日漸降低其傳遞家庭社會化的功能（徐正光、蕭新煌 1995：32）。東南亞的客家話發展也受東南亞各國的官方語言和教育政策限制，加上要和當地其他非華人的族群勢力（如馬來人）相抗衡，且社會運動僅有以華人為主的運動，東南亞的客家族群意識因而隱身於廣大的整體華人意識中。除此之外，客家話與周遭強勢華人方言（如福建話、廣東話）互動，其存在感亦逐漸隱形化。

當客家話隱形於華語或其他官方語言之下時，臺灣和東南亞的客家族群在不同的社會情境和政經情勢下，有不同的反應和對策。1980年代，臺灣的本土化運動及還我母語運動，讓政府正視客家話的存在，與客家話相關的出版品和客家學院的設立，使客家話得以傳承延

續，臺灣的客家意識從民間延伸到官方。東南亞國家則因為國家認同意識以及整體華人認同意識過於強大，強調國家認同優先於族群認同，除了客家人口佔優勢的少數村落（不論是自然形成的客家村或是二戰後因政府為打擊馬共而強制形成的客家新村）外，客家話在城市地區有雙重隱形的現象，漸退居為家庭語言（私領域），甚至消失。

近年來，行政院客委會針對民眾客語使用調查發現，客家人的客家認同程度與其客語能力成正比，歷年的調查顯示認同「以身為客家人為榮」的客家民眾其客語能力普遍高於不認同者。由於客家民眾同意「我以會說客家話為榮」的比例增加，因此語言能力的增加，也可以說是客家認同與尊嚴的肯定（張維安 2015a），更足以印證「語言」與「族群認同」之間的連動關係與事實。臺灣客家話往昔的處境和現今的東南亞客家話相似，同樣受官方語言政策和周遭方言壓迫、威脅，而臺灣客家話如今已有政府制度性的支持與政策予以延續，加上民間客家意識的力量，臺灣客家得以較東南亞客家有更完善的保存與傳承。

三、族群組織與家庭

會館／社團是除語言之外，用以表達群體依歸的另一種實體符號，是精神語言的外延，是和祠堂一樣的有形物質場所，發揮著移民社群整合的社會功能（劉大可 2009：435）。家庭則和語言能否保持其活力息息相關。

家庭與語言活力的關係表現在兩方面。第一，家庭是檢查語言活力的最底層的空間，是弱勢語言的最後堡壘。若族群語言在家庭（私領域）裡，出現其他強勢的競爭語言，顯示該族群語言的活力幾近消失。第二，家庭結構類型與其所處的時空環境會影響家庭成員語言傳承與學習的機會，亦即間接影響該語言在家庭中的活力。例如，一個三代同堂的家庭成員相對於一個在都市中由年輕夫婦組成的核心家庭的成員，更有機會學到母語（徐正光、蕭新煌 1995：15）。

因此，一個語言是否保持其活力，可透過幾個方面來考查。首先，檢查不同世代間語言傳承與變遷的狀況；其次，分析在不同的公共空間（例如政府機構、教育與媒體、工作機構），語言是否扮演重要的社會功能；第三，在社區生活空間（如社區生活、市場）中語言扮演的角色；第四，檢查家庭成員社會關係中，各種語言的競爭消長情形（徐正光、蕭新煌 1995：14-15）。以下透過文獻資料，比較臺灣與東南亞客家族群組織與家庭在傳承、維持客家意識所扮演的角色與功能。

（一）臺灣的客家社團與家庭

　　臺灣客家人最初成立或加入社團，皆因有鑑於移民須團結力量以自保並維護其生存權。但最初成立或加入的社團卻不一定是「客家」社團，如基隆客家會是由基隆廣東同鄉會分出，最初基隆客家人因祖籍同樣是廣東而加入基隆廣東同鄉會，而後因財產分配問題和同鄉會章程明確指出成員身分證須載明祖籍地為廣東，方可加入廣東同鄉會後，基隆客家會正式另立門戶，才成為真正的「客家」社團。另外，高雄四大庄頭客屬社團則具有高度的「排外性」，沒有外省客家會員，全是臺灣本籍客家。四大庄頭分別為：新桃苗、臺中東勢、高雄美濃和高屏（六堆）客屬同鄉會。其中新桃苗客屬同鄉會所擁有的資源最為充沛，生存最為艱困的則是臺中東勢旅高客屬同鄉會。

　　丘昌泰（2009）指出，現代臺灣的客家社團類型大致有幾個特點：（1）由傳統的「三同」（同鄉、同宗、同姓）（單元性）組織轉變為以客家文化、社區發展（多元性）為主的地方客家社團；（2）大都集中於臺灣北部區域，其次是南部區域，再次為中部區域，東部區域居末；（3）區域性社團數量較全國性社團多；（4）過去參與的人年齡偏高，近來有年輕化的趨勢；（5）成立的宗旨，以客家文化最多，其次是社區發展，再次是同鄉會、宗親會等。其中以客家文化為成立宗旨的社團中，過去主要以語言復甦為主，近來的涵蓋面則較多元。由此顯見臺灣的客家社團主要以族群認同作為界定族

群邊界的基礎，基於血緣、地緣或關係的同質性，維持強烈的「我群」忠誠感與強化特定的地域認同感，因此組織成員彼此之間的情感聯繫強度甚高（丘昌泰 2009：8）。

再者，臺灣客家社團從1970年代起開始跨國交流活動，開拓了臺灣客家對「世界／全球客家」的視野，使臺灣的客家論述逐漸不再以「漢族的客家」出發，而是從「族群」的角度詮釋客家認同，並更具體的從臺灣的歷史脈絡思考客家族群在歷史與文化上的特殊性（劉堉珊 2015）。

家庭方面，臺灣的客家話受學校華語教育及閩南語的強勢影響，以致都市地區的客家家庭逐漸不容易聽到家庭成員以客家話溝通，加上語言環境複雜，長輩和子孫輩之間大多優先以華語溝通，而少以客家話對談，只有在客家村落（如桃竹苗鄉區、六堆等）才可能以客家話溝通。不過，近年來，華語和閩南語的勢力範圍在傳媒助長下，也擴及傳統的客家村落，使客庄的客語也出現流失的現象。

（二）東南亞的客家會館與家庭

對東南亞而言，會館和廟宇是檢視華人移民活動和族群關係最好的管道（黃賢強 2013：91）。其中，以區域語言為基礎的會館，可細分為省籍或縣籍（楊國慶 2009）。

東南亞的華人移民主要來自廣東和福建，兩地的移民所使用的方言不同，為適應新環境，使用同一種方言的移民傾向聚集一處（祝家豐 2010），而初至馬來亞的移民由於不受政府重視，又對社會控制、調解、宗教崇拜和福利有所需求，往往根據傳統習俗而大量成立社團組織，以尋求庇護和慰藉（游俊豪 2010）。而這些社團扮演多重的角色，包括設立學校和信貸機制、協助處理喪葬事宜等，後來移入的華人通常也會得到相關組織協助（楊國慶 2009）。

馬來亞和婆羅洲的華人社會形成時，已有「華團[5]」產生，最初

---

5 華人註冊社團的簡稱。

是成立祕密會社，繼而有以縣鎮、方言、姓氏等為依據的社會組織，以及行會、商會等組織，當時這些組織的功能都是協助會員，並維護會員的利益（祝家豐 2010；游俊豪 2010）。也有一些華團屬於血緣宗親組織，其主要功能之一，在於籌辦祭祖和過節的活動（祝家豐 2010）。華團在一個國家內部聯繫了特定的方言、地緣、血緣和業緣的個體和群體，進而成為華人的象徵（劉宏、張慧梅 2007）。而各種不同類型的社團會組成像聯合會或總會等傘狀組織，通常是以地緣性或共同方言為組織基礎。

在英殖民時代，那些對立的祕密會社往往以區域語言為結社基礎。傳統上，以共同區域語言為基礎的傳統華人政治社會經濟群體，稱為「幫」（楊國慶 2009）。「幫」的結構是方言組織「會館」的基礎。但在方言組織出現之前，已有以「公司」為名的寺廟和公塚組織的設立。在馬來亞，最早成立會館的是檳城的客家人和廣府人，可追溯至1801年（楊國慶 2009；祝家豐 2010）。

客家族群移民東南亞後，因應需求在當地成立客家會館，作為團結互助與情感分享的場域，並藉此凝聚客家族群認同與意識（蕭新煌 2011；利亮時 2011；黃淑玲、利亮時 2011；王力堅 2011），同時也是異鄉遊子的鄉情寄託之地（黃賢強 2011：34）。有些會館為維護族群文化[6]，會舉辦華文學校，甚至形成「館校合一」的型態，這些大多是同宗同鄉且凝聚力極強的團體，與政治無直接關係，例如雪隆嘉應會館（前身為雪蘭莪嘉應會館）及新加坡茶陽（大埔）會館（蕭新煌 2011；利亮時 2011；王力堅 2011）。

會館的成立目的和功能隨時代而轉變（蕭新煌 2011；利亮時 2011；黃淑玲、利亮時 2011；王力堅 2011），從原本的原鄉認同，轉而積極參與在地事務，並協助移民取得在地身分（利亮時 2011、

---

6 各地會館及客屬公會是地方權力機構和文化中心，一方面負有保護同鄉的責任，一方面又必須維護華人宗教信仰，傳承華文教育。尤其是處在半自治的殖民社會中，華人社會的運作是靠地緣和業緣為基礎的組織，設立華文學校，建立起特有的文化和認同體系（蕭新煌等 2005：192）。

2013）。利亮時（2013）便指出，會館的社會功能演變至21世紀，由原本的教育、聯繫同鄉人感情的功能，轉變為發展與延續客家文化。如今，東南亞客家會館是年長的客家人社交的網絡和懷舊的場合，是在「半公半私」的生活領域裡延續客家文化認同的場域，也是唯一在東南亞各國可以代表客家社會文化的空間（蕭新煌 2013：22）。

近年來，會館再度與中國原鄉頻繁接觸，而走向「再原鄉化」一途，強化了成員的原鄉認同意識。經實地走訪後，發現東南亞的客家會館執事幾乎都對客家認同抱持保守的態度和看法，執事源流／原鄉的客家認同（如大埔客、惠州客等），面對年輕一代「本土化」／「在地化」的客家認同（如新山客、吉隆坡客、檳城客等），採取排斥的態度，例如嘉應客家會館會長對年輕人表明是「馬來西亞在地客家人」感到不以為然，他們認為還是應該強調自己是「來自大埔」的「大埔客家人」。

蕭新煌等（2005）認為客家社團不僅扮演凝聚客家意識和肩負文化傳承任務的角色，它還具備建構社會網絡的功能，例如柔佛客屬公會的倡建，讓原本祖籍地緣認同較強且鬆散、分立的客家社群，通過客家認同意識建構，而有了整合的力量（安煥然 2009、2010）。

客家家庭是客家族群認同和文化傳承的最後堡壘，是作為客家族群認同最主要的基礎和進行多元族群互動過程的社會文化單位。東南亞國家的語言政策、教育措施，使方言退守家庭。客家家庭透過祖先崇拜、生命禮儀、語言、飲食[7] 等生活細節來展演其客家性，讓日常

---

7 飲食的象徵意義涵括一族群的社會文化、價值、宗教、身分階級等面向，對於許多人而言，吃某種特定的東西，不只是飽食的功能而已，還有象徵的詮釋認同、身分的展現或遊戲的構作，攝食於是也成了自我認定以及與人溝通的形式（張維安 2015b：5-7；黃世明、黃宏志 2015：281-284）。學者認為客家飲食習性反映了客家社群傳統所居處的地域與自然環境，並與其從事以山居生活和務農為主的生計活動有關。飲食可以看出族群文化的差異，閩、客和原住民的粽子作法不同，所以有客家粽的稱呼，粄條、水晶餃也是（張維安 2015b：5-7）。食用菜餚之所以自成一格並成為族群集體實踐的文化風格，必須要某個族群長久以來都吃這種菜，以至於

生活中的客家文化一代傳一代（蕭新煌 2011、2013；Daniel Chew 2013；林開忠 2011）。

（三）比較

移民來到陌生地之初，基於維護自身方言、文化、利益與守望相助的理由，各族群會設立由血緣、地緣或業緣組成的宗鄉團體或會館，客家族群也不例外。

客語的保持與傳承關鍵，除了作為家庭內部主要溝通語言外，社團與會館等族群組織的維護與延續，也很重要。家庭的客家傳承是比較隱性的；會館與社團則屬於半公半私的領域。假如族群組織傳承客家文化的能力不夠強大，那麼現今留下來的客家象徵和儀式應多是由家庭維持與延續。

臺灣客家社團與東南亞客家會館往往是基於血緣或地緣的同質性而組成的團體。兩者初期皆提供心理上的慰藉，也提供物質上的服務，以滿足早期移民的需求。不同的是，臺灣的客家團體隨社會變遷，逐漸由「三同」組織轉向以維護文化與社區發展為目標的社團，參與成員也有年輕化的趨勢，臺灣客家論述也因客家社團的跨國交流活動，開拓視野，從「漢族的客家」轉為以「臺灣的客家族群」的角度出發；東南亞的客家會館在初期是為了照顧同鄉或同宗的人而設立，後來因為國家政策的不平等，導致其必須繼續負起照顧自己族群的責任（蕭新煌 2011：5），但近年來受到臺灣客委會推展海外客家研究與文化交流活動影響而發展出負責延續客家文化的功能，並再度頻繁與中國原鄉聯繫而「再原鄉化」。

雖然每個方言群都有各自的組織團體，並具有重要的社會性意義，但東南亞的客家會館與政治較無直接關係，其真實功能甚少強調認同意識。客家公會組織雖然想要提升客家意識，但最多只達到方言

自認為是這方面的專家，參與共享並認同建構（黃世明、黃宏志 2015：283-284）。

群在社會文化上的差異認知，客家意識尚未發展出來，不同於臺灣客家發展成訴諸集體行動爭取政治權力的群體（蕭新煌、林開忠2007）。就目前調查的結果看來，馬來西亞客家會館對進行會館相關學術研究抱持卻步和保留態度，其領導者和主事者僅是在鞏固會館財政和相關地位及榮耀，對於爭取客家社會地位、推廣客家話和提升客家認同似乎沒有任何具體與有效的對策。東南亞老一輩的客家人有年輕人去原鄉化的焦慮感，其「重原鄉，貶在地」的客家認同立場，與臺灣重「臺灣在地」、輕「中國原鄉」的客家認同大大不同。

臺灣與東南亞國家的客家話，皆因外在環境與社會情境而退居為家庭語言。但近年來，臺灣客家話在公領域已有相關政策及機關予以維護，在客庄（如桃竹苗、六堆等）亦多以當地客家方音相互溝通；而東南亞國家都會區客家人的客家意識必須透過各種活動來提倡或鼓吹，鄉間客家聚落的家庭肩負延續客家認同的責任，讓客家人世代的身分認同得以維持（林開忠 2011）。進一步說，客家家庭始終是延續客家生活文化最穩固的私領域機制（蕭新煌 2011：27）。

在保存延續客家語言與文化，相對於臺灣有客家社團、公部門及客家研究相關機構的運作與維護；東南亞則有客家會館和相關社團以及近年來隸屬於中文系或華人研究中心的客家研究。其中，世界客屬總會、聯誼會和會館的活動，都是受臺灣客家研究的刺激和啟發。東南亞的客家研究及其論述，亦受臺灣客家研究與族群經驗影響才開始發展，大致表現在兩個方面：第一，透過臺灣與東南亞研究人員與研究機構的往來合作，在客家研究議題、方法與觀點產生影響；第二，臺灣的公部門（如客委會）與東南亞會館在語言文化交流中，激勵會館保存和傳承客家，重視客家研究，會館主事者也能更有系統地論述客家意識和客家認同，並談論會館與社會的關係。不過，東南亞的客家學術研究還是零星的，且未落實到地方上，仍停留在會館，只達到方言群在社會文化上的差異認知，其客家意識尚未發展出來（劉堉珊2015）。

四、宗教信仰

　　宗教信仰的產生原因不外乎避災祈福、排除心中困擾，以及解決家庭或社會的糾紛等；其項下的民間信仰是人類在社會生活中的精神支柱，有安定社會的作用。在人們無法解決所遭遇的困難時，往往會祈求神明的指引，以期得到援助、救濟和保佑（張曉威 2013：55-56）。除了有信仰上的需求，移民為了在不熟悉的環境中求得心安，常會攜帶自己原先的信仰到移民地繼續供奉或興建廟宇，希望在異鄉繼續受到神靈的庇佑（張曉威、吳佩珊 2011：162；黃賢強、賴郁如 2013：8），或者是希望保佑自己平安到達移居地，並在當地取得經濟成果（張翰璧、張維安、利亮時 2014：116）。另外，客家族群的二次移民，也會自原居地的信仰源頭分香至遷徙地奉祀，以祈消災解厄，保障墾拓事業的順利，而宗教信仰作為聯繫原居地與遷徙地的媒介（黃世明 2013：160），無形中也強化信仰凝聚族群認同的功能與力量[8]。

　　宗教信仰可依信仰發源地分為傳統血緣、地緣崇拜的「原鄉移植」（延續）和「在地發展」（創新）出來的本土神明兩種。除此之外，華人族群的宗教信仰可分為自然崇拜、靈魂崇拜以及兩種結合的神祇信仰（亦稱神靈崇拜），而結合自然崇拜與靈魂崇拜的神祇，稱為人鬼（范明煥 2013：7）。臺灣的義民爺、東南亞的大伯公、仙四師爺及劉善邦等，皆是「在地發展」出來的「神祇信仰」，其信仰背後所代表的文化意義等，以下將相互比較對照，從同中求異。

（一）臺灣的義民爺信仰

　　「義民」是臺灣特有的身分地位稱號，而「義民信仰」與「客家社會」兩者之間的關聯，是臺灣客家人的特色，必須由臺灣客家人在

---

8 例如，位於新加坡的望海大伯公廟，從建立到管理，標榜著團結客家群體與客家的專屬身分認同，亦是其重要功能之一（何穎舒 2015）。

臺灣的「族群互動」歷史及客家文化運動發展現況來加以理解（王甫昌 2002）。

「義民」是臺灣清代時期，為了保鄉衛梓、抵抗民變事件或械鬥而犧牲的人群的總稱，「義民」可補國家武力之不足，也是維持社會秩序重要的民間力量，尤其是和幾次的民變事件有密切的關係，如朱一貴事件（1721）、林爽文事件（1786）及戴潮春事件（1862）等（莊吉發 2005；蔡采秀 2005；陳春聲 2005；林本炫 2010；范明煥 2013；劉煥雲 2013）。

臺灣的義民源起於南部六堆客家庄對抗朱一貴、杜君英的民變事件（張維安 2015a）。清康熙三十年代以後，許多於取消海禁後遷臺的嘉應州屬客家人逐漸南下高屏地區墾居（羅肇錦 2000）。清康熙六十年（西元1721年）的朱一貴事件，高屏地區的客家人成立七營軍隊，和閩軍在高屏溪附近決戰，並取得勝利。後來，高屏地區客家人將之轉變為「六堆」，成為永久的軍事組織。清廷因六堆客家人平亂有功，封官厚賞為「義民」，並利用這些民間軍事組織，分化閩／客、漳／泉、生蕃、熟蕃，去平亂及維持社會秩序（王甫昌 2002）。這是義民誕生的起點。這種自衛性鄉團組織的產生，與臺灣以方言群、祖籍地緣以及移植性宗族作為族群認同的標準有關（張維安 2015a）。

然而，被封為「義民」者，也包括漳泉的閩人，並非只有客家庄才有義民組織（王甫昌 2002；鄭志明 2005；張維安、張翰璧 2008；黃世明 2013；張維安 2015a）。但是，將義民爺進一步建廟祭祀且予以神格化，繼而成為族群信仰者，則為臺灣客家族群所特有（鄭志明 2005；黃世明 2013），義民爺信仰被有意無意地塑造成為客家族群特定的標籤（陳春聲 2005；蔡采秀 2005）。

「義民」與客家的連結，大致有兩個成因。一，由於臺灣的客家人在漳、泉、客籍之中，所佔的人口比例最低，較易成為朝廷結盟的對象。二，連橫在《臺灣通史》質疑「義民」實為「不義」，將臺灣在清朝時出現的民變，視為具有民族意識的「起義」事件。對連橫祖

籍福建，以福佬人身分質疑「義民」，使客家人認為是對其信仰的侮辱。「義民信仰」因而成為臺灣客家人在「閩客對立意識」之下，重要的文化象徵符號。閩籍人士相對之下，為與客家人區別，也開始遺忘或不再強調祖先曾受封「義民」或「褒忠」。因此，「義民信仰」成為客家社會重要的文化元素，是臺灣社會所經歷的獨特歷史經驗之結果，是臺灣本土形成的民間信仰（王甫昌 2002；陳春聲 2005；林本炫 2010；范明煥 2013；劉煥雲 2013）。

一般客家人在日常生活中，以義民的祭祀圈為社會單位，同一祭祀圈內的居民雖然祖籍地不同，但客家話的腔調是一樣的，乃因輪值義民廟的祭祀活動時，圈內居民必須相互溝通商討，而使用圈內較強勢的客家次方言。這些義民爺祭祀圈的範圍，是客家人認同的社會範圍，而圈內使用相同腔調的客家話，則與客家內部次群體的認同轉變有關（王甫昌 2002）。

有功德的歷史人物成神時，其神格是逐步發展出來的。臺灣的義民爺信仰亦是如此，每個地區義民廟的義民爺所指涉的對象眾多且歧異，其神格發展也必然有不同的歷史過程和多樣的空間樣態（林本炫 2010：343）。

起先，義民爺信仰是對無主義魂的追懷祭拜，後因獲頒「褒忠」敕旨，而漸漸轉化成神祇信仰的崇祀（鄭志明 2005：411）。祭祀性質從早期「類宗族祖先」的春秋兩祭，到現今結合中元節普渡，「神、祖、鬼一同受饗」的七月中元義民節（黃永達 2005：203）。義民爺因為有「人皇的封贈廟號」、「有保鄉衛土的忠良德行」及「死後有許多顯靈事蹟」等三個成為陽神的要件，使其性質發展由鬼到神（范明煥 2013：7-8）。

義民爺所扮演的角色隨時空而轉換，原本是客家人的鄉土守護神和戰神，至今仍有客家子弟在當兵前，到義民廟祭拜求平安（張維安、張翰璧 2008；范明煥 2013）。清代同光年間至日治初期，義民爺是客家人防止原住民反撲的「防番神」；日治時期中後期，又變成對抗瘟疫疾病的保護神；近年來，更成為交通安全維護神及凝聚客家

意識的精神象徵（范明煥 2013：18）。

義民信仰與族群認同意識之間明顯的連結關係，可從 1988 年 12 月新竹枋寮義民廟所舉辦的活動談起。該廟舉行創建兩百週年的紀念慶典法會，使分散全臺各地分廟的主神「義民爺」首度會合並串連起來。由於義民廟大多存在於居住客家人的傳統社區內，這些客家人第一次接觸其他文化與社會處境都相近的客家人，而開始意識到臺灣各地還有其他客家人的存在。這對於「泛臺灣客家認同」的想像，有極大的幫助。這個祭典之後不到兩星期，第一次以全臺灣客家人的權益為目標的運動就出現了（王甫昌 2002）。

近幾年，客委會以義民信仰文化為基底，透過節慶嘉年華的形式，結合文化觀光，使義民爺祭典擴大成為客家文化運動（黃世明 2013：159）。義民節不僅使義民祭典成為客家社區新傳統與客家文化節的象徵，展演客家文化，也凝聚了客家意識，其意義已超越信仰層次，而延伸到政治、社會與文化層面（范明煥 2013：18）。

（二）東南亞的大伯公、仙四師爺與劉善邦信仰

東南亞的宗教信仰，除了可依來源地分為「在地發展」和「原鄉移植」外，也可根據信仰的「共享範圍」大小，分為三類：一是所有華人共有的信仰；二是原鄉獨有的信仰；三是在東南亞發展出來的信仰。「在地發展」的本土神明是東南亞客家移民特有的，將開發有功的族人或反抗、爭鬥過程中犧牲的先人英靈供奉為神明，而逐漸形成的新的在地信仰（王琛發 2007），既是地區守護神的「土地崇拜」，也是華僑先驅的「祖靈崇拜」。這種在移民開墾或爭鬥過程中被「創造」出來的信仰，在東南亞大致有大伯公信仰、劉善邦、仙四師爺⋯⋯等（張維安、張容嘉 2011）。

大伯公是東南亞地區盛行的民間信仰，主要有兩種來源：一是屬於客家先驅的祖靈崇拜；二是地區守護神，是將原鄉信仰在地化的展現，屬於土地崇拜信仰（安煥然 2003；陳波生、利亮時 2006、2012；王娟 2008；吳詩興 2009；陳亞才 2009、2012；張維安、張容

嘉 2011；王琛發 2012；張維安、張翰璧 2012；張維安 2013）。對照
南洋華人的稱法，祖靈崇拜是崇祀「開山地主」，土地崇拜是拜「土
地公」（徐雨村 2012a：123），顯示出東南亞的大伯公具有結合
「鬼」（先賢英靈）和「神」（土地神）的雙重身分（鄭志明 2004；
陳波生、利亮時 2012；黃賢強、賴郁如 2013），是各類神祇與某一
仙逝人物混合的象徵（王琛發 1998；張維安 2013）。而具「土地崇
祀」性質的大伯公，其神格位階隨著移民遷徙，在某些地區晉位於神
境的土地神或地頭神，由低階神升格為正殿主神（張維安、張翰璧
2012：102），形成一種宗教階序的反轉現象，這也是宗教信仰隨族
群遷徙所形成的轉化（劉阿榮 2012：20-22），也就是「重組」的現
象。

馬來西亞的大伯公有多元的性質和功能，時而以「水神[9]」、時
而以「財神」的姿態受人們膜拜（張維安、張容嘉 2011：358），因
此大伯公的信仰功能已經超過原來的職司，也超越了原有的性質（王
琛發 1998；吳詩興 2009；張維安、張翰璧 2012）。

由於東南亞各地大伯公的來源不一，個別大伯公廟的神誕日期不
同，且沒有規範的祭祀儀式，個別的祭拜重點也不盡相同（陳亞才
2012：54）。不過，近十年，以詩巫永安亭大伯公廟為中心的大伯公
節，於每年農曆三月廿九日舉行大伯公節相關的節慶祭典與活動（張
維安、張翰璧 2012；徐雨村 2012b）。大伯公節是一個新的傳統，除
了加強廟宇之間的聯繫外，在華人心目中有一種肯定與認同，大伯公
節以「觀光節」的名義向政府提出後，獲得認可與支持，且在第二屆
大伯公節有首相的親臨參與，更是對華人文化節日具體的肯定，大伯
公節的舉辦也發揚了大伯公信仰的特色（張維安、張翰璧 2012）。

馬來西亞的仙四師爺信仰，是客家人葉亞來[10] 在馬來半島的開墾

---

9 水神的意義在於保護華人南渡海上的平安，是與華人向南遷移的歷史有關係的神，
　是晚近才產生的神祇（張翰璧、張維安、利亮時 2014：117）。
10 葉亞來在 1862 年初抵達吉隆坡，就是在安邦礦區落腳。他的一生和他所處的時代恰
　是吉隆坡發展的關鍵時期，他很快就崛起成為當時錫礦業的領頭，並且在吉隆坡的

時，產生會黨鬥爭而被創造出來的「新神」（張曉威 2013：48）。仙四師爺廟是葉亞來鞏固其領導地位與凝聚其會黨內認同的信仰象徵。又因為葉亞來、仙師爺和四師爺都是靠錫礦業發跡起家，所以馬來西亞各地興建的仙四師爺廟與錫礦產地是有著密切的關聯，並成為礦區共同的奉祀神明（張維安、張容嘉 2011：359），也是客家人在地新信仰的象徵（張曉威 2013：59）。

　　關於劉善邦信仰的產生，古晉的華族歷史文物館記載：「劉善邦被認為是開發砂拉越石隆門客家人墾殖場的先驅，他也是公認 1857 年反抗『拉者』（Rajah）的主要領袖」（張維安、張容嘉 2011：353）。劉善邦在石隆門所建立的帽山「客家共和國」或稱「十二公司」，不只是一個採礦組織，也是相當有自主程度的人群組織（張維安、張翰璧、黃子堅 2014）。砂拉越居民為了追念劉善邦所建立的「客家共和國」為保鄉衛國起義而亡國，在其墓地旁建廟祭祀，並稱之為「開山地主」，是在地發展出來的信仰（張維安、張容嘉 2011：352）。

（三）比較

　　宗教在族群意識形成或變遷中，扮演重要角色。不論臺灣的義民爺或是東南亞的大伯公、劉善邦、仙四師爺，兩地神明皆有「在地發展」的特色，都經過「造神」和「在地化」的過程，其性質都包含從先驅亡靈的英雄崇拜，隨著時代和環境需求變化，逐漸轉變為具有神祇意義的「真人造神」崇祀，並逐漸衍伸出其他的祭祀功能，如戰神、水神、財神等。

　　而臺灣義民節和東南亞大伯公節等慶典的舉行，不僅具有宗教意義，更具凝聚並助長族群意識的效果。臺灣義民節的舉辦，使義民爺

發展上扮演非常關鍵且傑出的角色而備受推崇。跟其他華人領袖一樣，葉亞來的華人甲必丹頭銜，是蘇丹或其代理人所授予的。除了是華人甲必丹這個管理者的角色，葉亞來還有建築商、企業家、華社領袖等角色（文平強 2009）。

的信仰超越了信仰的層次，延伸到政治、社會與文化層面；馬來西亞大伯公節的舉辦，不僅發揚了大伯公信仰的特色，也受到政府官員的支持，兩者皆是被創造的「新傳統」。

不同的是，義民的稱號原本並非客家人所獨有，但由於時局變異加上福建身分的連橫質疑義民不義，引發客家對義民的維護和客家意識，逐漸演變為客家文化的象徵；東南亞的大伯公信仰則原本是客家特色，卻因華人整體意識的高漲與包覆，而逐漸有了是否屬於客家信仰的爭議。臺灣的義民節所代表的是「客家」的象徵，展演的是「客家」文化，凝聚的是「客家」意識；而東南亞的大伯公節則是「華人」的象徵，展演「華人」的文化，凝聚「華人」的意識，主因還是推動大伯公節的主要人力並非僅有客家人，也包括其他華人族群。

五、產業與經濟

因環境限制和生活需求，移民為謀取迫切需要的物資，而形成特有的社經模式（張翰璧 2000：116）。當經濟移民到達另一個社會時，常因為語言與文化障礙，無法在當地勞動市場找到工作，因此許多人選擇移民創業成為自雇者（張翰璧 2007b：89）。而地區間的自然資源差異，讓華人移民根據原鄉經驗，選擇自己擅長的產業來養家活口（李偉權、張翰璧 2012；張翰璧 2013b）。在奠定一定的經濟基礎後，為了擴展勢力，移民者會利用血緣或地緣組織尋找相同背景的「自己人」來幫忙（甘永川 2007：79；李偉權、張翰璧 2012；張翰璧 2013b）。由於血緣和地緣高度重疊的網絡關係，加上族群的群聚以及語言的隔閡，使族群分工的現象相當明顯（張翰璧 2013c：234），在特定行業形成同鄉或同方言群的聚集網絡，產生族群經濟的群聚效果，亦即，在產業類型方面出現族群差異的特色（李偉權、張翰璧 2012；張翰璧 2013b：171），Suyama Taku（1962）將這樣的社會現象稱之為「幫權經濟」（轉引自林育建 2011：315-316）。但這種現象，除了受同鄉連帶的影響外，也受到殖民政府政策的影響

（張翰璧 2007b：95），例如英殖民政府「分業而治之」的策略，便是形成東南亞族群產業的基礎（張翰璧 2007b；蕭新煌 2011：13）。

（一）臺灣的客家產業

臺灣客家產業可分為傳統產業和文化創意產業兩個部分。客家族群移民至臺灣之初，因地理條件和政府制度的鼓勵，使茶葉、樟腦、菸草等經濟作物的產地與客家分布的地區重疊，這些經濟作物繼而成為客家的象徵性產物，也成為臺灣客家的傳統產業。後來，當傳統經濟產業隨時局變遷而沒落，代之而起的是新式的客庄文化觀光與休閒產業和文化創意產業。跨部會文化創意產業小組將文創產業定義為：「源自創意與文化積累，透過財產的形成與運用，具有創造財富與就業機會潛力，並促進整體生活環境提升的行業。」俞龍通（2012）將臺灣客家產業定義為：「以客家文化為核心價值，透過文化加值，可以傳承客家文化、繁榮客庄的產業，皆可稱為客家產業。」顯然俞龍通所定義的是文創產業的部分。顯見文創產業不僅延續過去的文化產業，更強調以「創意」為核心（王雯君、張維安 2015：133-134）。

臺灣的產業特色與族群文化是互相鑲嵌的關係，無法用客家先天性因素來解釋（張維安 2000：15）。臺灣茶葉、樟腦、菸草與地理的依存度、族群的性格特質和政府的制度造就了客家傳統象徵性產業[11]的獨特性和族群文化風格，並影響了產業發展型態（俞龍通2014：25）。

1. 桃竹苗茶產業

臺灣因市場需求與政府相關產業政策、銷售與自然環境的配

---

[11] 所謂象徵性產業發展過程，指的是在時間序列的某一段時期，大量的移民流入特定的地理區域；移民在此特定的地理區從事墾殖，為配合自然環境與社會資源的使用，選擇了特定的農業生產。因為移民多屬於同一族群，形成某一族群在某一地理區域內從事相同經濟生產活動現象，族群與產業間畫上了等號，此謂族群的象徵性產業（symbolic product）（張翰璧 2000：118）。

合[12]，使茶產業在北臺灣扎根，並與客家族群密不可分（張翰璧 2000：88-89）。張翰璧（2000）並指出，除了政策鼓勵之外，地理環境是影響這些客家族群選擇種植茶葉的主要因素。早期由於耕地缺乏且糧食不足，驅使客家人從事茶葉的生產以增加經濟的收入。加上日據以來各種政策的輔導，促使桃竹苗的客家族群發展茶產業，並成為桃竹苗客家族群的象徵性產業。

2. 樟腦業

由於樟樹多位於客家人分布的地區（俞龍通 2014：100），加上海外市場的需求，臺灣樟腦製造快速發展（黃紹恆 2000：52-53）。至日治時期，日本為了開發東部樟腦業而引進不少北部與南部的客籍移民（施添福 1995），因此當原先這些在西部的客家人來到東部後，又透過地緣或親緣關係找來更多的客家人來從事樟腦業的開發，使客家人之外的閩南人或原住民難以進入此一行業工作（馮建彰 2000：230-231）。

3. 菸業

南臺灣的自然環境、政府政策使菸業趨於集中化，而形成美濃「菸城」，並維持了一甲子之久。臺灣的菸草專賣從日本時代到戰後民國的政策制度決定性地影響菸作經濟的型態，影響美濃客家在社會、經濟，甚至文化等各種面向的生活方式（洪馨蘭 2000；潘美玲 2015）。

洪馨蘭（2000）根據美濃當地耆老的記憶表示以前的私菸和後來的菸絲種類不同，以及日據文獻資料記載，認為美濃人的祖先似乎並無將菸作技術自原鄉攜來臺灣，也沒有帶到美濃，美濃人會種菸，是

---

12 從茶葉的栽種來看，新竹州的茶區受到日本政府的在臺產業規劃以及市場區位的影響，主要集中在現今新竹縣客家人口聚集的聚落。靠近臺北出口的市場，即使農業戶數不及其他聚落，亦有許多茶戶數存在。而在新竹州以南的客家聚落，大多從事農業，但也會選擇茶葉作為主要的兼種作物（張翰璧、徐幸君 2015：81）。

從原住民和日本人那邊學來的，是日本政府對於原料菸草的經營方式，讓美濃進入了菸草試種的領域，因此推論美濃地區形成「菸城」是不具「原鄉經驗」意義的（洪馨蘭 2000：147-156）；丘昌泰（2010）則認為，臺灣客家傳統產業的經營受到「原鄉記憶」的影響，其中包含菸草，菸草最早在閩西生產，製菸業始於明萬曆年間，當客家移民到南臺灣後，因應地理環境、氣候以及國際市場需求，於是產生了屬於美濃的「菸草時代」。

然而，全球市場與環境的變遷，影響這些傳統產業的興衰（張維安 2000：16），隨時間演進、社會環境和代間職業改變以及社會流動等因素，使族群產業漸漸失去顯著性，世界市場的需求和臺灣社會結構的轉變，亦使客家人的產業在各個時期反映出不同的現象（張翰璧 2000：118）。

姜道章（1961）指出，第二次世界大戰後，臺茶出口受阻，外銷業績不佳，加上 1970 年代的世界性能源危機、臺幣升值、勞力缺乏、工資高漲與高科技產業迅速發展，臺茶逐漸喪失外銷的競爭力，轉以內銷為主；使多數茶農轉業、休耕，以及後代勞動人口外流。產製外銷茶的大型製茶工廠沒落後，自產自銷的茶農代之而起（張翰璧 2000）。這類茶農在桃竹苗發展出具在地特色的茶產，並與觀光產業整合，轉型為客家文化觀光產業的一環（潘美玲 2015：97）。

臺灣樟腦從日本時代末期歷經樟木枯竭及市場環境改變，加上政府撤除樟腦局並廢除管理規則及施行細則，結束臺灣樟腦專賣，僅剩民營化的樟腦業。根據劉還月（1997）描述，至 1900 年代末為止，在北臺灣僅存不到十家的製腦業者（轉引自張維安 2000：85），較有經濟實力者繼續利用樟木以外的山林資源從事林木採伐的經營，造就臺灣的製材業與合板業有客家人集中的現象（溫紹炳 2003：33）。

菸業後期，為因應臺灣加入世界貿易組織受國際市場波動的影響，政府決定大量收回菸葉種作許可面積，結束專賣，菸作因此逐步退出美濃，菸樓成為美濃客家文化地景的象徵，美濃「菸城」成為當

地客家人的集體記憶與主體性認同之所在（洪馨蘭 2000；潘美玲 2015）。

當傳統產業隨時局變遷而沒落，國家政策如何維護族群文化財產是一大重點。陳玉苹（2000）指出，近幾年來，在臺灣本土運動的影響下，政府所提供的資源讓許多族群興起文化復振的熱潮，客家族群亦如是。臺灣客家文化復振表現在觀光與休閒產業和客家文創產業，如客庄老街觀光、新埔柿餅節等。透過傳統文化產業經濟活動的經營與規劃，在地的文化、歷史、傳統習俗與過去的生活記憶，皆可為產業經營加值。客家文化產業常以客家傳統文化為基礎，保留地方文化、選擇性恢復以前的文化或重新詮釋、發揚文化特色，甚至根據歷史傳說創新文化、創新傳統或發明新文化，亦即「新發明的傳統」，並通過觀光、慶典以及相關活動來達到地方經濟發展的目的，如桐花祭（王雯君、張維安 2015；張維安 2015b）。而不同年齡層的客家族群在自我認同上的轉變，也影響到所從事的文化產業上的差異。

臺灣客家文創產業大致可分為兩種：一種是以傳產為基底，透過創意包裝、文化加值或經營管理等，使之有特殊文化意義，並區隔其他地區的產業，例如東方美人茶、關西仙草、野薑花粽等。另一種是將文化產業化，將原有的生活文化加入創意，發展出該族群文化所獨有的產業發展，例如客家藍衫（俞龍通 2012：19-20）、客家擂茶[13]。現今，一些客家菜館也會利用農具或過去的生活文物裝潢，增添客家文化氣氛；飲食方面，則會添加「七層塔」（又稱羅勒、九層塔）、米飯配番薯和白斬雞佐桔醬，以彰顯與閩南之間的差異（張維安 2015b：5-7）。

張維安（2015b）認為族群文化產業是推廣族群文化的媒介，起源於族群在發展文化產業的目標下，將地方特色與風俗習慣按照經濟利益需要汰選、整理與運用後，轉化為「族群文化」，再轉換成族群文化產業。

13臺灣的客家擂茶為新發明的傳統，傳統擂茶是鹹口味，只有臺灣發展出甜的擂茶。

相較於傳統客家的文化認同，客家文創產業揉合了當代資訊科技與行銷管理的手法（丘昌泰 2010：24），並藉由傳媒、商品等，講求創新、與時代結合及生活化，創造新的族群認同（陳玉苹 2000：301）。例如用客家文化加值客庄產業的節慶活動，就是臺灣最新的客家文化創意產業型態（俞龍通 2014：24）。透過如客家桐花祭等文化節慶，除了賦予傳統客家文化現代價值，增進新一代都會客家族群與非客家族群對於「客家文化」的理解與認同（俞龍通 2014：28-29），也讓客家文化從保護與維繫轉變成為一種能夠產生附加價值的文化產業（丘昌泰 2010：24）。不過，幾乎所有文創產品都是文化的產物，以文化為其重點，而不以產品本身的實用性作為價值來源（王雯君、張維安 2015：133）。

（二）東南亞的客家產業

會館之外，族群產業是另一項凸顯東南亞客家特色的面向。東南亞移民所從事的行業，除了受原鄉經驗、文化價值影響，也受政治經濟的政策影響（張翰璧 2013a）。

華人重視家庭和宗族關係，雇主因此十分重視血緣和地緣關係（文平強 2009），加上不同群體有各自的文化偏好或自我中心的心態，特定的行業往往由特定的地緣群或地方宗族壟斷（楊國慶 2009）。客家移民經由「地緣」和「血緣」這兩個網絡發展基礎，以「鍊式移民」的方式找夥人集資開店或當學徒，使某特定產業以蜘蛛網狀的行業組織形式運作（李偉權、張翰璧 2012），同時，以各自方言所構築的行話使行業壟斷得以維持（林開忠、李美賢 2006）（轉引自林開忠 2011：405-406）。

除此之外，英殖民政府實施的統治政策──「分而治之」，將不同族群置放在不同經濟領域，造成特定族群從事特定職業，居住空間亦以族群區分的現象。而「族群產業」的形成，不僅強化族群內部凝聚力，也創造其網絡關係（張翰璧 2007b、2011、2013c；文平強 2009；蕭新煌 2011：9-10）。

礦業、典當和中藥這三項產業是早期新馬客家人的「族群產業」（ethnic business），早期東南亞客家移民由於英殖民政府政策，在19世紀中期至20世紀中期幾乎壟斷了馬來亞錫礦的開採（蕭新煌2011：14；李偉權 2011：262），也因此造就多個華人聚集的城市。而新馬地區最早成立的中藥店和中醫藥慈善機構都位於錫礦產區，且創辦人都是客家人（蕭新煌 2011；張翰璧 2011、2013c）；典當業業主則多在原鄉就從事金融相關產業，典當業和中藥受到同鄉連帶的影響，逐漸形成獨特的產業網絡而成為客家的獨佔產業。

隨著時間的推移，東南亞各國經濟環境的改變，職業上的壟斷似乎已逐漸淡化，並且有向商業發展的趨勢（甘永川 2007），然而，典當業因為有其產業特殊性，故其集中程度又較中藥業為高（張翰璧2013c：74）。

（三）比較

經由比較可發現，臺灣客家族群從事的產業偏農工方面，閩南族群則在商業方面有較好的表現；東南亞客家則在中藥、當鋪、鐘錶店等佔一席之地，和福建人有所區別。造成兩地不同的原因，可能與早期客家移民從事的初級產業，如農業、錫礦以及橡膠等產業有關，臺灣客家移民初期務農，東南亞客家移民則以做工為主，老闆多半是福建人。兩地的統治政權政策，也使東南亞客家族群的社會經濟與臺灣有所差異，如英國在馬來西亞採「分而治之」策略，臺灣則有自然的產業網絡（張維安 2015a）。

當客家移民來到東南亞，或延續在原鄉相關的行業，或開創與在地經濟特色有關的產業，有了一定的事業基礎後，他們往往會回到原鄉尋找同血緣或地緣的人協助擴大其事業版圖。會館早期會幫助同鄉的移民進入由同鄉經營的產業／行業工作，加上政府的政策，間接形成族群產業的現象。若會館組織受到事業有成的客家先賢支持與資助，亦會使會館更加順利經營與運作（利亮時 2011），彼此關係相輔相成。而族群認同經由商業活動的操作，以「鄉緣」和「血緣」為

基礎形成的擴散網絡與產業特性，加強了網絡內部成員間的認同（張翰璧 2013c：247-248）。反觀臺灣的客家社團與客家產業發展沒有什麼太大的關聯，臺灣的客家傳統產業主要是由於自然、地理環境和政策而促成，茶葉、樟腦、菸草的分布剛好和客家族群分布地區重合，加上政策和市場需求，才有所謂的「客家」產業。

不過，臺灣傳統客家產業因應時代、環境的改變，發展出客家文創產業。除了重新包裝傳統客家產業，也依客家文化特色發展出新的產業，又如客家桐花祭因油桐花盛開地區幾乎與客家族群的分布區域重疊而誕生，使客家文化從保護與維繫轉變為能產生附加價值的文化產業；東南亞地區的客家族群產業，也因經濟環境、社會需求的變遷與政策的限制，形成由獨佔走向非獨佔的局面，甚至式微，但至今仍有能看出由客家壟斷的行業，如典當業，也有努力走向國際化的產業，如皮革業（張翰璧 2013a）。

六、通婚

張翰璧（2007a）指出，越南和印尼與臺灣的文化和共同價值觀皆具親近性[14]，且兩國國際政經發展較臺灣落後，屬社經弱勢，加上國家移民政策，是臺印和臺越的跨國聯姻盛行的原因。換言之，臺灣大部分的新移民女性是因經濟、生活及婚姻等因素而選擇與臺灣男性通婚（鍾鎮誠、黃湘玲 2010：697），如印尼山口洋[15] 女性嫁到臺灣，多是為了改善家中的經濟狀況[16]（張翰璧 2012）。

---

14 性別化的婚姻概念及親屬意識形態。

15 山口洋市是印尼的第二大城，也是華人比例最高的城市，其中又以客家人佔絕大多數。1980 年代後，山口洋的客籍女性陸續透過聯姻來臺定居。當地華人不論是否是客家人，日常生活上的溝通都以客家話為主，使不少非客家人甚至會自我認同為客家人（張翰璧 2012；蕭新煌 2012）。

16 山口洋郊區居民多從事農業，所以家庭經濟狀態不佳，家庭成員的教育程度也比較不好，嫁出去的女兒即便適應了在臺灣的客家生活，在回鄉探訪時，一般仍不會提及自己在臺灣的居住情況、風俗信仰或客家飲食等，在原鄉還是依照原有的習慣生

另外，語言使用習慣相近，也是促使越、印與臺灣通婚的原因之一。在母語及族群背景上，嫁入臺灣客籍聚落的新移民女性，有極大的比例是屬於海內外的客籍華人通婚，許多新移民女性在其原生家庭就是以客語作為溝通語言（鍾鎮誠、黃湘玲 2010：693-694）。因為印尼籍配偶的母語是客家話，嫁至臺灣後，與夫家、下一代或其他相關人士溝通時，多以華語和客語為主，顯示印尼籍配偶有客語傳承的能力，她們在臺灣的客家家庭裡，無疑是扮演了客家文化傳承的重要角色。如果語言是族群建構的顯性要素，印尼籍外配在使用上或教導下一代使用母語顯然是維持族群界限的重要關鍵（張翰璧 2007a：106-109）。對客籍新移民女性而言，語言使用是一種符碼標記，會促使她們持續不斷地形塑自我移民認同（鍾鎮誠、黃湘玲 2010：706）。除了語言的使用，飲食與祭祀也是顯現文化特性的最主要領域。外籍配偶烹飪時，會以公婆的口味為主，但也有不少家庭可以接受在客家菜中加入少許印尼或越南的調味料，不過在特定的日子或是公婆不在的時候，外籍配偶會以原生地的口味為主（張翰璧 2007a：119-124）。顯示外配雖然加深了客家認同意識，但其原生地認同仍是優於對臺灣的認同。

　　目前調查的結果顯示，通婚會影響新移民對客家的認知。同樣具客家身分的新移民在文化適應上比其他新移民稍快，但其客家習俗和臺灣還是有些區別，例如端午粽和中秋月餅的外型不同；表面上，語言可相互溝通，但很多詞彙的用法仍不同，如將「冰箱」稱為「雪櫥」或「雪櫃」，初期易造成語言上的誤解。另外，客家新移民的母語「斷裂」或「延續」，會依據女方所嫁入的家庭性質決定，通常客家家庭才會有延續其客家話的動力。客家新移民從出生、成長到嫁至臺灣客家家庭，逐漸累積不同層次的身分認同，並會依照不同時空和

活。山口洋嫁至臺灣的山口洋客家女性，以改善原生家庭的生活水準、協助創業或弟妹的學業為主（張翰璧 2012）。家庭中的教養方式不但有性別化的差異，也造成性別在階級流動上的不同，使得女性「向上」流動的可能性多依賴通婚達成，間接促使鄉下的女性以跨國婚姻作為改善家中經濟狀況的方法（張翰璧 2007a：68）。

情境，選擇不同的認同身分（張維安 2015a）。一般而言，與桃園、苗栗客家人通婚者，有強化其客家認同的現象，其中，苗栗的影響又大於桃園。亦即，臺灣客家認同經過提升之後，也會「重組」或強化，甚至「創新」來臺的印尼客家人的客家認同。

客家認同方面，因客家新移民在家鄉周遭也都是客家人，因此不會刻意強調「客家」，也沒有具體的客家象徵，如桐花、花布。他們主要還是以華人認同為主，需要進一步細問，才會說自己講的是「河婆話」（以地緣區分），但不會特別表明自己講的是「客家話」。一般到臺灣後，才知道客家話有四縣、海陸等的分別，才知道藍染、花布、擂茶是客家的文化，其客家認同大多透過臺灣的傳播媒體和環境氛圍，才了解具象的客家，但也僅止於具體的客家物件。新移民仍以「新移民的角度」（血統認同）互動，但若受到歧視，就會強調自己是客家人，對於客家的身分認同可以說是為了避免自己被歧視而產生的策略（此為認同意識的「重組」與「創新」現象）；平時則多以血統、語言認定自我。

跨國族的婚姻影響族群界限的維持、模糊與重構。家庭是文化再生產[17] 的重要場域，作為家庭事務與親子教養的執行者，女性所承載的社會價值觀就成為文化再生產的重要資源。婚姻移民婦女是團體或族群文化的媒介與傳遞者，她們原生家庭的價值觀與生活習慣會和夫家的價值觀與生活習慣協調。外籍配偶會將其社會價值觀編織在生活實踐中，不但影響家庭的文化生活，也會創造出不同的國族與族群認同。女性的移動隱含著國族／族群邊界的改變。跨國婚姻中不同文化的接觸與調整，牽涉到穩定與持續和對抗與變動兩股力量的抗衡，例如通婚家庭中的語言使用、烹飪方式、乃至於子女的教養（張翰璧 2007a）。

總的來說，通婚後族群界限或認同改變的重要因素是通婚時間的

---

17 文化再生產指的是人類全部生活以及人自身的生產和再生產，同時包括物質、精神、和個人生命的生產與再生產（張翰璧 2007a：9）。

長短，以及外籍配偶是否能掌控家事的處理，提升在家庭私領域中的權力地位。就族群認同而言，印尼籍配偶的語言相似性不但幫助她們適應臺灣社會，也強化了印尼配偶的客家認同（張翰璧 2007a）。

七、綜合族群認同與意識

王甫昌（2002）認為，族群是一套「如何分類人群的意識形態」。「族群意識」是在不同群體接觸時，屬少數的那個群體認為他們因為具有共同的文化身分或來源，所以受壓迫和不平等的待遇，進而形成衝突和競爭與壓迫方對抗。此時，弱勢群體的菁英往往會發起族群運動，同時建構並強化弱勢個體和群體的「族群意識」及當代的「族群分類」。例如，臺灣「四大族群」的建構，與成員共同的歷史經驗有關，也和與其他群體接觸時，覺得受到歧視待遇的經驗有關。在現代社會的政治體制與傳播媒體的影響力都逐漸擴張的狀況下，群體差異的認知更容易透過族群社會運動的過程而建立或強化。不過，「意識形態」和「分類方式」會因時地因人因事而有所差異，非永久固定不變，是一個移動與修正的狀態，因此不同時期衍生出來的「族群想像」、「族群分類」就會不同。

臺灣的族群意識也是由族群運動建構、強化而來；東南亞華人各亞族群的「華人認同」意識則是因應當地政經情勢，為了競爭、生存而形成整體「華人意識」，並受「華人運動」強化其認同。

（一）臺灣的認同與意識

漢人移民來臺一段時間後，因回鄉祭祖不便，有能力者便在臺灣建祠堂，展開本土化的路程，臺灣客家移民即為其中之一。客家族群在臺灣經歷了 17 世紀清初移民潮、清帝國的支配、日據控制，還有自二次大戰後，國民黨的威權白色恐怖統治和之後的民主化浪潮，臺灣的客家移民在歷史洪流中，逐漸在地化為「臺灣的客家人」。從二次大戰一直到 21 世紀，臺灣漢人的社會認同逐漸由原鄉（中國祖

籍）認同轉變為本土（臺灣）認同（張維安 2015a）。

　　大致而言，臺灣的人群分類是朝著「族群化」的方向前進。雖然1980 年代以前，臺灣的人群分類以語群界線（方言群）、祖籍地認同以及擬血緣宗親氏族區分，但臺灣的政治伴隨民主化潮流與臺灣獨立運動興起而出現「四大族群」的論述後（許維德 2015a），臺灣的社會和經濟等政策，開始以臺灣為主體（劉堉珊 2015），使原本已經具備「語言群體」和「文化群體」概念的「客家」，逐漸演變成現在具有「不平等認知」和「集體行動必要性認知」的「客家『族群』」，族群分類想像逐漸以臺灣為核心。更準確地說，2001 年客委會的設立，顯示國家已經承認「客家」身分是以「族群」作為區辨基礎（劉堉珊 2016）。

　　學者們普遍認為，客家運動的興起，與1980 年代臺灣社會面臨的經濟、文化與政治的轉型有關（黃子堯 2006）。王甫昌（2002）指出，大約在1980 年代中期後，臺灣社會因為工業化、都市化、長期威權統治下各種壓抑的社會問題、國民黨政府執行的復興中華文化政策和「國語政策」，使本土文化的脈絡被抽離，進而出現「客家人」相對於「閩南人」的區分。不平等的政治權力和社會資源分配，以及土地與經濟政策所引發的鄉村人口流失、環境破壞、勞工剝削等，加上通過文化、教育與媒體的運作，電視臺和廣播電臺幾乎沒有客語節目，導致臺灣客家隱形化以及在族群邊界上往閩南族群移動和跨越的現象。更嚴重的是，透過教育，客家新生代普遍使用華語。

　　客家人「族群意識」的引發，除了因人口比例較低，且過去在文化上及政治上都受到「外省人政權」不公平的待遇，使客家人自認在語言、歷史記憶及政治經濟各方面都是弱勢族群（蕭新煌 2002）。臺灣民族界定的論述隱含福佬（閩南人）史觀，「臺灣人」被有意無意解讀為「閩南人」，閩南人的壓力、歧視、排擠以及資源的競爭，成為另一個對客家文化與歷史記憶的壓迫來源。再者，1980 年代以後，本土文化復甦的熱潮，使用人數較多、使用率較高的閩南語漸漸成為華語之外的另一個優勢語言，加上客家義民信仰為人質疑實為

「不義之民」，因此引起不亞於過去對於國民黨同化政策壓迫的反彈和客家族群意識。由於上述種種原因，使當代所引發的客家「族群意識」，有相當部分是針對「閩南人」這個人數優勢的族群而產生，例如一些客家人會刻意強調自己的義民信仰，作為向閩南人抗議的表徵。可以說，在這樣的對抗性意識之下，「客家人」認同的意義，在相對於「閩南人」時特別凸顯（王甫昌 2002）。換句話說，「客家人」的認同，只有在談到和閩南人在語言文化與歷史經驗上區分時，才會強調客家人的身分與認同（王甫昌 2002）。如建構論所言，臺灣客家人的認同是人為打造出來的，是經過與他者（other）——閩南人的對照才成形的（施正鋒 2004：147）。

政治因素使客家隱形化，造成客家話漸漸流失，是客家文化運動在1987年興起的主因。1980 年代末期，反對運動鼓吹本土化，本土意識開始浮上檯面，也吹起了客家族群意識。客家運動恢復了臺灣客家族群的記憶，不僅延續、復興客語，使之能在公領域發聲，也保存並發展客家文化。客家族群在臺灣的奮鬥與貢獻，漸漸成為論述的對象，客家土著化的相關議題也慢慢熱門起來（王甫昌 2002）。

總而言之，土著化與客家意識的抬頭，絕大部分是由於閩南族群排擠了客家族群的臺灣記憶，因而喚起了客家族群的在地記憶。臺灣客家族群的集體認同，初期是為了保衛家園而凝聚而成，1860 到1990 年代間，臺灣的客家人由於生活周遭同樣都是客家人，多因閩客械鬥[18] 或是因為「相對」於外來統治者身分，會產生模糊的「泛臺灣客家認同[19]」的概念，此時的「客家意識」並不強烈（王甫昌

---

18 早前閩客移民來臺後，是閩客雜居的狀態，直到械鬥盛行，才出現閩客分居的情形。除桃竹苗外，以南的客家人都依臺三線沿山分布與居住，然後是六堆客家庄。南部六堆、美濃地區的客家人的客家意識很強，在北客南遷時，北客通常會另外選擇未開闢的地方居住，例如新竹去到美濃的移民，會另外闢地成立「新竹寮庄」。

19 1980 年代以前的「泛臺灣客家認同」類似於許維德（2015b）對客家認同分類的其中之一——「素樸文化認同」，「素樸文化認同」的形成機制，即來自於外來政權的「獨尊華語、貶抑本土語言」政策，以及閩南人（福佬人）進行反對運動時，經常有意無意地忽略客家人的感受，將之邊緣化的雙重壓迫。

2002）。一直到 1980 年代，客家人意識到自己被排除在本土主人身分之外，便以社會運動的面貌來呈現自己、挑戰國家的政治支配（施正鋒 2002），對於進入都會工作、求學的客家人而言，因語言環境的改變、政策壓迫以及下一代的客家話逐漸流失，而發起「還我母語運動」，才引起普遍的客家大眾強烈的「客家意識」（王甫昌 2002），跨越全臺灣的客家認同才明顯地凝聚起來。也就是說，客家意識的形成與認同的強度，與客家和其他族群的接觸有相當程度的關聯，而接觸的過程，有助於其認同的形成（張維安 2015a）。

反過來說，當臺灣的「客家想像」是以整體的臺灣客家人為範圍時，客家文化運動即應運而生。換句話說，1980 年代晚期開始的客家運動，將原本只是鬆散存在、以祖籍或方言區分的人群關係，進一步整合成為訴說共同歷史經驗和追求共享文化政治權力的「族群」想像。亦即，臺灣政治與社會環境的變化，使客家在臺灣從省籍或方言群分類的架構，轉型為具國家公民意識的族群身分認同（劉堉珊 2015）。現今「四大族群」的說法，也使族群分類不再只具族群對抗的意涵，已從「對比性」的區分變成「多元族群」的區分（王甫昌 2002）。

客家意識與客家運動相互牽引和發展，客家運動的進行，使客家人的能見度在臺灣作為多元文化發展的過程中得到凸顯。尤其是 1987 年解嚴以後，1988 年的還我母語運動更促使臺灣客家意識覺醒，產生不同以往認同原鄉的臺灣認同。蕭新煌在過去幾篇分析臺灣民間社會運動的文章（Hsiao 2012；Hsiao and Ho 2010），或是族群運動（Hsiao 2013）或看客家運動對地方社會的影響（蕭新煌、黃世明 2008），都很直接地將客家族群運動的興起、動員和影響視為促成、引發、凝聚和展現客家族群意識和認同的一種組織化（集體化）表現。客家人作為語言文化弱勢的臺灣社會公民，其文化公民權的提倡，對於多元文化社會的建構以及族群和諧有重要的貢獻（張維安 2015a）。臺灣客家運動興起，為臺灣的「多元族群、平等定位」打下基礎。

臺灣客家運動的訴求已轉變成國家政策，在行政、立法、文化媒體、學術教育四個領域都可看到客家成分從客家庄（縣鄉鎮）層次提升到中央。公部門資源的介入[20]、學術知識體系的建立（如客家學院），以及許多新創的客家文化的實作活動（如客家桐花祭），逐漸重新定義客家，並塑造新的客家記憶（張維安 2015a）。客家運動使個體和群體獲得掌控與自身相關事務的力量；而客家人在選舉中的地位日益重要，官方政策逐漸走向「多元文化」化；加上本土意識的提倡，使鄉土語言成為一門學科，讓擁有聽講客語的能力在某些職業變成一種助力。這些與政治、社會領域等的相關安排，形成的認同性質，即許維德（2015b）提出的「制度化政治認同」。

　　然而，臺灣客家認同興起的背後力量，和客家研究有關。客家知識體系的建構本身甚至就是客家社會文化運動的一部分，客家研究就是客家社會文化振興的一環。當今在論文中被提及從事客家研究的那些地區，其客家認同意識也正在萌芽發展，顯示客家研究和客家意識的興起是息息相關的。而臺灣客家族群認同的集結、凝聚和提升，以及在客家族群不同文化領域的自覺，又有相當程度是透過「客家族群運動」所催生、建構和鞏固，是社會運動所留下的社會建構結果（蕭新煌、黃世明 2000b、2008；施正鋒 2004、2006、2010；黃子堯 2006；Hsiao and Ho 2010；Hsiao 2012、2013；張翰璧、張維安 2013）。除此之外，客家運動的發起，使許多客家學者開始意識到並體認到「客家」正名的必要，應重新論述改變過去「客家」在國家歷史論述中隱形化，甚至汙名化的現象，書寫以「客家」為主體的歷史記憶（劉埰珊 2015）。

　　因此，客家研究因客家運動而興起後，有助於客家認同意識的集結和在地化，而認同意識又是促成客家社會運動發展的助力，這是一

---

20 如，2001 年成立行政院客家委員會，2003 年正式成立客家電視臺、2010 年立法擬定《客家基本法》；在學術教育方面，目前已在國立中央、交通、聯合三所大學設立客家學院。這些公民文化權論述的展現，顯示多元文化的概念，提升到更積極的文化公民權層面，也豐富了臺灣的多元文化面向（張維安 2015a）。

個「辯證」的關係——倘若沒有客家意識，就不會有客家運動的產生，沒有運動，就不會有客家研究，沒有客家研究，就不會使客家意識再次覺醒。除了客家運動，原住民運動對客家研究、客家意識的啟發也很重要。這兩個族群運動有其相似性，都是由在都市奮鬥的青年知識份子打先鋒，這些跑前頭的年輕人，他們的認同意識和敏感度都比較強，當他們達到王甫昌所謂的「集體行動必要性認知」後，社會運動於焉誕生。

　　整體而言，臺灣客家的公民政治體驗已國民化和公民化，從族群原生情感和認同（primordial sentiment and identity）提升到公民情愫和認同（civic sentiment and identity）。根據2012年頒布的《客家基本法》，客家人的定義為「具有客家血統或客家淵源，且自我認同為客家人者」（行政院客家委員會 2001b）。此一寬泛的定義揉合了血統、祖籍及語言、主觀認同等要素，亦是幾百年來臺灣社會客家身分建構的一個寫照（張維安、陳麗華 2015：2）。

（二）東南亞的客家認同與意識

　　華南客家族群因地理、經濟、政治因素以及19世紀的「賣豬仔」[21] 到南洋後，經歷19世紀的移民潮、荷英殖民統治、二戰後的獨立建國，一直到由威權轉型為民主的漫長歲月，東南亞客家移民雖然有多層次的認同，卻沒有如臺灣客家人一樣產生在地化、本土化的改變，而是從「中國的客家」轉變為「馬來西亞華人」（張翰璧、張維安 2005：154-155）。

　　大體上，馬來西亞的後獨立時代裡有兩個因素分化華族和其他族群。第一，認為華人對中國懷有愛國意識，且佔有經濟優勢；第二，對非土著實行土著權益的體制化。1946年，巫統成立，馬來民族主

---

21 在19世紀中後期到20世紀初，赴海外工作的華人勞工及苦力被擄掠被賣或被仲介公司以拐騙的方式簽賣身契，稱為「賣豬仔」，指被販賣的「契約勞工」（contract labor）。

義興起；1957 年，獨立憲法確立馬來人的特權；1969 年，馬來族和華族衝突，馬來霸權始主導政府政策以獨厚馬來人，例如新經濟政策提供馬來人優渥的資本與協助；1970 年，國家文化宣言以馬來文化和回教為重心。這些馬來民族主義排華情緒的產物、獨立運動的衝擊與局勢改變，迫使華人重新思考和定位其認同。加上 1946 年後，中國國內的政治情勢對有資本心態的華僑不利，且華裔年輕一代受左翼思潮影響，而有了新的社會與政治意識，因此轉為認同馬來西亞此一國家（許德發 2009；游俊豪 2010）。

而在馬來西亞多元族群的環境當中，國家的歸屬感和族群屬性對個體的身分認同有極大的影響，所有族群個體都具有同時擁有雙重甚至多重「身分認同」的共同特徵。客家人也不例外，一個馬來西亞的客家人，其身分屬性可能包含了國家歸屬、母語（客語）、階級、族裔（華人）、政經地位、宗教信仰等多元的認同（楊國慶 2009；游俊豪 2010）。

整體來說，早期移民馬來亞的客家人，其族群認同的邊界是相當多元且交錯並置的，既有祖籍地緣認同，亦有方言群認同（安煥然 2009）。二戰後，由於東南亞地區在政策上的施行與壓抑，間接強化了華人的族群意識（蕭新煌等 2005），以整體華人的生存與利益為優先[22]，產生華人認同優位於亞族群認同或方言群認同的現象（陳美華 2006、2008），而馬來西亞客家人為了配合當地華人的生存與發展，亦大多選擇隱藏或模糊其客家認同（陳美華 2008：31）。東南亞國家的不平等政策，使客家移民的客家認同受到在地的民族主義及華人認同所擠壓，客家語言與文化無法在東南亞的公領域彰顯，客家認同受到雙重隱形[23] 的抑制（張翰璧、張維安 2005：180；林開忠

---

22 1970 年以前，儘管各族群的統治菁英通過聯盟模式實踐所謂的「協和式政治」，但政治權力的分配並不平等。平權運動興起之前，華社在華團的帶動下已於 1970 年代以捍衛華社權益之名，提出平權的主張。華團領袖於 1971 年召開大會，由此催生了「華人大團結運動」（祝家豐 2010）。

23 雙重隱形有兩種指涉，一是從政府政策的角度分析，政治的強勢團體有意無意的壓

2011：403）。尤其在客家人口比例小及華人認同嚴重的城市地區，其客家文化和客家意識在公、私領域都不具備明顯的特性（張翰璧、張維安 2005：149；張翰璧 2013c：4），客家認同面臨雙重隱形的現象更為顯著；反之，在客家人口佔優勢的鄉村地區，客家話才有可能被保留下來（林開忠 2011：404）。蕭新煌等（2005）從結構限制的觀點分析，認為都會區客家人認知到跟其他華人亞群的文化差異，卻受限於現實環境，使主觀上的客家意識無法表現出來（林開忠 2011：403-405），但東南亞客家認同或客家性並未全盤消失，而是以其他形式存活下來，其中一個最為顯著的方式就是客家會館（蕭新煌等 2005；陳美華 2006）。

（三）比較

　　臺灣和東南亞國家的客家族群皆具移民身分，但因為兩地的國族發展和相關政策脈絡不同，因而發展出相異的認同意識和社會文化樣貌。

　　來到臺灣的客家人在走向「臺灣的客家人」的過程中，受政府政策打壓和「福佬沙文主義」的歧視，從都市化程度最高、族群接觸最頻繁的臺北市開始有客家發聲運動，並引發一連串的客家文化認同運動（范振乾 2002）。經過一系列的社會運動的過程中，臺灣客家有了新的民族認同，由原生情感提升到公民情懷，由「在臺灣的客家」在地化、本土化為「臺灣的客家」。舉凡《渡臺悲歌》、義民信仰性質的轉化、新的客家文化產業、客家社團的性質轉變與簡化，臺灣的客家記憶已不再強調「石壁村」的中原南下遷徙史，更著重在地的打拼與族群經驗。客家議題經「政治化」，使臺灣的客家性（Hakka-ness）能見度提升至公領域，成為國家論述中具有獨立文化特徵與公民權的群體，脫離從「華族／漢族的次群體」思考的模式，成為國家

制其他族群或語言的發展；二是和其他族群互動時，某些方言群會學習或使用較普遍使用的語言和他人溝通（張翰璧、張維安 2005：151）。

層次的社會事實與關係（蕭新煌、林開忠 2009；劉堉珊 2015；張維安 2015a）。臺灣的族群關係也因為活躍的社會運動和政策的建置，使族群的區分由「對比性」走向「多元化」。這樣的特殊歷史、政治發展情境，並非東南亞的客家所具有的。

相對於臺灣的客家族群，東南亞的客家族群要對抗的對象是壓迫他們的馬來民族主義政府及其針對華人的各種不平等政策。雖然有華人運動，卻反而壓抑了他們的客家認同，促使他們停留在「相對性」的認同——整體華人的認同。而東南亞客家人的「客家意識」、「客家性」，就只能呈現在私領域的家庭裡（蕭新煌、林開忠 2009：248），甚至完全消失。蕭新煌（2013）也曾指出，東南亞的客家族群仍有相當特殊的「離散經驗」（diaspora），並非是具有歸屬感的獨立族群。因此，東南亞的客家論述，不論是客家社團的觀點或學術研究，仍是從「客家人在東南亞」的角度出發。換句話說，東南亞的客家認同僅止於由「中國的客家」轉變為「東南亞的華人」，對客家的認同仍停留在對中國原鄉的情感，加上近年客家會館再度與中國有頻繁的接觸，並極力推動前往中國原鄉的活動與遊覽，使東南亞的客家認同不僅沒有「本土化」、「在地化」，反而走向「再原鄉化」一途。

經由臺灣與東南亞的比較可知，運動組織的出現，對族群分類的建構而言，具有關鍵性的重要地位（王甫昌 2002）。整體而言，臺灣的客家論述從 1980 年代的族群運動後，就逐漸以客家作為一個獨立族群類屬為其核心訴求，而從國家公共事務的角度思考客家族群利益的觀點，也呈現在臺灣學者研究東南亞客家上；相較之下，東南亞的客家人因為當地的文化和政經情勢，仍將自己視為整體華人底下的一個次群體，多半以「客家」為例，去解釋整體華人的文化普遍性（劉堉珊 2015）。

臺灣客家研究在 80 年代後漸轉向以「族群」為核心，而部分東南亞研究者在近幾年受臺灣對於客家認同以及因應全球化族群意識興起而浮現的客家意識影響，更關注並思考東南亞的「客家認同」（劉

埇珊 2016）。其報章刊物亦常引述或刊登臺灣客家研究的相關報導，許多文章更特別提到臺灣公部門對客語傳承的重視，例如，比較臺灣和東南亞客家因各自的政經和族群問題而分別產生「客家意識」與「華人意識」，且臺灣客家歷經文化運動後，公部門資源介入，使客家研究從民眾到政府，都成為「顯學」，並有助於減緩客語流失的情況（劉埇珊 2015）。可惜，東南亞客家人群的認同表述，直至今日，仍多半還是隱於整體「華人」之下，只有在要強調「客家」在華人類屬中的重要性時，「客」的身分展現才具有意義（劉埇珊 2016）。

　　關於臺灣與東南亞客家族群認同的文獻，已有不少相關資料可供參考，與臺灣客家研究相關的重要文獻，包括《臺灣客家族群史》——這套書依語言、政治、經濟等領域共分為九冊，可以幫助我們了解臺灣的客家。《臺灣客家研究概論》、《客家的形成與變遷》（上下兩冊）、《多元族群與客家：臺灣客家運動 20 年》、《族群與國族認同的形成：臺灣客家、原住民與臺美人的研究》、《臺灣客家聚落之信仰調查：變與不變——義民爺信仰之擴張與演變》、《客家族群與國家政策：清領至民國九〇年代》等也都很重要。而目前，全球只有臺灣做東南亞或其他地區的客家比較研究，而且臺灣對東南亞客家特別重視是歷史的偶然，也是歷史的必然，因為必須做比較研究，才能凸顯臺灣客家的特色。客家比較研究在近期業已有不少成果，如《客家族群與在地社會：臺灣與全球的經驗》、《東南亞客家的變貌：新加坡與馬來西亞》、《客居他鄉——東南亞客家族群的生活與文化》、《東南亞客家及其周邊》、《東南亞客家及其族群產業》、《族群遷徙與宗教轉化：福德正神與大伯公的跨國研究》、《「舊」娘？「新」娘？——馬來西亞砂拉越州客家社群的婚姻儀式及女性》等。另外，中央大學現在有臺灣客家研究系列叢書，也有海外客家研究系列。

八、結語

　　蕭新煌、黃世明（2000b）認為族群意識和族群身分的認同，是客家族群在爭取政治資源和改善弱勢地位的過程中，必備的自我肯定基礎，也是凝聚族群向心力的主要動力。

　　就過去的研究調查結果來看，雖然東南亞和臺灣都有客家人，但是兩地的歷史背景與社會屬性的明顯差異，使兩地的客家文化生活標籤呈現了不同的變貌。兩地客家族群經驗經初步比較之後，有以下的異同對照：

（一）語言

　　臺灣和東南亞的客家話都各自「延續」了原鄉的語音系統，但也出現因受其他語言或方言干擾，而使後代逐漸失去母語能力（斷裂）的現象。另外，兩地客家話也都有「重組」的變貌，例如印尼山口洋客家話以河婆客家話為主體，但混有其他客家次方言和其他方言的成分。可以說印尼山口洋客家話包含河婆客家話大部分的語音及詞彙的「延續」、受周邊用語影響造成某些詞彙或語音的「斷裂」消失，以及某些詞彙元素的「重組」。臺灣客家話的「重組」最明顯的例子可以「四海客家話」為代表。然而，語言在相互接觸和互動後，哪些詞類或是語音（phone）是較容易受影響而產生變化的？如何變？變化的深層意義為何？這些語音系統內部的變化，須以語言學和語言社會學一起解釋。回頭觀察臺灣的客家話，近幾年，臺灣客家話新創出來的代名詞——「四海大平安」，是以臺灣的五大客家腔——「四」縣、「海」陸、「大」埔、饒「平」、詔「安」的簡稱綜合而成，這五大腔都同等重要，但因為傳媒和公領域仍以四縣為主，有很多大埔、饒平或詔安客認為自己是被多數客家忽略的一群，其客家語音、詞彙、語法等的保存與延續問題，是值得關注的課題。

（二）族群組織

馬來西亞的客家同鄉會和臺灣的客家會館在功能轉變上都有很多「創新」。臺灣的客家移民同鄉會似乎從開創之際就是以「創新」的功能自居，不是對內照顧同鄉的生活和認同，而是向外爭取同鄉的在地政治地位（丘昌泰 2009）；東南亞的客家會館則從早期的「互助」轉變為「社交」和「保產」的作用，以及向主流社會延伸成為一種「跨族群」的NPO（蕭新煌 2005、2011；蕭新煌等 2009；黃賢強 2007）。以成立宗旨而言，東南亞的客家會館甚少將客家文化復興和認同列於其中，其客家族群性格不甚清楚，客家意識也不強烈，客家認同隨世代弱化，客語流失亦日趨嚴重（蕭新煌等 2005；蕭新煌、林開忠 2007）。近年來，因受臺灣客委會舉辦的跨國客家交流活動影響，且有很多客家會館屢屢被學術界訪問，間接讓會館主事者開始支持客家研究，也讓會館扮演起發展客家文化的角色。其中最典型的是茶陽（大埔）會館，他們支持新加坡大學出版一系列的客家研究書籍。在臺灣，過去的客家研究經常忽略同鄉會存在的意義，現在的研究則著重於高雄的客家同鄉會，其移民性質與來源雖然和東南亞會館不一樣，但功能也都有轉變和創新。

（三）家庭

不論在東南亞或臺灣，家庭都是「延續」客家文化的基地，「延續」客家語言、飲食文化、傳統習俗等的最後堡壘（蕭新煌 2011、2013；林開忠 2011），但也由於客語多半在家庭（私領域）內傳承，加上語言強烈的地域性質，而限制了經由語言形成的客家意識往公領域發展的機會（劉堉珊 2016）。

（四）宗教信仰

客家人和華南華人拜的神大多是重疊的，不過臺灣和東南亞的客家人都另外有具「創新」意義的客家神，如東南亞的大伯公、仙四師爺、劉善邦信仰和臺灣的義民爺信仰等。其中大伯公信仰「重組」原

來的土地神功能和後來因為移民歷史與移民地環境產生的水神、財神功能，形成獨特的移民信仰；仙四師爺、劉善邦和臺灣的義民爺信仰則都是某種在地化的「創新」信仰，且皆是因應在地社會或政治環境而被創造出來的。近幾年來舉辦的東南亞的大伯公節和臺灣的義民節，則都是在地「創新」的文化傳統。

（五）族群產業

　　東南亞幾個專屬客家的產業雖陸續蕭條或中斷，但有些確實還有「延續」，例如中藥業、典當業等（張翰璧 2007b、2011、2013b、2013c）；反觀臺灣的傳統客家產業多已一一中落，所有原集中於客家的產業已融入全國的產業結構，而非僅由客家人壟斷，不過，近年來，臺灣客家傳統產業漸融合近代文化，發展成帶有另一種認同意義的文化「創新」產業。

（六）客家跨國通婚

　　通婚後嫁入的家庭性質會影響客家新移民對客家的認同意識以及語言使用的「斷裂」或「延續」。只有嫁入客家家庭，才會強化其客家認同與延續其客語。客家新移民一路走來，累積了多重的身分認同，在不同情境下，她們會自然轉換不同的認同身分。除了原有的「印尼認同」、「華人認同」，到臺灣後更「重組」並「創新」其「客家認同」。印尼西加里曼丹的客家女性嫁至臺灣客庄後，她們的客家認同因臺灣的客家認同而起。亦即臺灣客家認同經過提升之後，也會重塑、強化來臺的印尼客家人的客家認同。

　　由過去的研究經驗，可推知臺灣客家已國家層級化、本土化、在地化，而東南亞客家似還停留在地方化和原鄉認同。

　　臺灣和東南亞客家在上述的制度化文化面向，都歷經前所未有的劇變。經由兩個層面的比較，「浮現」了兩地客家意識的相異處，同時也呈現出變動程度上的差異。臺灣客家族群認同的集體上揚，是因為臺灣整體社會民主運動和臺灣意識的興起（施正鋒 2002、2004、

2006、2010；蕭新煌、黃世明 2001b、2008；王甫昌 2002；Hsiao and Ho 2010；Hsiao 2012、2013；張翰璧、張維安 2013；張維安 2015a；劉堉珊 2015）。臺灣的客家認同意識又和客家運動是相輔相成的關係，一方面透過社會運動提出客家認同的訴求；另一方面，認同意識又是促成客家社會運動發展的助力（張翰璧、張維安 2013：155）。臺灣客家在經過客家文化運動、臺灣民主化以及新的民族認同興起與鞏固後，將國家行政、立法、文化、教育等客家議題加以「政治化」、「制度化」，而使得臺灣的客家性（Hakkaness）能見度提升到公領域。透過族群社會運動，在行政、立法、文化媒體、學術教育四個領域都可以看到，臺灣的客家意識、客家認同已經從客庄（縣鄉鎮）層次提升到中央、國家政策的層次，是全國性的，也證明了一件非常明確的事情：客家在臺灣已經是臺灣化、本土化、國家化的「臺灣客家」，不再是「客家人在臺灣」的離散心態，這是非常重要的。臺灣客家與臺灣土地重新連結，客語也重新被使用，更多的是重組後、公領域化的新的客家文化、新的客家人、新的客家記憶（張維安 2015a）。相對而言，在東南亞各國中，上述的國家角色均不存在，相關客家政策也未見（蕭新煌 2013）。

　　蕭新煌（2013）認為客家在臺灣已經「去離散化」，從而變成「臺灣的客家」，其華人／漢人的族群性已經被臺灣國民／公民性所超越，是臺灣此一國家社會不可分割的國民（公民）團體，其族群認同和建構已經超越個人、家庭、甚至客家庄（社區）的層次，而成為新生臺灣（多元族群）國家認同洪流中不可分割的一支流。反觀東南亞從戰後迄今從未發生過客家族群運動，至多是華人族群運動，不但無助於當地客家族群意識的凝聚，反而壓縮了客家意識的生存空間（蕭新煌、林開忠 2009；蕭新煌 2013）。在東南亞的客家族群因上有華人認同覆蓋，外有馬來和印尼主流優勢族群壓抑，導致客語與客家認同變得隱形化（張翰璧、張維安 2005；蕭新煌、林開忠 2007、2009；蕭新煌 2011；林開忠 2011；劉瑞超 2013），因此，東南亞的客家族群認同仍受限於對原鄉的認同，而以「離散族群」自處自居。

原鄉的框架與認同，以及華人認同和馬來、印尼主流優勢族群的壓抑，導致客語與客家認同隱形化，也使當地客家耆老遲遲不願或抗拒以在地化、本土化的地方認同來形塑自己的客家認同。他們無法超越和突破華人的族群認同，更不可能有獨立自主的客家族群認同，只有東南亞集體認同下的一個「亞族群」認同。這種現象可從許多會館的名稱仍以原鄉地名命名看出，如惠州會館、茶陽會館。不過客家話在東南亞的公共領域雖然沒有發展空間，但在家庭中仍然持續使用著（蕭新煌、林開忠 2009：252-253；劉瑞超 2013：261）。「客家在東南亞」並沒有轉型成為「東南亞客家人」，仍是東南亞華人的一部分，亦即「客家性」是依附在不同地區的華人族裔的標籤下，卻又被內部區隔。「客家華人在東南亞」仍多少存有「離散族群」特有的「排斥 vs. 被排斥」、「抗拒 vs. 被抗拒」與「孤立 vs. 被孤立」負面經驗（蕭新煌 2013：23）。

　　總而言之，臺灣的客家族群認同的浮現有助於臺灣「國家意識一體化和族群意識多元化」的形塑。臺灣本土化的客家族群與在地化的客家認同已然成為臺灣國家認同、國家族群形構中不可或缺的一部分，客家族群是臺灣當前五大族群（包含外籍配偶）之一，也早已將臺灣各地的地方社會作為自己客家認同的歸屬，早已不自限且超越對原鄉的認同，在全世界中，這樣的特殊歷史、政治發展情境是臺灣獨有的，更是臺灣的特色，的確是全球在地化客家認同的新典範。

參考文獻

專書

Leo, Jessica, 2015, *Global Hakka: Hakka Identity in the Remaking.* London: The Netherlands.

文平強編，2009，《馬來西亞華人與國族建構：從獨立前到獨立後五十年（上冊）》。吉隆坡：華社研究中心。

——編，2010，《馬來西亞華人與國族建構：從獨立前到獨立後五十年（下冊）》。吉隆坡：華社研究中心。

王甫昌，2002，《當代臺灣社會的族群想像》。臺北：群學。

王琛發，2007，《馬來西亞客家人本土信仰》。吉隆坡：馬來西亞中華大會堂總會。

——，2006，《馬來西亞客家人的宗教信仰實踐》。吉隆坡：馬來西亞客家公會聯合會。

丘昌泰、蕭新煌主編，2007，《客家族群與在地社會：臺灣與全球的經驗》。臺北：智勝文化、桃園：中大出版中心。

江明修、丘昌泰主編，2009，《客家族群與文化再現》。臺北：智勝文化。

呂嵩雁，2007，《臺灣後山客家的語言接觸現象》。臺北：蘭臺。

李業霖，1997，《吉隆坡開拓者的足跡：甲必丹葉亞來的一生》。吉隆坡：華社研究中心。

林開忠主編，2013，《客居他鄉——東南亞客家族群的生活與文化》。苗栗：客家委員會客家文化發展中心。

俞龍通，2014，《客家族群象徵產業的當代新風貌》。臺北：師大書苑。

——，2012，《亮點客家——臺灣客家文化創意產業之路：創新、整合、國際化三部曲》。臺北：師大書苑。

施正鋒，2010，《臺灣族群政策》。臺中：新新臺灣文教基金會。

——，2006，《臺灣族群政治與政策》。臺中：新新臺灣文教基金會。

——，2004，《臺灣客家族群政治與政策》。臺中：新新臺灣文教基金會。

——，2002，《臺灣民主鞏固的擘劃》。臺北：前衛。

徐正光、彭欽清、范振乾、賴旭真、鄭力軒，2002，《臺灣客家族群史·社會篇》。南投：臺灣省文獻委員會。

徐雨村編，2012，《族群遷移與宗教轉化：福德正神與大伯公的跨國研究》。新竹：國立清華大學人文社會學院。

張維安，2015a，《思索臺灣客家研究》。桃園：中央大學出版中心、臺北：遠流。

──主編，2013，《東南亞客家及其周邊》。桃園：中央大學出版中心、臺北：遠流。

──等，2000，《臺灣客家族群史·產經篇》。南投：臺灣省文獻委員會。

張維安、徐正光、羅烈師主編，2008，《多元族群與客家：臺灣客家運動20年》。新竹：臺灣客家研究學會、臺北：南天。

張維安、陳麗華、許維德、潘美玲、呂欣怡、莊雅仲、柯朝欽、蔡晏霖、郭貽菱、劉堉珊，2015，《客家族群與國家政策：清領至民國九○年代》。南投：國史館臺灣文獻館、新北：客家委員會。

張翰璧，2013a，《東南亞客家及其族群產業》。桃園：中央大學出版中心、臺北：遠流。

──，2007a，《東南亞女性移民與臺灣客家社會》。臺北：中央研究院－亞太區域研究專題中心。

莊英章、簡美玲主編，2010，《客家的形成與變遷（上）》。新竹：交通大學出版社。

──，2010，《客家的形成與變遷（下）》。新竹：交通大學出版社。

許維德，2013，《族群與國族認同的形成：臺灣客家、原住民與臺美人的研究》。桃園：中央大學出版中心、臺北：遠流。

陳秀琪，2012，《客家話的比較研究》。臺北：南天。

陳曉錦，2003，《馬來西亞的三個漢語方言》。北京：中國社會科學出版社。

黃子堯，2006，《臺灣客家運動：文化、權力與族群菁英》。新北：客家臺灣文史工作室。

黃賢強編，2015，《跨域研究客家文化》。新加坡：新加坡國立大學中文系、新加坡茶陽（大埔）會館客家文化研究室、八方文化創作室。

──主編，2007，《新加坡客家》。桂林：廣西師範大學出版社。

劉鳳錦、林本炫、劉煥雲編，2013，《臺灣義民爺信仰與文化觀光》。苗栗：聯合大學。

劉還月，1997，《臺灣產業誌》。臺北：常民文化。

鄭赤琰，2002，《客家與東南亞》。香港：三聯書店。

蕭新煌主編，2011，《東南亞客家的變貌：新加坡與馬來西亞》。臺北：中央研究院－亞太區域研究專題中心。

蕭新煌、黃世明，2001，《臺灣客家族群史・政治篇（上）：地方社會與族群政治的分析》。南投：臺灣省文獻委員會。

──，2001，《臺灣客家族群史・政治篇（下）：地方社會與族群政治的分析》。南投：臺灣省文獻委員會。

賴澤涵、傅寶玉主編，2006，《義民信仰與客家社會》。臺北：南天。

羅肇錦，2000，《臺灣客家發展史・語言篇》。南投：臺灣省文獻委員會。

──，1990，《臺灣的客家話》。臺北：臺原出版社。

羅肇錦、陳秀琪，2011，《臺灣住民志・語言篇》。南投：國史館臺灣文獻館。

單篇文章

Chew, Daniel, 2013, "Hakka Identity in Engkilili and Siniawan, Sarawak", 收錄於林開忠主編《客居他鄉──東南亞客家族群的生活與文化》，頁 210-265。苗栗：客家委員會客家文化發展中心。

Hsiao, Hsin-Huang Michael, 2013, "Ethnic Movements, NGOs, and Their Impacts on Ethnic Policies in Today's Taiwan", in *Asia Pacific World*, 4(1): 5-14. UK: Oxford Berghahn Journals.

──, 2012, "Social Foundations of Political Vitality", in *The Vitality of Taiwan*, edited by Steve Tsang, pp. 37-56. UK: Palgrave Macmillan.

Hsiao, Hsin-Huang Michael, and Ming-sho Ho, 2010, "Civil Society and Democracy-Making in Taiwan: Reexamining the Link", in *East Asia's New Democracies: Deepening, reversal, non-liberal alternatives*, edited by Yin-wah Chu and Siu-lun Wong, pp. 43-64. London and New York: Routledge.

Lim, Khay-Thiong, and Hsin-Huang Michael Hsiao, 2009, "Is There a Transnational Hakka Identity?: Examining Hakka Youth Ethnic Consciousness in Malaysia", in *Taiwan Journal of Southeast Asian Studies*, 6 (1): 49-80. Nantou: Center for Southeast Asian Studies, National Chi Nan University.

王力堅，2011，〈新加坡茶陽（大埔）會館研究：以文化發展為聚焦〉，收錄於蕭新煌主編《東南亞客家的變貌：新加坡與馬來西亞》，頁105-142。臺北：中央研究院－亞太區域研究專題中心。

王俐容，2010，〈客家文化政策與文化創意產業的發展〉，收錄於江明修主編《客家政治與經濟》，頁161-188。臺北：智勝文化。

文建會，2003，〈文化母樹，結產業果實〉，《文化視窗》，頁22-25。臺北：行政院文化建設委員會。

王娟，2008，〈新加坡客家人的禮俗和神靈信仰初探〉，收錄於黃賢強編《新加坡客家文化與社群》，頁69-81。新加坡：新加坡國立大學中文系、新加坡南洋客屬總會、新加坡茶陽（大埔）會館客家文化研究室。

王琛發，2012，〈信仰的另一面——從南洋天地會視角解讀大伯公〉，收錄於徐雨村編《族群遷移與宗教轉化：福德正神與大伯公的跨國研究》，頁59-91。新竹：國立清華大學人文社會學院。

——，1998，〈檳榔嶼客屬的大伯公信仰〉，收錄於王琛發主編《檳城客家兩百年》，頁3-40。檳城：檳榔嶼客屬公會。

王雯君、張維安，2015，〈客家文化與產業創意——2004年客家桐花祭的分析〉，收錄於張維安、劉大和主編《客家映臺灣：族群產業與客家意象》，頁129-156。臺北：桂冠圖書公司。

丘昌泰，2010，〈客家政治與經濟導論〉，收錄於江明修主編《客家政治與經濟》，頁1-28。臺北：智勝文化。

——，2009，〈臺灣客家的社團參與和族群認同〉，收錄於江明修、丘昌泰主編《客家族群與文化再現》，頁3-23。臺北：智勝文化。

——，2006，〈臺灣客家族群的自我隱形化行為：顯性與隱性客家人的語言使用與族群認同〉，《客家研究》創刊號，頁45-96。桃園：國立中央大學客家學院、新竹：國立交通大學客家文化學院。

甘于恩、冼偉國，2009，〈馬來西亞漢語方言概況及語言接觸的初步研究〉，收錄於陳曉錦、張雙慶主編《首屆海外漢語方言國際研討會論文集》，頁57-68。廣東：暨南大學出版社。

甘永川，2007，〈新加坡客家人的經濟生活〉，收錄於黃賢強主編《新加坡客家》，頁73-88。桂林：廣西師範大學出版社。

安煥然，2011，〈馬來西亞柔佛古來客家聚落〉，收錄於蕭新煌主編《東南

亞客家的變貌：新加坡與馬來西亞》，頁185-220。臺北：中央研究院－
亞太區域研究專題中心。

——，2010，〈馬來西亞柔佛客家人的移殖型態及其認同意識〉，收錄於莊
英章、簡美玲主編《客家的形成與變遷（下）》。新竹：交通大學出版
社。

——，2009，〈馬來西亞柔佛客家人的移殖及其族群認同探析〉，《臺灣東
南亞學刊》6 (1)：81-108。南投：國立暨南國際大學東南亞研究中心。

——，2003，〈淺談新馬的大伯公信仰〉，《本土與中國：學術論文集》。
柔佛：馬來西亞南方學院出版社。

杜忠全，2015，〈從祭神到俱樂：檳城嘉應會館立社功能之恆與變〉，收錄
於張維安主編《客家文化、認同與信仰：東南亞與臺港澳》，頁49-58。
桃園：中央大學出版中心、臺北：遠流。

何穎舒，2015，〈跨越崇洋的神祇——以新加坡望海大伯公廟和寧化石壁客
家公祠為例論跨國社會空間的文化雙解〉，收錄於黃賢強編《跨域研究客
家文化》，頁201-219。新加坡：國立大學中文系、茶陽（大埔）會館客
家文化研究室、八方文化創作室。

利亮時，2013，〈走過移民崎嶇路的社團：曼谷客家總會與山口洋地區鄉親
會之比較〉，收錄於林開忠編《客居他鄉——東南亞客家族群的生活與文
化》，頁108-113。苗栗：客家委員會客家文化發展中心。

——，2011，〈錫、礦家與會館：以雪蘭莪嘉應會館和檳城嘉應會館為
例〉，收錄於蕭新煌主編，《東南亞客家的變貌：新加坡與馬來西亞》，
頁65-85。臺北：中央研究院－亞太區域研究專題中心。

吳詩興，2009，〈馬來西亞的福德正神信仰探析——以砂拉越的大伯公廟為
主要探討〉，《成大宗教與文化學報》第13期，頁97-138。臺南：成大中
國文學系。

李偉權，2011，〈家族企業接班規劃：霹靂州客家錫礦家族之興衰〉，收錄
於蕭新煌主編《東南亞客家的變貌：新加坡與馬來西亞》，頁261-287。
臺北：中央研究院－亞太區域研究專題中心。

李偉權、張翰璧，2012，〈客家職業與產業〉，「苗栗園區海外研究——東
南亞客家第二期研究計畫：泰國、越南與印尼客家人」專業服務委託案期
末報告書。

林本炫，2010，〈客家義民爺的神格：苗栗縣義民廟初步研究〉，收錄於莊英章、簡美玲主編《客家的形成與變遷（上）》，頁337-359。新竹：國立交通大學客家文化學院。

林育建，2011，〈客家族群商業網絡的形成與變遷：以馬來西亞太平中藥業為例〉，收錄於蕭新煌主編《東南亞客家的變貌：新加坡與馬來西亞》，頁315-336。臺北：中央研究院－亞太區域研究專題中心。

林開忠，2011，〈日常生活中的客家家庭：砂拉越石山與沙巴丹南客家家庭與日常生活〉，收錄於蕭新煌主編《東南亞客家的變貌：新加坡與馬來西亞》，頁403-443。臺北：中央研究院－亞太區域研究專題中心。

林開忠、李美賢，2006，〈東南亞客家人的「認同」層次〉，《客家研究》創刊號，頁211-238。桃園：國立中央大學客家學院、新竹：國立交通大學客家文化學院。

姜道章，1961，〈臺灣之茶業〉，《臺灣銀行季刊》12 (3)：119-153。臺北：臺灣銀行經濟研究室。

施添福，1995，〈日治時代臺灣東部的熱帶栽培業和區域發展〉，發表於「臺灣史研究百年回顧與專題研討會」，12月15-16日。

柯瓊芳、張翰璧，2007，〈越南、印尼與臺灣社會價值觀的比較研究〉，《臺灣東南亞學刊》第28期，頁87-95。廣東：嘉應學院客家研究所。

洪馨蘭，2000，〈南部地區、美濃客家、原料菸葉之產經關係〉，收錄於張維安等《臺灣客家族群史・產經篇》，頁123-202。南投：臺灣省文獻委員會。

范明煥，2013，〈神乎？鬼乎？論義民爺神格的變遷〉，收錄於劉鳳錦、林本炫、劉煥雲主編《臺灣義民爺信仰與文化觀光》，頁1-20。苗栗：聯合大學。

范振乾，2002，〈臺灣客家社會運動初探〉，收錄於徐正光等《臺灣客家族群史・社會篇》，頁186-270。南投：臺灣省文獻委員會。

徐正光、蕭新煌，1995，〈客家族群的「語言問題」——臺北地區的調查分析〉，《民族學研究所資料彙編》第10期，頁1-40。臺北：中央研究院民族學研究所。

徐雨村，2012a，〈南洋華人民間宗教的傳承與展望——以大伯公信仰為例〉，收錄於徐雨村編《族群遷移與宗教轉化：福德正神與大伯公的跨國

研究》，頁119-138。新竹：國立清華大學人文社會學院。

──，2012b，〈地方發展與跨國連結──沙巴的大伯公廟歷史初探〉，收錄於徐雨村編《族群遷移與宗教轉化：福德正神與大伯公的跨國研究》，頁171-194。新竹：國立清華大學人文社會學院。

祝家豐，2010，〈國族建構與公民社會的形成：華團的角色〉，收錄於文平強編《馬來西亞華人與國族建構：從獨立前到獨立後五十年（下冊）》，頁487-514。吉隆坡：華社研究中心。

張亭婷、張翰璧，2008，〈東南亞女性婚姻移民與客家文化傳承：越南與印尼籍女性的飲食烹調策略〉，《臺灣東南亞學刊》5 (1)：31-84。南投：國立暨南國際大學東南亞研究中心。

張維安，2015b，〈族群文化產業發展與客家文化的未來〉，收錄於張維安、劉大和主編《客家映臺灣：族群文化與客家認同》，頁3-18。苗栗：桂冠。

──，2013，〈馬來西亞檳城海珠嶼大伯公的族群性格：客家與福建人之間〉，收錄於張維安主編《東南亞客家及其周邊》，頁23-44。桃園：中央大學出版中心、臺北：遠流。

──，2000，〈臺灣客家族群的產經特質〉，收錄於張維安等《臺灣客家族群史・產經篇》，頁1-20。南投：臺灣省文獻委員會。

張維安、張容嘉，2011，〈馬來西亞客家族群信仰〉，收錄於蕭新煌主編《東南亞客家的變貌：新加坡與馬來西亞》，頁339-366。臺北：中央研究院－亞太區域研究專題中心。

張維安、張翰璧，2012，〈馬來西亞砂拉越大伯公節意義初探〉，收錄於徐雨村編《族群遷移與宗教轉化：福德正神與大伯公的跨國研究》，頁93-118。新竹：國立清華大學人文社會學院。

──，2008，〈誰的記憶？誰的神？義民在臺灣客家族群論述中的角色〉，收錄於李悼然、熊秉真主編《轉變中的文化記憶：中國與周邊》，頁380-409。新加坡：新加坡大學中文系。

張維安、張翰璧、黃子堅，2014，〈誰需要劉善邦？砂拉越石隆門帽山客家共和國的重建〉，發表於「人文社會科學研究的新視野：族群、傳播、社會創新」研討會。新竹：國立交通大學人文與社會科學研究中心。2014.11.14。

張維安、陳麗華，2015，〈導論〉，收錄於張維安等《客家族群與國家政策：清領至民國九○年代》，頁1-22。南投：國史館臺灣文獻館、新北：客家委員會。

張曉威，2013，〈客家人與馬來西亞仙四師爺信仰的關係：以吉隆坡仙四師爺宮為探討中心〉，收錄於林開忠編《客居他鄉——東南亞客家族群的生活與文化》，頁48-60。苗栗：客家委員會客家文化發展中心。

張曉威、吳佩珊，2011，〈馬來西亞客家聚落的產業經濟發展：以沙登新村為例〉，收錄於蕭新煌主編《東南亞客家的變貌：新加坡與馬來西亞》，頁143-184。臺北：中央研究院－亞太區域研究專題中心。

張翰璧，2013b，〈新加坡中藥業的族群分工與族群意象〉，收錄於張維安主編《東南亞客家及其周邊》，頁45-66。桃園：中央大學出版中心、臺北：遠流。

——，2013c，〈族群內部的祖籍分工：以泰國皮革業為例〉，收錄於林開忠編《客居他鄉——東南亞客家族群的生活與文化》，頁158-177。苗栗：客家委員會客家文化發展中心。

——，2012，〈附錄一：山口洋之新移民家庭〉，「苗栗園區海外研究——東南亞客家第二期研究計畫：泰國、越南與印尼客家人」專業服務委託案期末報告書。

——，2011，〈族群政策與客家產業：以新馬地區的典當業與中醫藥產業為例〉，收錄於蕭新煌主編《東南亞客家的變貌：新加坡與馬來西亞》，頁289-314。臺北：中央研究院－亞太區域研究專題中心。

——，2007b，〈新加坡當鋪與客家族群〉，收錄於黃賢強主編《新加坡客家》，頁89-111。桂林：廣西師範大學出版社。

——，2000，〈桃竹苗茶產業與客家族群經濟生活間的關係〉，《臺灣客家族群史・產經篇》，頁87-122。南投：臺灣省文獻委員會。

張翰璧、徐幸君，2015，〈「客家區域」與「客家經濟」的動態關係——以鳳山溪茶產業為例〉，收錄於張維安、劉大和主編《客家映臺灣：族群產業與客家意象》，頁57-99。苗栗：桂冠。

張翰璧、張維安，2013，〈臺灣「客家認同」研究成果的評析〉，收錄於許維德《族群與國族認同的形成：臺灣客家、原住民與臺美人的研究》，頁151-195。桃園：中央大學出版中心、臺北：遠流。

——，2011，〈馬來西亞浮羅山背（Balik Pulau）的客家族群分析〉，收錄於黃賢強編《族群、歷史與文化：跨域研究東南亞和東亞》。新加坡：新加坡國立大學中文系、八方文化出版公司。

——，2005，〈東南亞客家族群認同與族群關係：以中央大學馬來西亞客籍僑生為例〉，《臺灣東南亞學刊》2 (1)：149-182。南投：國立暨南國際大學東南亞研究中心。

張翰璧、張維安、利亮時，2014，〈神的信仰、人的關係與社會的組織：檳城海珠嶼大伯公及其祭祀組織〉，《全球客家研究》第3期，頁111-138。新竹：國立交通大學客家文化學院。

張翰璧、張維安、黃子堅，2014，〈臺灣與東南亞巴色教會中的女性〉，發表於「人文社會科學研究的新視野：族群、傳播、社會創新」研討會。新竹：國立交通大學人文與社會科學研究中心。2014.11.14。

莊吉發，2005，〈從檔案資料看清代臺灣的客家移民與客家義民〉，收錄於賴澤涵、傅寶玉主編《義民信仰與客家社會》，頁13-38。臺北：南天。

許維德，2015a，〈國家政策與「人群分類範疇」的形成：從「客」、「義民」、「粵人」、「廣東族」、「廣東祖籍」到「客家」〉，收錄於張維安等《客家族群與國家政策：清領至民國九〇年代》，頁23-68。南投：國史館臺灣文獻館、新北：客家委員會。

許維德，2015b，〈從「素樸文化認同」到「制度化政治認同」〉，收錄於張維安、劉大和主編《客家映臺灣：族群文化與客家認同》，頁19-58。苗栗：桂冠。

許德發，2009，〈大局與獨立：華人社會在獨立運動中的反應〉，收錄於文平強編《馬來西亞華人與國族建構：從獨立前到獨立後五十年（上冊）》，頁87-112。吉隆坡：華社研究中心。

郭熙，2005，〈馬來西亞：多語言文化背景下官方語言的推行與華語的抗爭〉《暨南學報（哲學社會科學版）》第3期，頁87-94。廣東：暨南大學學報編輯部。

陳玉苓，2000，〈客家族群與臺灣現代文化產業〉，收錄於張維安等《臺灣客家族群史・產經篇》，頁277-304。南投：臺灣省文獻委員會。

陳秀琪，2006，〈語言接觸下的方言變遷——以臺灣的詔安客家話為例〉，《LANGUAGE AND LINGUISTICS（語言暨語言學）》7 (2)：417-434。

臺北：中央研究院語言學研究所。

陳亞才，2012，〈馬來西亞大伯公信仰簡述〉，收錄於徐雨村編《族群遷移
　　與宗教轉化：福德正神與大伯公的跨國研究》，頁49-58。新竹：國立清
　　華大學人文社會學院。

——，2009，〈馬來西亞大伯公信仰概略〉，發表於「東南亞客家研究工作
　　坊：檳城」，1月14日。臺北：中央研究院人文社會科學研究中心。

陳波生、利亮時，2012，〈客家人與大伯公的關係——以新馬為例〉，收錄
　　於徐雨村編《族群遷移與宗教轉化：福德正神與大伯公的跨國研究》，頁
　　23-32。新竹：國立清華大學人文社會學院。

——，2006，〈客家人與大伯公的關係——以新馬為例〉，收錄於林偉毅主
　　編《民間文化與華人社會》，頁59-68。新加坡：新加坡亞洲研究學會。
　　亦收錄於陳波生編《百年公德被南邦：望海大伯公廟紀事》。新加坡：新
　　加坡茶陽（大埔）會館、客屬八邑福德祠。

陳春聲，2005，〈國家意識與清代臺灣移民社會——以「義民」的研究為中
　　心〉，收錄於賴澤涵、傅寶玉主編《義民信仰與客家社會》，頁83-107。
　　臺北：南天。

陳美華，2008，〈族群、歷史與認同：以馬來西亞客聯會的發展為探討〉，
　　《馬來西亞華人研究學刊》，頁1-45。吉隆坡：華社研究中心。

——，2006，〈族群、歷史與認同：以馬來西亞客聯會的發展為探討〉，
　　《東南亞研究的反省與展望：全球化與在地化研討會》，頁27-74。臺
　　南：國立成功大學政治學系暨東南亞研究中心。

陳凌子，2015，〈無聲博弈——權力結構與新加坡客家意識〉，收錄於黃賢
　　強編《跨域研究客家文化》，頁221-244。新加坡：新加坡國立大學中文
　　系、新加坡茶陽（大埔）會館客家文化研究室、八方文化創作室。

陳湘琳、辜秋瑩，2015，〈馬六甲新村客家群體的口語使用、語言態度與方
　　言群認同〉，收錄於張維安主編《客家文化、認同與信仰：東南亞與臺港
　　澳》，頁59-98。桃園：中央大學出版中心、臺北：遠流。

游俊豪，2010，〈從地方、國家與跨國層面看馬來西亞華人的移民和公民身
　　分〉，收錄於文平強編《馬來西亞華人與國族建構：從獨立前到獨立後五
　　十年（下冊）》，頁469-486。吉隆坡：華社研究中心。

馮建彰，2000，〈東部客家產經活動〉，收錄於張維安等，《臺灣客家族群

史・產經篇》，頁203-276。南投：臺灣省文獻委員會。

黃子堅，2011，〈馬來西亞基督教巴色教會與沙巴州的客家族群〉，收錄於蕭新煌主編《東南亞客家的變貌：新加坡與馬來西亞》，頁367-402。臺北：中央研究院－亞太區域研究專題中心。

黃世明，2013，〈南投縣的義民信仰：義民信仰對文化觀光的心靈加持與產業加值〉，收錄於劉鳳錦、林本炫、劉煥雲編《臺灣義民爺信仰與文化觀光》，頁115-180。苗栗：聯合大學。

黃世明、黃宏志，2015，〈客家地方特色產業及其飲食文化凝視〉，收錄於張維安、劉大和主編《客家映臺灣：族群產業與客家意象》，頁279-313。苗栗：桂冠。

黃永達，2005，〈枋寮褒忠義民亭祭祀輪值與客家社區意識及宗族意識關聯性轉化之初探〉，收錄於賴澤涵、傅寶玉主編《義民信仰與客家社會》，頁199-226。臺北：南天。

黃淑玲、利亮時，2011，〈共進與分途：二戰後新馬客家會館的發展比較〉，收錄於蕭新煌主編《東南亞客家的變貌：新加坡與馬來西亞》，頁87-104。臺北：中央研究院－亞太區域研究專題中心。

黃紹恆，2000，〈客家族群與臺灣的樟腦業史〉，收錄於張維安等《臺灣客家族群史・產經篇》，頁51-86。南投：臺灣省文獻委員會。

黃菊芳、鄭錦全，2013，〈臺灣海陸客家話的地域變體〉，發表於 The 25th North American Conference on Chinese Linguistics. University of Michigan.

黃毅志、張維安，2000，〈臺灣閩南與客家的社會階層之比較分析〉，收錄於張維安等《臺灣客家族群史・產經篇》，頁305-338。南投：臺灣省文獻委員會。

黃賢強，2013，〈荷印棉蘭華人族群社會與領導階層〉，收錄於林開忠編《客居他鄉——東南亞客家族群的生活與文化》，頁82-101。苗栗：客家委員會客家文化發展中心。

黃賢強，2011，〈新加坡永定會館：從會議紀錄和會刊看會館的演變〉，收錄於蕭新煌主編《東南亞客家的變貌：新加坡與馬來西亞》，頁33-64。臺北：中央研究院－亞太區域研究專題中心。

黃賢強、賴郁如，2013，〈廟宇策略與新加坡閩客族群的發展：以天福宮和望海大伯公廟為例〉，收錄於張維安主編《東南亞客家及其周邊》，頁

1-22。桃園：中央大學出版中心、臺北：遠流。

楊國慶，2009，〈多元族群社會的身分認同與經濟發展：馬來西亞華人與國族建構〉，收錄於文平強編《馬來西亞華人與國族建構：從獨立前到獨立後五十年（上冊）》，頁163-194。吉隆坡：華社研究中心。

劉大可，2009，〈群體認同與符號——以客家地區為中心的考察〉，收錄於江明修、丘昌泰主編《客家族群與文化再現》，頁417-454。臺北：智勝文化。

劉宏、張慧梅，2007，〈原生性認同、祖籍地聯繫與跨國網絡的建構：二戰後新馬客家人與潮州人社群之比較研究〉，《臺灣東南亞學刊》4 (1)：65-90。南投：國立暨南國際大學東南亞研究中心。

劉阿榮，2012，〈族群遷徙與宗教轉化——以福德正神信仰為例〉，收錄於徐雨村編《族群遷移與宗教轉化：福德正神與大伯公的跨國研究》，頁1-22。新竹：國立清華大學人文社會學院。

——，2003，〈多元文化與族群關係：臺灣的抉擇〉，「迎接全球化，超越2008系列研討會」論文，頁1-6。臺北：國家展望文教基金會主辦。

潘美玲，2015，〈國家政策與客家族群產業經濟的發展與變遷〉，收錄於張維安等《客家族群與國家政策：清領至民國九〇年代》。南投：國史館臺灣文獻館、新北：客家委員會。

劉堉珊，2016，〈臺灣客家研究中的東南亞視野〉，《民俗曲藝》193 (2016.12)：1-53。新竹：國立交通大學客家學院。

——，2015，〈當代臺灣客家族群經驗對東南亞客家論述發展的可能影響〉，收錄於張維安主編《客家文化、認同與信仰：東南亞與臺港澳》，頁255-287。桃園：中央大學出版中心、臺北：遠流。

劉煥雲，2013，〈臺灣客家義民爺崇祀之文化意涵研究：以苗栗縣為例〉，收錄於劉鳳錦、林本炫、劉煥雲編《臺灣義民爺信仰與文化觀光》，頁35-72。苗栗：聯合大學。

劉瑞超，2013，〈沙巴「客家」華人的形成：以教會與公會做為一種理解的可能〉，收錄於林開忠編《客居他鄉——東南亞客家族群的生活與文化》，頁256-270。苗栗：客家委員會客家文化發展中心。

蔡采秀，2005，〈以順稱義——論客家族群在清代臺灣成為義民的歷史過程〉，收錄於賴澤涵、傅寶玉主編《義民信仰與客家社會》，頁109-

157。臺北：南天。

蔡芬芳，2015，〈「命」——印尼山口洋客家人宇宙觀初探〉，收錄於張維安主編《客家文化、認同與信仰：東南亞與臺港澳》，頁161-185。桃園：中央大學出版中心、臺北：遠流。

鄭志明，2005，〈北臺灣客家社會義民信仰與祭典的文化特色〉，收錄於賴澤涵、傅寶玉主編《義民信仰與客家社會》，頁411-433。臺北：南天。

——，2004，〈客家社會大伯公信仰在東南亞的發展〉，《華僑大學學報（哲學社會科學版）》第62期，頁64-74。福建：華僑大學。

蕭新煌，2016，〈臺灣與東南亞客家意識的浮現〉，收錄於蕭新煌等撰，邱榮舉主編《2015桃園市乙未・客家紀念活動暨國際學術研討會論文集》，頁35-46。桃園：桃園市政府客家事務局。

——，2013，〈從臺灣客家經驗論東南亞客家研究的比較視野〉，收錄於林開忠主編《客居他鄉——東南亞客家族群的生活與文化》，頁18-23。苗栗：客家委員會客家文化發展中心。

——，2012，〈越南、印尼、泰國客家的變貌〉，「苗栗園區海外研究——東南亞客家第二期研究計畫：泰國、越南與印尼客人」專業服務委託案期末報告書。

——，2011，〈東南亞客家的變貌：族群認同與在地化的辯證〉，收錄於蕭新煌主編《東南亞客家的變貌：新加坡與馬來西亞》，頁3-30。臺北：中央研究院－亞太區域研究專題中心。

——，2002，〈臺灣民主轉型中的族群意識變化〉，收錄於《香港社會學》第3期，頁19-50。香港：香港社會學學會、香港中文大學社會學系、中文大學出版社。

蕭新煌、林開忠，2009，〈家庭、食物與客家認同：以馬來西亞客家後生人為例〉，收錄於蒲慕州主編《飲食傳播與文化交流》，頁241-268。臺北：財團法人中華飲食文化基金會。

——，2007，"The Formation and Limitation of Hakka Identity in Southeast Asia（東南亞客家認同的形成與侷限）"，《臺灣東南亞學刊》4 (1)：3-28。南投：國立暨南國際大學東南亞研究中心。另收錄於丘昌泰、蕭新煌主編《客家族群與在地社會：臺灣與全球的經驗（*Hakka Ethnic and Society: The Experiences of Taiwan and Global*）》，頁415-435。臺北：智勝文化。

蕭新煌、林開忠、張維安，2007，〈東南亞客家篇〉，收錄於徐正光主編《臺灣客家研究概論》，頁563-581。臺北：行政院客家委員會、臺灣客家研究學會。

蕭新煌、張維安、范振乾、林開忠、李美賢、張翰璧，2005，〈東南亞的客家會館：歷史與功能的探討〉，《亞太研究論壇》第28期，頁185-219。臺北：中央研究院－亞太區域研究專題中心。

蕭新煌、黃世明，2008，〈臺灣政治轉型下的客家運動及其對地方社會的影響〉，收錄於張維安、徐正光、羅烈師主編《多元族群與客家：臺灣客家運動20年》，頁157-182。新竹：臺灣客家研究學會。

──，2000a，〈臺灣地方社會與客家政治力：客家族群派系的類型、發展與限制〉，收錄於徐正光主編《歷史與社會經濟》，頁177-143。臺北：中央研究院民族學研究所。

──，2000b，〈從臺灣客家族群發展類型探討族群融合問題〉，《新世紀智庫論壇》第10期，頁74-95。臺北：財團法人臺灣新世紀文教基金會。

賴文英，2007，〈論語言接觸與語音演變的層次問題──以臺灣客語四海話的形成為例〉，《第十屆國際暨廿五屆全國聲韻學學術研討會》。臺北：國立臺灣師範大學。

鍾鎮誠、黃湘玲，2010，〈客籍新移民女性之語言使用與自我移民認同形塑〉，收錄於莊英章、簡美玲主編《客家的形成與變遷（下）》，頁693-716。新竹：交通大學出版社。

嚴修鴻，2007，〈新加坡的客家話〉，收錄於黃賢強主編《新加坡客家》，頁239-302。桂林：廣西師範大學出版社。

學位論文

江欣潔，2013，《馬來西亞沙巴龍川客家話研究》。國立中央大學客家語文研究所碩士論文。

吳靜宜，2009，《越南華人遷移史與客家話的使用──以胡志明市為例》。國立中央大學客家語文研究所碩士論文。

陳欣慧，2006，《印尼亞齊客家人之研究》。國立政治大學民族學系碩士論文。

黃素珍，2013，《印尼坤甸客家話研究》。國立中央大學客家語文研究所碩

士論文。

黃惠珍，2008，《印尼山口洋客家話研究》。國立中央大學客家語文研究所碩士論文。

葉麗燕，2001，《馬來西亞士乃客家話調查報告》。國立暨南大學漢語言文字學碩士論文。

計畫報告書

林開忠、蕭新煌、張維安、張翰璧、利亮時、李偉權、黃賢強，2012，「苗栗園區海外研究——東南亞客家第二期研究計畫：泰國、越南與印尼客家人」專業服務委託案期末報告書。

溫紹炳，2003，「臺灣樟腦產業與客家人散布研究」，行政院客家委員會獎助、臺南市客家文化協會執行。計畫主持人：溫紹炳、葉茂榮。

蕭新煌、林開忠、王嵩山、張翰璧、利亮時、李偉權、王力堅、陳美華、張維安、黃子堅、黃賢強、張曉威、安煥然、張德來、陳愛梅，2009，「苗栗園區海外研究——東南亞客家研究先期計畫」專業服務委託案成果報告書。

第二部分

語言
Language

第三章　臺灣與馬來西亞客家話的語言融合與混用現象

陳秀琪

一、前言

　　全球客家人的分布，主要集中在中國、臺灣、東南亞等三個地區，中國是臺灣、東南亞地區客家人的原鄉，約相同的時期（清代）自中國的廣東、福建遷往臺灣、東南亞地區。移民至今近三百年的時間（東南亞地區另有近四十到六十年間的新客家移民），雖然臺灣、東南亞地區的客家人來自相同的原鄉，但在不同的社會背景、不同的語言環境下，臺灣與東南亞地區的客家話，無論在平面語音系統、語音演變規律、詞彙使用習慣、語法結構方面，都有個別不同的發展類型。再者，臺灣與東南亞地區的客家話皆面臨相同的困境，即在全球化多元族群、多元文化的環境裡，客家話總居於弱勢的角色，甚至瀕臨語言的死亡。根據筆者在馬來西亞檳城、沙巴（山打根）做的客家話調查，這兩個地區皆有來自廣東省的梅縣、大埔、豐順、陸豐、揭西、五華、興寧、平遠等等地區的客家人，雖然仍有年紀較長的客家人能說道地的原鄉客家話，但有多數的客家人說的客家話有融合成梅縣型客家話的趨勢。探究其原因，在非華人政府的社會背景下，面對複雜的語言環境，各腔調的客家人，為了生活溝通上的方便，漸漸形成了梅縣化的新檳城客家話和新山打根客家話。在那樣艱困複雜的語言環境下，這是檳城、山打根客家話無可奈何的生存之道，雖然失去各腔客家話的特色是我輩語言研究者不願意見到的，但至少讓某一種客家話在該地區真實的存活著，儘管這種客家話是新融合出來的客家話，與任何一種原鄉（中國）的客家話都不同。

臺灣的客家話正處於內憂外患中，內憂是指六腔客家話之間，由於彼此的語言接觸，使得較少數人口的客家話處於消失或改變中，例如海陸與四縣客家話的接觸，原本的四縣和海陸客家的特色融合成四海或海四客家話；在新竹地區海陸與饒平客家話的接觸，由於饒平客家話的人數較少，使得饒平客家話語音與詞彙都漸向海陸客家話趨同。外患則指客家話與閩南語、國語的接觸，較嚴重的是放棄客家話改以閩南語、國語當生活語言，致使「福佬客」的人數不斷的增加；較輕微的是客家話的語音詞彙語法漸趨向閩南語或國語。雖然客家委員會積極的進行客家話傳承與推廣的工作（例如客語能力認證），但所收成效仍難抵全球化下臺灣族群文化的變遷對語言產生的影響。如何借鏡世界各地成功的語言復甦案例，訂定適當的語言政策或客家話復甦計畫，讓客家話得以傳承，這是臺灣與東南亞地區的客家人或行政當局刻不容緩要面對的課題。本文將從臺灣與馬來西亞客家話的使用現況，透過跨區域的比較，探悉兩地區語言融合與混用的類型，以及語言接觸後的各類語言變遷現象。

二、臺灣客家話的語言融合與混用現象

臺灣的客家人於清朝年間，陸續從中國的廣東、福建兩省遷徙來臺，移民至今三百多年來，由於經濟、教育、生活、族群接觸等等社會因素，臺灣的客家話歷經客家話內部的消長，及外部閩南語、華語的強勢滲透，現今只剩四縣、海陸、大埔、饒平、詔安等五種客家話保存下來，前四種客家話來自廣東省，詔安客家話來自福建省漳州市，屬於閩南地區的漳州客家話，原同屬於漳州客家話的南靖、平和、雲霄客家話，大約在一百年前就已經消失，這些族群標記消失的客家人，大多成了「福佬客」，來自閩西的客家話現今也只剩下少數人會說永定客家話。現存的五種客家話中，以四縣客家話的使用人口最多，流行區域也最廣，其次為海陸客家話，大埔、饒平、詔安客家話相對弱勢，正處於快速流失中，若沒有立竿見影的復振方案，或國

家語言政策的保存與推廣，在未來的三十～五十年後，將會走上消亡的命運，造成此趨勢的原因包括客家話內部的消長，及外部閩南語、華語的強勢滲透，下文將從消長的結果來看臺灣客家話的使用現況，並從客家話與閩南語的互動，探析語言接觸的語言變遷現象。

臺灣客家話的使用現況可歸納為三類：（一）向優勢腔四縣客家話靠攏；（二）混用型客家話；（三）融合型客家話。

（一）向優勢腔四縣客家話靠攏

臺灣客家話以使用人口最多的四縣客家話為優勢腔，他腔的客家話漸向四縣客家話靠攏，最後甚至放棄自己的客家話腔調，改說四縣客家話。四縣客家話是指來自廣東省興寧、五華（舊稱長樂）、蕉嶺、平遠等地區的客家話總稱，主要分布在苗栗、高屏的六堆地區，由於移民人口相對較多與集中聚居，發展至今已成為臺灣使用人口最多的客家話。除了苗栗、六堆地區之外，都會地區如臺北市、新北市、桃園市，有許多來自別縣市原本說著各腔客家話的客家人，在這些都會地區就業，各腔客家話長久接觸下來，為了溝通上的方便，四縣客家話由於人數上的優勢，別腔客家話漸漸向四縣客家話靠攏，有些完全放棄自己原來的客家話腔調，改說四縣客家話，有些是學會四縣客家話，對外說四縣客家話，與自己家人或在家中才說自己本腔的客家話。無論上述哪種情況，都會造成強者恆強的局面，說四縣客家話的人口越來越多，同時也抑制了其他腔調客家話的生存空間。

（二）混用型客家話

此類型仍是受優勢腔影響而形成的語言變遷，屬於語言的滲透現象，即強勢語言的語言使用習慣進入弱勢語言，使得弱勢語言的語音或詞彙被取代被覆蓋，成為混有其他語言成分的「不道地語言」，此類混用型的客家話以新竹、桃園地區的饒平客家話，以及雲林崙背、桃園南興地區的詔安客家話較具特徵。

1. 饒平客家話的混用現象

　　臺灣的客家話中，內部差異性較大的要屬饒平客家話，究其原因，主要是因為現存的饒平客除了人數較少之外，居住地區也較分散，不像四縣、海陸客的集中，再加上周邊的語言接觸，使得各地的饒平客家話逐漸顯現分歧。早期饒平客主要分布在中臺灣，今多已成了福佬客，目前保留下來的饒平客家話，主要分布在苗栗的卓蘭，新竹的六家、紙寮窩、關西，桃園的中壢、過嶺。新竹的饒平客與海陸客接觸，桃園的饒平客長期與佔多數使用人口的四縣客接觸，這些地區的饒平客，部分已改說海陸或四縣客家話，部分雖然仍堅持說饒平客家話，但有許多詞彙已被海陸或四縣客家話取代，呈現饒平客家話與海陸或四縣客家話混用的語言現象，舉例如下表：

表3-1　饒平客家話與海陸、四縣客家話混用的例詞

華語詞	新竹關西饒平[1]	中壢官路缺饒平[2]	中壢芝芭里饒平[3]	饒洋饒平[4]	四縣客家話	海陸客家話
十多年	十過年 $\int ip^5\,ko^{53}$ nen^{55}	十外年 $\int ip^5\,\eta uai^{55}$ nen^{53}	十過年 $s\eta p^5\,ko^{31}$ ηien^{24}	十外年 $\int ip^5\,\eta ai^{24}$ nen^{55}	十過年 $s\eta p^5\,ko^{55}$ ηien^{11}	十過年 $\int ip^{21}\,ko^{11}$ ηien^{55}
昨天	昨日 $t\int a^{11}\,\eta it^{32}$	昨日 $ts'a^{11}\,\eta it^{21}$	昨晡日 $ts'o^{53}\,pun^{11}$ ηit^{21}	昨日 $ts'ia^{11}\,\eta it^2$	昨晡日 $ts'o^{24}\,pu^{24}$ ηit^{21}	昨晡日 $ts'o^{53}\,pu^{53}$ ηit^5

---

1 關西饒平客家話的語料來自張孟涵《關西饒平客家話調查研究──以鄭屋、許屋為例》，中央大學客家語文研究所碩士論文，2011年。

2 官路缺饒平客家話的語料來自邱容《桃園官路缺袁姓饒平客家話研究》，中央大學客家研究碩士在職專班碩士論文，2013年。

3 芝芭里饒平客家話的語料來自徐貴榮《桃園饒平客話》，五南圖書出版公司，2013年。

4 饒洋饒平客家話的語料來自徐貴榮《臺灣饒平客話音韻的源與變》，新竹教育大學臺灣語言與語文教育研究所博士論文，2008年。

今天	今日 kin¹¹pun¹¹ ŋit³²	今日 kim¹¹ŋit²¹	今晡日 kin¹¹pun¹¹ ŋit²¹	今日 kim¹¹ŋit²	今晡日 kin²⁴pun²⁴ ŋit²¹	今晡日 kin⁵³pun⁵³ ŋit⁵
豬圈	豬欄 tʃu¹¹lan⁵⁵	豬稠 tʃu¹¹t'iau⁵³	豬欄 tsu¹¹lan⁵³	豬稠 tʃu¹¹ t'eu⁵³	豬欄 tsu²⁴lan¹¹	豬欄 tʃu⁵³lan⁵⁵
茄子	吊菜／茄 tiau³¹ ts'oi³¹／ k'iau⁵⁵	吊菜 tiau³¹ts'oi³¹	吊菜仔 tiau³¹ts'oi³¹ ie²¹	茄 k'iau⁵⁵	吊菜仔 tiau⁵⁵ ts'oi⁵⁵ ie³¹	茄仔 k'io⁵⁵ ʒ⁵⁵
絲瓜	秋瓜 ts'iu¹¹kua¹¹	菜瓜 ts'oi³¹kua¹¹	菜瓜 ts'oi³¹kua¹¹	秋瓜 ts'iu¹¹ka¹¹	菜瓜 ts'oi⁵⁵ kua²⁴	菜瓜 ts'oi¹¹ kua⁵³
蟋蟀	草雞 ts'o⁵³ke¹¹	草雞 ts'o³¹ke¹¹	土狗 t'u³¹kieu¹¹	草雞 ts'o³¹ke¹¹	土狗仔 t'u³¹ kieu³¹e³¹	土狗仔 t'u¹³ kieu¹³ʒ⁵⁵
兩夫妻	兩公婆 lioŋ⁵³kuŋ¹¹ p'o⁵⁵	兩公姐 lioŋ³¹kuŋ¹¹ tsia³¹	兩公婆 lioŋ³¹kuŋ¹¹ p'o⁵³	兩公姐 lioŋ⁵³ kuŋ¹¹ tsia⁵³	兩公婆 lioŋ³¹ kuŋ²⁴ p'o¹¹	兩公婆 lioŋ¹³ kuŋ⁵³ p'o⁵⁵
媳婦	心臼 sim¹¹k'iu¹¹	新婦 sim¹¹p'e¹¹	新婦／ 心臼 sim¹¹p'e¹¹／ sim¹¹k'iu¹¹	新婦 sim¹¹p'e¹¹	心臼 sim²⁴k'iu²⁴	心臼 sim⁵³k'iu⁵³
祖母	阿嬤 a¹¹ma²⁴	阿嬤 a¹¹ma³¹	阿婆／ 阿嬤 a¹¹p'o⁵³／ a¹¹ma⁵³	阿嬤 a¹¹ma²⁴	阿婆 a²⁴p'o¹¹	阿婆 a³³p'o⁵⁵
吵架	冤家 ʒan¹¹ka¹¹	冤家 ven¹¹ka¹¹	相罵 sioŋ¹¹ma³¹	相罵 sioŋ¹¹ ma⁵³	冤家 ien²⁴ka²⁴	冤家 ʒan⁵³ka⁵³
害羞	見笑 kien⁵³siau⁵³	見笑 kien³¹siau³¹	歹勢／ 畏羞 p'ai⁵³se³¹／ vui⁵⁵siu¹¹	畏羞 vui²⁴siu¹¹	見笑 kien⁵⁵seu⁵⁵	見笑 kien¹¹ siau¹¹

柿子	柿 k'i^{11}	柿仔 k'i^{55} e^{31}	柿仔 ts'ŋ^{55} e^{21}	椑 pi^{11}	柿仔 ts'ŋ^{55} e^{31}	柿仔 k'i^{33} ʒ^{55}
蟾蜍	蟾蜍 ʃam^{55} ʃu^{55}	蟾蜍 ʃam^{53} ʃu^{53}	蟾蜍 sam^{53} su^{53}	雞舅婆 ke^{11} k'iu^{11} p'o^{55}	蟾蜍 sam^{11} su^{11}	蟾蜍 ʃam^{55} ʃu^{55}
小孩子 （子女）	細人仔 se^{33} ŋin^{55} ʒ^{53}	細人 se^{31} ŋin^{53}	細人仔 se^{31} ŋin^{53} e^{21}	細子 se^{53} tsŋ^{53}	細人仔 se^{55} ŋin^{11} e^{31}	細人仔 se^{11} ŋin^{55} ʒ^{55}
鄰居	鄰舍 lin^{53} ʃa^{24}	鄰舍 lin^{53} ʃa^{31}	鄰舍 lin^{53} ʃa^{31}	屋邊 vuk^{2} pen^{11}	鄰舍 lin^{511} sa^{55}	鄰舍 lin^{55} ʃa^{311}

上表舉了新竹（關西）、中壢（官路缺、芝芭里）及廣東饒洋等四個饒平客家話，透過新竹、中壢饒平客家話與原鄉的饒洋饒平客家話的比較，可看到臺灣饒平客家話的詞彙使用習慣正在改變中。原鄉的饒平客家話地理位置接近潮州，四縣客家話來自早期的嘉應州，海陸客家話來自揭西地區的陸豐，故這三種客家話本存在差異。上表所列詞彙，饒平客家話原本的使用習慣與四縣、海陸客家話不同，但經歷長期的接觸，饒平客家話在使用人數上的弱勢，四縣、海陸客家話大量向饒平客家話滲透，使得上表的饒平客家話混用了四縣或海陸客家話的詞彙。

下表臺灣饒平客家話的詞彙混用現象可分成二種類型，第一種是部分臺灣饒平客家話仍保留與饒洋的饒平客家話相同的詞彙，部分已改用四縣或海陸客家話的詞彙，例如表時間的「十幾年」，饒平客家話本來說「十外年」，新竹、中壢的饒平客家話已說成四縣和海陸客家話的「十過年」。客家話表「今天、昨天」有兩類說法，一是說成「今日、昨日」，例如饒平、揭西、連南、河源、秀篆、西河、茶陵、贛縣，另一是有特殊的中加成分「晡」，說成「今晡日、昨晡日」，例如大余、武平、苗栗四縣客家話、新竹海陸客家話。原鄉的客家話說「今日、昨日」的方言點比「今晡日、昨晡日」多，臺灣則以說「今晡日、昨晡日」為多，中壢芝芭里的饒平客家話改變原先的

表3-2 臺灣詔安客家話來自閩南語、四縣客家話的完全移借詞

華語詞	崙背[5]	南興[6]	秀篆[7]	閩南語	四縣
吃完	食了	食忒	食成 $\int it^2 \int a \eta^{54}$	喫了	食忒
很多	足多	當多	堅多 $kan^{11} to^{11}$	足濟	當多
太小	傷少	忒細	忒細	傷少	忒細
桌子	桌 tso^7	桌仔 $tso^7 e^3$	桌 tso^7	桌仔	桌仔 $tso^7 e^3$
豬	豬 $t\int i^1$	豬仔 $tsu^1 e^3$	豬 $t\int y^1$	豬 ti^1	豬仔 $tsu^1 e^3$
舌頭	舌 $\int et^8$	舌嫲 $\int et^8 ma^2$	舌 $\int et^8$	喙舌 $ts'ui^3 tsi^{28}$	舌嫲 $set^8 ma^2$
鼻子	鼻 $p'i^6$	鼻公 $p'i^6 kun^1$	鼻 $p'i^6$	鼻仔 $p'i^6 a^3$	鼻公 $p'i^5 kun^1$
吃不下	食毋會落 $\int et^8 m^2 boi^6 l\gamma^6$ / $\int et^8 moi^2 l\gamma^6$	食落 $\int it^8 m^2 lo^6$	食毋落 $\int it^2 m^{33} lo^{33}$	喫膾落 $tsia^{27} bue^6 lo^{27}$	食毋落 $s\jmath t^8 m^2 lok^8$
月亮	月娘 $\eta iet^8 \eta ion^2$	月光 $\eta iet^8 kon^1$	月娘 $\eta iet^2 \eta ion^{54}$	月娘 $ge^{28} ni\eta^2$	月光 $\eta iet^8 kon^1$
風箏	風吹 $fun^1 ts'e^1$	紙鷂仔 $t\int i^3 zeu^6 e^3$	高鷂 $ko^1 \text{z}eu^6$	風吹 $hon^1 ts'e^1$	紙鷂仔 $ts\jmath^3 ieu^5 e^3$
吃晚飯	食暗頓 $\int it^8 am^3 tun^3$	食夜 $\int it^8 \text{z}a^3$	食暗晡頓 $\int it^2 am^{33} pu^{11} tun^{31}$	喫暗頓 $tsia^{28} am^5 t\jmath^5$	食夜 $s\jmath t^8 ia^5$
幫忙	鬥相共 $teu^3 sion^1 k'un^6$	捒手 $t'en^5 su^3$	鬥手 $teu^{33} \int iu^{13}$ 鬥齊 $teu^{33} ts'e^{54}$	鬥相共 $tau^3 sa^1 kan^6$	捒手 $t'en^5 su^3$
相同	共款 $k'un^6 k'uan^3$	共樣 $k'un^6 zon^6$	做樣 $tso^{55} \text{z}ion^{33}$	共款 $kan^6 k'uan^3$	共樣 $k'iun^5 ion^6$
下面	下下 $e^1 ha^1$	下頭 $ha^1 t'eu^2$	下頭 $ha^{11} t'eu^{54}$	下骹 $e^6 k'a^1$	下背 $ha^1 poi^5$
辣	薟辣 $hiam^1 lat^8$	辣 lat^8	辣 lat^8	薟 $hiam^1$	辣 lat^8

---

5 崙背詔安客家話的語料來自陳秀琪《臺灣漳州客家話研究——以詔安客家話為代表》，新竹教育大學臺灣語言與教學研究所，2002年。
6 南興詔安客家話的語料來自筆者於桃園市大溪區南興村做的田野調查。
7 秀篆詔安客家話的語料來自筆者於漳州市詔安縣秀篆做的田野調查。

使用習慣，也說成「今晡日、昨晡日」。再如表稱謂的「兩夫妻、媳婦」，客家話也分成「兩公婆、心臼」和「兩公姐、新婦」兩類用法，原鄉饒平客家話屬於後者，關西與芝芭里的饒平客家話已向四縣、海陸客家話借入了「兩公婆、心臼」之詞彙，再者，從芝芭里的饒平客家話「新婦／心臼」兩詞並用，可得知早期是使用「新婦」之詞，因與四縣客家話的接觸而改變了原有的詞彙使用習慣。相同的情況，官路缺饒平客家話仍保留道地的「兩公姐」用法，也說明了臺灣的饒平客家話原本是使用「兩公姐」之詞。第二種是臺灣饒平客家話改變了原有的詞彙使用習慣，一致的換用了四縣或海陸客家話的詞彙，完全失去原有的詞彙特徵，例如「柿子、蟾蜍、小孩子（子女）、鄰居」，臺灣的饒平客家話說的是已被四縣、海陸客家話同化的「柿、蟾蜍、細人仔、鄰舍」，與原鄉饒平客家話的「椑、雞舅婆、細子、屋邊」完全不同。

2. 詔安客家話的混用現象

　　混用型的客家話以詔安客家話最具代表性，臺灣的詔安客家話主要分布在雲林縣的二崙、崙背，以及桃園市大溪區的南興村、中壢區的三座屋，二崙、崙背的詔安客與當地的閩南人長期接觸，南興村、三座屋的詔安客則是與四縣、海陸客生活上的接觸頻繁，這些地區的詔安客在人數上遠少於當地的閩南人或四縣、海陸客，此外，在語音系統上，詔安客家話與粵東客家話不同，詞彙的使用習慣也有差異，這些因素讓二崙、崙背的詔安客，因處於閩南語環伺的詔安客家話方言島，多數的詔安客成為能說詔安客家話與閩南語的雙語人，甚至詔安客家話退居到家庭語言，日常對外的生活語言是閩南語，更甚而已完全不會說詔安客家話。這樣的語言生態，讓二崙、崙背的詔安客家話有明顯的「閩南化」趨勢，有大量的閩南語詞彙進入詔安客家話，也改變了部分的語音系統及語法習慣，可以這麼打趣的說，對於第一次聽到二崙、崙背的詔安客家話的人，會以為那是一種講得不大正確的閩南語，其詔安客家話混用閩南語之甚可見一斑。底下把臺灣的詔

安客家話來自語言接觸產生的詞彙混用分成兩大類：一是詔安客家話混用了閩南語或四縣客家話，所形成的部分移借詞；二是閩南語或四縣客家話向詔安客家話強烈滲透，取代原有詔安客家話詞彙，所形成的完全移借詞。

（1）詔安客家話與閩南語、四縣客家話混用的部分移借詞

不同的語言接觸會有不同的語言變遷現象，二崙、崙背和南興村的李姓詔安客，皆來自福建省詔安縣的秀篆鎮，兩地的詔安客各別與閩南語、四縣客家話接觸，結果產生不同的詞彙混用現象，這裡討論的混用詞彙，包括崙背詔安客家話與閩南語的混用，以及南興詔安客家話與四縣客家話的混用兩種類型。下文為了呈現原鄉秀篆客家話的詞彙使用習慣，以及臺灣詔安客家話混用詞彙的來源，故將秀篆、臺灣閩南語和四縣客家語料列於表中以資比較。

上表臺灣詔安客家話詞彙的混用現象，可分成語法結構和詞彙結構的詔閩、詔四混用，其中有部分是在原鄉就已經出現詔閩混用的情況，隨著移民把此類詞彙一起帶到臺灣沿用至今。

甲、語法結構的詞彙混用

表某動作的完成或某狀態的結果呈現，粵東客家話多數用完成式標記「式」，漳州地區的客家話完成式標記是「成」，閩南語則是用「了」，南興詔安客家話受四縣客家話影響，將「吃完」說成「食式」，崙背詔安客家話則用了與閩南語相同的「食了」。表程度「很、太」的副詞，四縣客家話用「當、式」，秀篆的詔安客家話用「堅、式」，沒有「當」的用法，南興詔安客家話在四縣客家話長期滲透之下，也改以「當多」來表示「很多」之義，與四縣相同，崙背詔安客家話全面的使用閩南語的「足多、傷多」來表「很多、太小」。仔尾詞方面，四縣

客家話用「仔」，原鄉的詔安客家話原沒有仔尾詞，南興詔安客家話已全面使用與四縣客家話相同的「仔」尾，將「桌子、豬」說成「桌仔、豬仔」。四縣客家話的詞綴「公、嫲」，例如「耳公、鼻公、蝦公、蟻公、刀嫲、杓嫲」，原鄉的詔安客家話皆不用，然南興詔安客家話已全面借入了「公、嫲」的詞彙使用習慣，將「鼻子、舌頭」說成「鼻公、舌嫲」。客家話表否定普遍使用「毋」，閩南語用「膾」，崙背詔安客家話借用了閩南語「膾」的「不會」之意，將「吃不下」說成「食毋會落」。

乙、詞彙結構的詞彙混用

　　「月亮」一詞在客家話與閩南語之間，有清楚的「月光」與「月娘」之別，詔安客家話在原鄉就已經與當地的閩南語有密切接觸，早就存在許多閩南語借詞，將月亮說成「月娘」普遍見於漳州地區的客家話，南興詔安客家話將如此具漳州客家話特色的「月娘」說成「月光」，明顯來自四縣客家話的詞彙滲透，相類的情況也見於南興詔安客家話的「食夜」，吃三餐的名稱，客家話習慣以「吃＋時間」來表示，例如四縣客家話的「食朝、食晝、食夜」，閩南語則是「吃＋時間」之後可再加上「頓」來表示，例如「食早頓、食晝、食夜／食暗頓」，秀篆的詔安客家話稱吃晚餐為「食暗晡頓」，亦是在原鄉就借自當地閩南語的詞彙，然南興詔安客家話卻改變原來的詞彙使用習慣，混用了四縣客家話的「食夜」。崙背的「蔭辣」是頗具代表性的閩客合璧詞，「蔭」來自閩南語，辣來自客家話。客家話「下面」的構詞形式是「下」字前置，如下背、下頭，崙背的「下下 $e^1 ha^1$」，借用閩南話「下 e^1」的音讀，再加上客家話原有的「下 ha^1」，成為非常有趣的閩客合璧詞「下下 $e^1 ha^1$」。表「相同」之意，四縣客家話叫做「共樣」，秀篆詔安客家話叫做「做樣」，閩南語叫做

「共款」,「樣」和「款」閩客之間有清楚的分野,崙背與南興各說成「共款、共樣」,皆為在地化的詞彙移借現象。

表3-3 南興詔安客家話混用四縣客家話的完全移借詞

華語詞	南興	秀篆	四縣	梅縣
吹牛	歕雞頦 p'un² kie¹ koi¹¹	車大砲 tʃe¹ t'ai⁶ p'au³	歕雞頦 p'un² kie¹ koi¹	膨雞頦 p'aŋ² kie¹ koi¹
男生	細賴仔 se³ lai⁶ e³¹	囝子人 kien⁶ tsʅ³ ŋin²	細賴仔 se⁵ lai⁵ e³	細賴仔 se⁵ lai⁵ e³
玉蜀黍	包粟 pau¹ siu⁷	蔾仁 li² ʒin²	包粟 pau¹ siuk⁷	包粟 pau¹ siuk⁷
不可以	做毋得 tso³ m² tet⁷	毋好 m²ho³	做毋得 tso⁵ m² tet⁷	毋做得 m² tso⁵ tet⁷
與、和	佬;同 lau¹;t'uŋ²	搭 ta⁸	佬;同 lau¹;t'uŋ²	同 t'uŋ²

(2)閩南語取代詔安客家話原有詞彙的完全移借詞

在語言接觸的持續影響下,詞彙的消長明顯,部分移借詞的下一個階段,就是完全移借外來詞彙,原來的詞彙走上死亡,此類借詞更顯臺灣詔安客家話的混用現象。詞彙的完全移借要比部分移借詞更具方言特色,此類詞彙讓崙背詔安客家話具有濃厚的閩南話味道。南興詔安客家話雖混用了許多四縣客家話詞彙,但畢竟仍處在客家話的環境中,故其詞彙的改變仍不出客家話的語言習慣。

上表五個詞彙在漳州系統的客家話與粵東系統的客家話有清楚的區別,例如表「男生」,秀篆說「囝子人」,梅縣說「細賴仔」,是截然不同的詞彙系統,換句話說,這些詞彙可以當作漳州客家話與粵東客家話的區別特徵,南興詔安客家話在這些詞彙的使用習慣上,已完全混用了四縣客家話詞彙。

表3-4 崙背詔安客家話混用閩南語的完全移借詞

華語詞	崙背詔安客家話	秀篆詔安客家話	閩南語
東西	物件	東西	物件
乾脆	歸氣	---	歸氣
亂說話	烏白講	亂講	烏白講
欺人太甚	食人到到	---	食人到到
一張嘴	一支嘴	一張嘴	一支嘴
年輕人	少年人	後生	少年人
風箏	風吹	高鷂	風吹
放	囥	放	囥
非常疼惜	惜命命	---	惜命命
發脾氣	起性地	發激	起性地
吹牛	臭彈	車大砲	臭彈
玉蜀黍	番麥	蔾li²仁	番麥
按部就班	照起工	---	照起工
自找麻煩	擎枷	---	擎枷
發炎紅腫	發癀	---	發癀
農人	做檣人	做田人	做檣人
英俊	緣投	緣投	緣投
幸好	佳哉	好得	佳哉

　　雲林縣的詔安客家話原本分布在西螺、二崙、崙背，詔安客家話流失情況嚴重，今西螺除了非常少數的年長者會說部分詔安客家話之外，其餘都已經不會說，崙背會說詔安客家話的人數遠多於二崙，但年輕一代也大多已經不會說，即便是仍會說詔安客家話中生代或年長者，也多數是會說閩南語和詔安客家話的雙語人，甚至是閩南語是生活語言，詔安客家話退居到家庭語言。對於初聽到崙背詔安客家話的外地人來說，會感覺這是一種說得不大標準的

閩南語，或是不大標準的客家話，換句話說，崙背詔安客家話是一種「閩南化」的客家話，已混用了相當多的閩南語詞彙及語音成分，上表所舉詞例僅呈現了少部分的閩南語完全移借詞，還有非常多限於篇幅未列。上表崙背詔安客家話的「物件、風吹、少年人、番麥、做憨人」的詞彙使用習慣與閩南語完全相同，閩、客語之間有明顯的差別，廣東系統客家話大多說成「東西、紙鷂、後生人、包黍、耕種人」，秀篆詔安客家話說成「東西、高鷂、後生、藜仁、做田人」，即便是廣東系統與閩南系統的客家話也存在差異，但也都與閩南語的使用習慣不同，崙背詔安客家話受閩南語高度滲透，完全移借的閩南語詞彙也還在持續增加中。

（三）融合型客家話

四縣客家話與海陸客家話長期接觸，融合成兼具兩種客家話特色的「四海客家話」，且形成穩定的語音結構系統，「四海客家話」的聲母、韻母、調值有多種組合方式，例如海陸聲母＋四縣韻母＋四縣聲調（食 ʃ1t⁵）、海陸聲母＋四縣韻母＋海陸聲調（針 tʃ1m⁵³）、四縣聲母＋海陸韻母＋四縣聲調（橋 k'iau¹¹）等等，下表列出四海客家話的聲韻調組合形式（以桃園市楊梅區的四海客家話為例）。

表3-5 四海客家話聲韻調組合形式例字

例字	四海客家話	四縣客家話	海陸客家話
話	voi²⁴	fa⁵⁵	voi⁵³
朝	tʃeu²⁴	tseu²⁴	tʃau⁵³
笑	ʃeu⁵⁵	seu⁵⁵	ʃiau¹¹
超	tʃ'eu²⁴	ts'eu²⁴	tʃ'au⁵³
橋	k'iau¹¹	k'ieu¹¹	k'iau⁵⁵
腰	ʒeu²⁴	ieu²⁴	ʒau⁵³

臭	$tʃʰiu^{55}$	$tsʰu^{55}$	$tʃʰiu^{11}$
針	$tʃ\text{ṃ}^{24}$	$ts\text{ṃ}^{24}$	$tʃim^{53}$
陳	$tʃʰ\text{ṇ}^{11}$	$tsʰ\text{ṇ}^{11}$	$tʃin^{55}$
汁	$tʃ\text{ị}p^{21}$	$ts\text{ị}p^{21}$	$tʃip^{21}$
失	$ʃ\text{ị}t^{21}$	$s\text{ị}t^{21}$	$ʃit^{5}$
證	$tʃ\text{ṇ}^{55}$	$ts\text{ṇ}^{55}$	$tʃin^{11}$
藥	$ʒok^{5}$	iok^{5}	$ʒok^{21}$
育	$ʒuk^{21}$	iuk^{21}	$ʒuk^{5}$

三、馬來西亞客家話的語言使用現況

在臺灣，客家話是以較多使用人口的客家話為優勢腔，他腔的客家話會漸向優勢腔靠攏，最後甚至放棄自己的客家話腔調，改說優勢腔客家話（四縣客家話）。馬來西亞則因社會環境的不同，呈現多種發展型式，使用人口的多寡非決定優勢腔的主要條件，不論是國家語言政策的獨尊馬來語，或是教育體制的以華語、英語為尊，還是區域經濟、傳播優勢的廣東話、福建話，都造成河婆客家人不得不依場合、對象進行語言的選擇和轉換，透過語碼轉換的頻繁，這些語言之間的交融競爭成為常態，也因此產生了豐富的語言現象，值得我們深入探討。

霹靂州金寶的雙溪古月（Malim Nawar）以及柔佛州古來的士乃，都是以河婆客家人佔當地客家人的比例最高，雖然其使用人口最多，但發展情況與臺灣優勢腔客家話不同，河婆客家話並沒有佔絕對的優勢，該地區的其他客家話沒有向河婆客家話靠攏，或是改說河婆客家話。究其原因，緣於兩地的社會文化背景不同，馬來西亞客家人在非華人的政府下，舉凡教育、民生等等相關費用，華人都需自行負責籌措，與各自發展經濟來謀生，在此背景下，基於生活上的需要，華人彼此的溝通、合作非常重要，所以在語言上的溝通以能互相聽懂

彼此的意思為首要，故能熟悉對方的客家話，久而久之，形成「你中有我我中有你」的混用型客家話，此「混用型」客家話堪稱是馬來西亞客家話的最大特色，有些地區是均勻式的混用（例如古來、金寶地區），例如霹靂州的金寶河婆客家話混用了梅縣客家話的「雞棲、兩公婆、心臼、細郎、蘿蔔」等詞彙，混用了粵語詞彙「啱啱好、生崩、唔該」，有些地區是以梅縣客家話為優勢，其他客家話向其靠攏與詞彙移借，進而形成「梅縣話化客家話」，例如檳城的浮羅山背地區。此外，除了多種客家話的混用之外，馬來西亞的多元文化也呈現其中，當地客家人在某些特定的詞彙，已穩定的使用馬來語，例如「mak^{31} sak^{53} 房（廚房）、pa^{55} sa^{55}（市集）、o^{11} da^{55}（賒帳）、sa^{11} ia^{24}（浪費）、sa^{11} wei^{55}（油棕）、ts'on^{11} lui^{55}（賺錢）」等詞彙皆來自馬來語。下文以霹靂州金寶地區雙溪古月的河婆客家話為例，從河婆客家話詞彙混用現象、河婆客家話的馬來語滲透、多元文化融合在飲食名稱及店名的呈現等三方面，來觀察雙溪古月河婆客家話的發展與使用現況，以作為探析馬來西亞客家話的窗口。

（一）金寶、古來的河婆客家話詞彙混用現象

霹靂州的金寶地區以廣東話為強勢語言，雙溪古月的客家人以說河婆客家話的人數最多，佔當地華人的百分之七十，他們多數能說或聽得懂廣東話，透過與大陸原鄉河婆客家話的比較，發現雙溪古月的河婆客家話有許多詞彙與原鄉不同，這些不同的詞彙使用習慣，主要來自與該地區其他客家話及粵語的接觸。柔佛州古來地區的河婆客家話，沒有像雙溪古月的河婆客這麼集中與相對的多數，故其詞彙的混用現象更為明顯。雙溪古月的客家人口次於河婆客的是梅縣客，故表3-6以梅縣客家話作為河婆客家話與他種客家話比較的代表，金寶和古來的河婆客家話的詞彙混用現象中，有一有趣的共同點，就是與原鄉河婆客家話不同的詞彙，都一致使用相同的詞彙，其中大多與梅縣客家話的詞彙相同，詞彙混用現象舉例如表3-6。

為了生活上的需要，即便像佔有百分之七十華人人口的雙溪古月

表3-6 古來、金寶河婆客家話的詞彙混用現象

華語詞目	古來／金寶河婆客家話[8]	原鄉河婆客家話[9]	原鄉梅縣客家話[10]
十多年	十來年／十零年	十外年	十過日
蘿蔔	蘿蔔	菜頭	蘿蔔
雞舍	雞寮／雞棲	雞稠	雞棲
湯匙	匙羹	湯匙	調羹
筷子	筷／筷條	箸	筷仔
兩夫妻	兩公婆	兩公姐	兩公婆
女婿	婿郎	阿郎	婿郎
豆腐乳	豆腐糜	鹹豆腐	豆腐乳
媳婦	心臼	新婦	心臼
剛剛好	啱啱好	格格	啱啱好
生孩子	生崽	養細人	降細人
謝謝	唔該	謝謝	多謝
土地公	大伯公	伯公	土地伯公
鄰居	鄰舍／隔壁	屋邊	鄰舍

河婆客家話，都無可避免地必須與其他客家人及其他族群接觸，而使得河婆客家話原本的樣貌不保，但也正因為如此，不刻意去獨尊某種客家話，也不在意要將某種客家話說得很標準，大家各自說著你中有我我中有你的混用型客家話，於是這樣的客家話讓金寶、古來地區的客家話能勉強使用至今。當然，金寶、古來客家話再繼續發展，會是何種景象？若從檳城客家話來看金寶、古來客家話，可預見的是，將會結合多種混用型客家話重組出新金寶客家話與新古來客家話。

---

8 金寶和古來河婆客家話使用詞彙相同時只列出一個詞彙，如果使用詞彙不同時，則以斜線隔開並列兩個詞彙。

9 原鄉河婆客家話語料來自陳秀琴《河婆客家話研究》，中央大學客家研究碩士在職專班碩士論文，2013年。

10 原鄉梅縣客家語料來自李如龍、張雙慶《客贛方言調查報告》，廈門大學出版社，1992年。

（二）古來、金寶河婆客家話的馬來語滲透現象

在馬來語為官方語言的環境下，許多馬來西亞的華人會說馬來語，即便不會說也能聽懂一些，在長期的語言接觸下，已出現馬來語對客家話的滲透。有趣的是，這些借入客家話的馬來語詞彙，多數在各種客家話中的使用習慣一致，也就是說，不同的客家話會相同的借入某些特定的馬來語詞彙，舉例如下：

表3-7 古來、金寶河婆客家話的馬來語借詞

華語詞目	古來新山河婆客家話	金寶雙溪古月河婆客家話	原鄉河婆
廚房	$mak^5 sak^5 foŋ^{24}$	$mak^{21} sak^5 foŋ^{24}$	廚房／灶下
廚師	$mak^5 sak^5$	$mak^{21} sak^5$	灶下
扮家家酒	搞 $mak^5 sak^5$	搞 $mak^{21} sak^5$	---
錢	lui^{55}	lui^{55}	錢
賺錢	賺 dui^{55}	賺 lui^{55}	賺錢
市集	街場／$pa^{55} sa^{55}$	$pa^{55} sa^{55}$	墟
賒帳	$o^{11} daŋ^{55}$	$o^{11} daŋ^{55}$	賒數
浪費	$noŋ$浪$sa^{11} iaŋ^{55}$	$sa^{11} iaŋ^{24}$	錯爽
總共	攏總	$sun^{11} ma^{55}$	攏總
油棕	$sa^{11} wei^{55}$	$sa^{11} wei^{55}$	---
紅毛丹	紅毛丹／rambutan	$runbu^{11} dan^{55}$	---
榴槤	$liu^{11}lien^{55}$／durian	$liu^{11}lien^{55}$／durian	---
山竹	山竹／manggis	manggis	---

（三）多元文化融合在飲食名稱、店名的呈現

馬來西亞的華人主要來自福建、廣東兩省，包括客家人、廣東人、福建人、潮州人，這些華人與當地的馬來人及其他種族長期接觸下來，形成了有別於中國、臺灣特殊的華人文化，呈現在食衣住行各方面，本文從店名及飲食名稱，來觀察這多種族多族群多語言的多元融合型文化。飲食名稱方面，馬來西亞出產咖啡，吃早茶早餐時習慣喝咖啡，有各式咖啡調配方式的名稱，再如雲吞面、奇美燒包、麥片蘇東等等。店名方面，可看到客家話、華語、福建話、廣東話、馬來語、英語的各式結合。詳列如下：

Kopi 加煉乳的咖啡（福建話之咖啡，福建話是指閩南語，當地習慣稱「福建話」）

Kopi-O 只加糖的咖啡（「O」就是福建話「黑」的意思）

Kopi-C 加糖和鮮奶的咖啡（「C」在海南話是「鮮」的意思）

Kopi Kosong 奶糖都不加的黑咖啡（Kosong是馬來語「空虛、烏有」的意思）

Kopi Cino 卡布奇諾（Kopi與英文Cappuccino的合璧字）

Kopitiam 傳統新加坡咖啡店（Tiam是福建話「店」的發音）

金興當鋪 KIM HENG PAWNSHOP PAJAK GADAI（漢語＋英語＋馬來語，KIM HENG是福建話，PAWNSHOP是英語，PAJAK GADAI是馬來語的當鋪）

金山酒店 JINSHAN HOTEL（華語＋英語，JINSHAN是華語）

德仁信中藥行 TECK YIN SOON CHINESE MEDICAL RALL（福建話＋英語，TECK YIN SOON是福建話）

美珍香 MEE CHENG HIANG（華語＋福建話，MEE CHENG是華語，HIANG是福建話）

雲吞面 Wan Tan Mee（廣東話＋福建話，Wan Tan是廣東話，Mee是福建話）

老楊記 OLD YANG KEE（英語＋華語＋福建話或客家話，YANG是華語，KEE福建話和客家話同音）

奇美燒包 KEE MEI SIEW POW（福建話或客家話＋華語＋客家話，KEE是福建話或客家話，MEI是華語，SIEW POW是客家話）

民記茶餐室 KEDAI MAKAN MIN KEE（馬來語＋客家話或福建話，KEDAI是馬來語「店鋪」的意思，MAKAN 是馬來語「吃」的意思）

麥片蘇東 Cereal Sotong（英語＋馬來語，Sotong是馬來語「花枝」的意思）

四、臺灣與馬來西亞客家話語言變遷現象的比較

臺灣與馬來西亞客家話雖然來自相同的大陸原鄉，都依循「延續→斷裂→重組→創新」的發展歷程，但因個別在不同的社會環境下生存，其發展的模式及結果不盡相同，主要的差異呈現在重組的方式及創新的結構上。

（一）臺灣與馬來西亞客家話混用情況的比較

臺灣客家話的混用較為單純，通常是兩種客家話之間，或客家話與閩南語之間，都是以使用人口較多的優勢腔為重組的主導者，向較弱勢的客家話滲透，弱勢腔大量的借入優勢腔的語言使用習慣，使得原本的詞彙特色逐漸模糊或消失，逐步重組成兼有本腔與優勢腔特色的「混用型」弱勢客家話。馬來西亞客家話的混用較為多元，雖然也是混用的型態，但不像臺灣有優勢腔的主導角色，弱勢腔向優勢腔靠攏，而是各種客家話不分你我的大混用。馬來西亞客家人的居住情況是同一個大的地區，會有多種來自原鄉不同地區的客家人，所以在同一個地區會有多種客家話的語言接觸，不像臺灣有個別腔調的使用區域，例如四縣客家話以分布在苗栗、六堆地區為主，海陸客家話則分布在新竹地區為多。再者，由於在非華人政府下，華人為了生活，彼此的交流往來甚為重要與密切，而彼此的交流與往來，讓彼此能聽懂彼此的話是最基本的條件，在這過程中，柔佛州的古來與霹靂州的金寶兩地區，都磨合出各種客家話詞彙混用的新客家話，大家說的客家話都具有彼此的成分，即便像在雙溪古月這種河婆客家人佔七成人口的新村，也可以看到河婆客家話混用了梅縣客家話的詞彙，並沒有因人數的優勢，而使其他客家話向河婆客家話靠攏，所以無優勢客家話形式的詞彙混用現象，是馬來客家話的最大特色。此外，文化的融合呈現在生活與語言的使用習慣上，馬來西亞餐飲店的食物名稱及各種店名，混用了客家話、福建話、粵語、華語、馬來語，生動的呈現出馬來西亞多族群多元文化的社會。

（二）臺灣與馬來西亞客家話融合情況的比較

上述臺灣的優、弱勢客家話接觸後的重組情況，是優勢向弱勢輸入，主要呈現在詞彙上的混用。如果是在勢均力敵的兩腔客家話接觸時，則是互不相讓與互相妥協成融合兩種客家話語音特色的新客家話（四海客家話），在音節結構中的聲母、韻母、聲調三個組成要素中，平均鑲入兩種客家話的語音特色，對單一地區的四海客家話來說，其聲韻調結構穩定且普遍通行，故能稱之為創新的「融合型」客家話，放眼海內外客家話，也僅有在臺灣才有此特殊的融合型客家話。如果跳出單一地區，綜合各地區的四海客家話來看，則是五花八門的四海客家話或海四客家話融合類型，但無論何種類型的四海話或海四話，相對於本有的四縣客家話和海陸客家話，都堪稱是創新形式的新種客家話。馬來西亞客家話目前還沒有像四海話結構的融合型客家話產生，但因特殊的語言環境，有許多在地客家人會說馬來語，或因長久的語言接觸，各地客家人有部分特定的詞彙，共同借入了馬來語，此或可稱為馬來西亞客家話創新的客馬融合型式。

圖3-1 與柔佛州古來柔南黃氏公會客家鄉親合影

圖3-2 在黃氏公會進行河婆客家話調查

參考文獻

安煥然，2006，〈柔佛客家人的移殖與拓墾：以「搜集柔佛客家人史料合作
　　計畫」成果論述〉，《南方學院學報》2：29-52。

安煥然、劉莉晶編撰，2007，《柔佛客家人的移殖與拓墾》，「南方學院學
　　術叢書第十四種」。馬來西亞：南方學院出版社。

江欣潔，2013，《馬來西亞沙巴龍川客家話研究》。中央大學客家語文研究
　　所碩士論文。

江俊龍，2004，《大埔客家話與東勢客家話的音韻比較》。香港：靄明出版
　　社。

江敏華，1998，《臺中縣東勢客語音韻研究》。臺灣大學中文研究所碩士論
　　文。

吳靜宜，2010，《越南華人遷移史與客家話的使用──以胡志明市為例》。
　　中央大學客家語文研究所碩士論文。

李如龍，1999，〈印尼蘇門答臘北部客家話記略〉，《東南亞華人語言研
　　究》，頁214-224。北京：北京語言文化大學出版社。

──，1999，〈南洋客家人的語言和文化〉，南洋客屬總會主辦，「第二屆
　　國際客家學研討會」。

──，1999，〈馬來西亞華人的語言及其歷史背景〉，《東南亞華人語言研
　　究》，頁1-5。北京：北京語言文化大學出版社。

李明峻，2006，《東南亞大事紀（1900-2004）》。臺北：中央研究院－亞太
　　區域研究專題中心。

李洁麟，2009，〈馬來西亞語言政策的變化及其歷史原因〉，《暨南學報
　　（哲學社會科學版）》第31卷第5期：110-117。

李豐楙、林長寬、陳美華、蔡宗德、蔡源林，2009，《馬來西亞與印尼的宗
　　教與認同：伊斯蘭、佛教與華人信仰》。臺北：中央研究院－亞太區域研
　　究專題中心。

房子欽，1994，《客家話否定詞研究》。清華大學語言學研究所碩士論文。

哈瑪宛，1994，《印度尼西亞西爪哇客家話》。北京：中國社會科學出版
　　社。

洪麗芬，2007，〈馬來西亞華人的語言馬賽克現象──語言融合的表現〉。

《東南亞研究》2007年第4期：71-76。

──，2008，〈試析馬來西亞華人母語的轉移現象〉，《華僑華人歷史研究》2008年3月第1期：32-41。

徐大明、陶紅印、謝天蔚等，1997，《當代社會語言學》。北京：中國社會科學出版社。

徐貴榮，2008，《臺灣饒平客話音韻的源與變》。新竹教育大學臺灣語言與語文教育研究所博士論文。

徐麗麗，2014，〈淺談馬來西亞多語環境對當地華語傳播的影響〉，《赤峰學院學報（漢文哲學社會科學版）》第35卷第10期：209-211。

張翰璧，2007，《東南亞女性移民與臺灣客家社會》。臺北：中央研究院－亞太區域研究專題中心。

陳秀琪，2002，《臺灣漳州客家話的研究：以詔安話為代表》。新竹教育大學臺灣語言與語文教育研究所碩士論文。

陳曉錦，2003，《馬來西亞的三個漢語方言》。北京：中國社會科學出版社。

──，2014，《東南亞華人社區漢語方言概要》（上中下）。廣州：世界圖書出版公司。

麥留芳，1985，《方言群認同：早期星馬華人的分類法則》。臺北：中央研究院民族學研究所。

──，2003，《島嶼東南亞人名與稱謂》。臺北：中央研究院－亞太區域研究專題中心。

彭盛星，2004，《臺灣五華（長樂）客家話研究》。新竹教育大學臺灣語言與語文教育研究所碩士論文。

彭瑞珠，2013，《臺灣、大陸、馬來西亞三地梅縣客話比較研究》。中央大學客家語文研究所碩士論文。

黃昆章，1996，〈印尼客家人的地位與作用〉，南洋客屬總會主辦，「第二屆國際客家學研討會」。

黃素珍，2013，《印尼坤甸客家話研究》。中央大學客家語文研究所碩士論文。

黃惠珍，2008，《印尼山口洋客家話研究》。中央大學客家語文研究所碩士論文。

黃賢強，2007，《新加坡客家》。桂林：廣西師範大學出版社。

溫秀雯，2003，《桃園高家豐順客話音韻研究》。新竹教育大學臺灣語言與語文教育研究所碩士論文。

劉曉倩，2008，《客語小稱詞之研究》。新竹教育大學臺灣語言與語文教育研究所碩士論文。

練春招，1999，〈馬來西亞柔佛州新山市士乃鎮的客家方言〉，《東南亞華人語言研究》，頁225-261。北京：北京語言文化大學出版社。

鄧盛有，2000，《臺灣四海話的研究》。新竹教育大學臺灣語言與語文教育研究所碩士論文。

蕭新煌、張維安、范振乾、林開宗、李美賢、張翰璧，2005，〈東南亞的客家會館——歷史與功能的探討〉，《亞太研究論壇》第 28 期，頁 185-219。臺北：中央研究院－亞太區域研究專題中心。

蕭新煌主編，2011，《東南亞客家的變貌：新加坡與馬來西亞》。臺北：中央研究院－亞太區域研究專題中心。

鍾榮富，1996，〈由西爪哇的客家話看客家文化在南洋地區的保存與變遷〉，南洋客屬總會主辦，「第二屆國際客家學研討會」。

羅肇錦，1983，《四縣客語語法研究》。臺灣師範大學國文學系博士論文。

饒尚東，1995，〈東馬客家移民史略〉，《落地生根——海外華人的研究文集》，頁48-64。砂拉越：砂拉越華族文化協會。

──，1999，〈東馬客家人口之增長與分布〉，《客家人淵遠流長——第五屆國際客家研討會論文集》，頁215-229。吉隆坡：馬來西亞客家公會聯誼會。

第四章　多語環境的客家話使用場域：臺灣與馬來西亞的比較*

黃菊芳

一、前言

　　新政府提出新南向政策，了解東南亞成為當務之急。馬來西亞與臺灣的關係一直密切，不論是長期大量的來臺留學生，或是充斥臺灣國語詞彙用語的當地華文報紙，又或者是隨處可見的臺灣流行文化，無不顯示馬來西亞與臺灣的深厚淵源。除此之外，馬來西亞也是華人移民非常多的東協十國之一，其中的客家移民則居華人移民人口的前三名。雖然沒有較具體的統計數字，東馬和西馬都有不少客家移民聚居的聚落，人口比例也都非常高。與臺灣的客家移民比較，兩地的客家移民都是相對弱勢的群體，面對主流語言的壓迫，往往面臨語言流失瀕危的窘境。臺灣與馬來西亞的歷史背景不同，客家話在兩地所面對的挑戰當然不盡相同，本文比較兩地客家移民客家話的「延續」、「斷裂」、「重組」、「創新」的發展現況，透過兩地語言現象的調查，運用社會語言學的觀點，分析在多語接觸及不同文化衝擊下，促使兩地語言消長的社會因素，研究不同的多語環境下，客家話及其他語言的使用場域。

　　在臺灣，過去的研究集中於對不同的臺灣客家次方言的研究，成

本研究為整合型計畫「比較臺灣與東南亞客家經驗：臺灣客家族群發展的特色與典範移轉」子計畫二「同源異境客家話語言接觸下的發展與挑戰：臺灣與馬來西亞的比較」（MOST 104-2420-H-008 -007 -MY2）的部分研究成果，感謝科技部的經費補助。計畫執行過程中不同子計畫主持人提供了許多寶貴意見，謹此致謝。感謝不具名審查人對本文的修改建議，讓本文的呈現更為完整。

果可觀，單就學位論文而言，例如羅肇錦（1993）《四縣客語語法研究》（博士論文）、江敏華（1998）《臺中縣東勢客語音韻研究》（碩士論文）、鄧盛有（2000）《臺灣四海話的研究》（碩士論文）、陳秀琪（2002）《臺灣漳州客家話的研究：以詔安話為代表》（碩士論文）、江俊龍（2003）《兩岸大埔客家話研究》（博士論文）、溫秀雯（2003）《桃園高家豐順客話音韻研究》（碩士論文）、彭盛星（2004）《臺灣五華（長樂）客家話研究》（碩士論文）、徐貴榮（2008）《臺灣桃園饒平客話研究》（碩士論文）等等。這些論文透露豐富的訊息，首先，不同的次方言研究表示客語在臺灣的多元現象，其次，這些來源不一卻各自聚居的客方言彼此之間也有接觸變異的現象。

相較於臺灣客家話研究的豐富而多元，東南亞客家話的研究則處於尚待開發的階段。關於東南亞客家話的研究，較早的文獻是李如龍主編（2000）的《東南亞華人語言研究》一書，書中收錄三篇關於客家話的文章，如李如龍〈南洋客家人的語言和文化〉及〈印尼蘇門答臘北部客家話記略〉、練春招〈馬來西亞柔佛州新山市士乃鎮的客家方言〉。仔細閱讀這三篇文章，基本上發音人只有兩位，一位是原居住於印尼蘇門答臘北部亞齊省美拉務縣的梅州口音客家話，另一位是馬來西亞柔佛州新山市士乃鎮的揭西河婆口音客家話，文章中記錄了兩個地方客家話的語音系統、音韻特點、詞彙特點。結論是，這些客家話的語音、語法系統比較穩固，變化不大，詞彙系統比較開放，其中士乃客家話有159條外語借詞、83條兄弟方言的詞語、69條普通話詞語及58條特殊詞語，形成了有別於原鄉客家話的語言面貌（練春招 2000：259-260）。此外，陳曉錦（2003）《馬來西亞的三個漢語方言》其中一個漢語方言就是客家方言，所記錄的客家話也是位於柔佛州士乃鎮，不過發音人不同於練春招所記錄的河婆客家話，而是廣東惠陽的客家話。臺灣這幾年有一些學位論文也注意到東南亞的客家話，其中關於馬來西亞客家話的研究有兩本，其一是江欣潔（2013）《馬來西亞沙巴龍川客家話研究》，該論文探討的龍川客家話是指發

音人的原鄉「廣東省龍川縣」，而所調查的地點是馬來西亞沙巴的山打根。研究方式同樣是運用歷時與共時的比較法進行，龍川客家話在臺灣較少聽聞，所整理的語料值得參考。其二是彭瑞珠（2013）《臺灣、大陸、馬來西亞三地梅縣客話比較研究》，所調查的點也是馬來西亞沙巴的山打根，本地華人以客家人最多，強勢客家話是惠陽腔，粵語是山打根最通用的漢語方言。該文指出，山打根的梅縣客家話沒有舌尖前元音，與臺灣的四縣及原鄉的梅縣不同，也與當地強勢的惠陽腔不一樣，反而與粵語較一致。而山打根流攝一、三等合流與臺灣的四縣及原鄉的梅縣不同，而與惠陽腔一致（2013：180）。這些現象顯示語言接觸後的語音趨同於當地優勢的語言。

　　透過這些文獻，我們知道馬來西亞的客家話仍有許多研究的可能，其中一項重要的工作便是釐清各地優勢與弱勢語言之間的接觸影響關係，並觀察不同語言的接觸究竟在多大程度上讓客家話產生了變化，客家話處於弱勢的多語環境底下，面臨了哪些挑戰，與臺灣的客家話面臨的挑戰有哪些異同？關於馬來西亞及臺灣的語言及語用現象已於第三章探討，本文試圖比較臺灣與馬來西亞客家話的語言使用場域現況，並進一步分析兩個國家客家話目前的發展及所面臨的挑戰。本文除前言外，首先探討馬來西亞調查區域客家人的分群與職業別，這是「延續」的部分，其次分別分析馬來西亞及臺灣客家話的現況及影響語言消長的社會因素，這是「斷裂」的部分，然後探討臺灣與馬來西亞客家人多語環境的語言使用場域及挑戰，這是「重組」與「創新」的部分，最後是結語。

二、延續：馬來西亞及臺灣客家人的分群與職業別

　　客家人是西馬的第二大華人方言群，根據1960年的統計資料顯示，馬來半島的客家話使用人口有50萬5,200人，僅次於福建話的50萬8,800人，遠多於廣東話的28萬3,100人（葉玉賢 2002：12），然而各地的語言分布卻有區域差異。以我們調查的霹靂州金寶縣及柔佛

州古來的華人分布為例，這兩地的客家人比例都高於五成，是客家人非常集中的區域。

霹靂州金寶的客家人最早大概是在1860年代前後本地發現錫礦開始，陸續有客家人前來採礦，約在1920、1930年代是移民的高峰。客屬人士的來源有大埔、豐順、河婆、惠州、增城、龍門、寶安、東莞等（潘有英律師口述 2015.7.23）。訪談顯示，早期移民不分族群都以開採錫礦為主，而傳統行業有分群的現象，海南人做茶葉、開咖啡店，河婆客以當礦工、務農、殺豬、賣菜為主，大埔客多半開洋貨店（雜貨店），嘉應州的客家人多數是礦家（老闆）或開藥材店。本研究調查的雙溪古月主要是河婆客家人的聚居地，因此在茶館、市場、小吃攤都能聽到河婆客家話。圖4-1是馬來西亞霹靂州金寶的地理位置及三山古廟。

圖4-1 霹靂州金寶地理位置及三山古廟（黃菊芳攝）

底圖資料來源：Google地圖2017

柔佛州古來的客家人主要是1920、1930年代與閩人、海南人大量移入，從事種植橡膠、黃梨、木薯等經濟作物。而這些不同族群的移入人口也各自把持一些傳統行業。市區裡的潮州人負責米糧雜貨和漁菜市場，客家人則經營洋貨布疋、打鐵、當鋪和藥材業，廣肇府人以木匠、金鋪和服務業為主，福建人經商，如建築商和橡膠商，海南人多半在市區從事咖啡茶餐室。遠離市區，靠近新山北部內陸地區的古來，是客家人移墾的主要地區，以務農種菜、養豬和種植鳳梨、橡膠為謀生主要項目。這些客家移民較晚移入古來，主要是從馬來半島中部的雪蘭莪、吉隆坡及森美蘭、馬六甲南移，也有從印尼勿里洞北移，歷經多次遷徙才落腳古來（安煥然 2011：189-191）。有點類似臺灣後山的客家二次移民，這些落腳古來內陸開荒的客家人主要是河婆客、惠州客和豐順客居多，有別於市區經營小本生意的大埔客和梅縣客（安煥然 2006：29-52）。不過，士乃的河婆客家人則主要從中國廣東的揭西河婆連城寨、員埔、馬頭寨等地遷入，這與士乃黃氏河婆客家人開發士乃有直接關係（安煥然 2011：192-206）。客家人的分群與職業別有著一定程度的相關，我們調查的士乃河婆客家人多半務農，士乃的客家人主要是約1920年左右黃子松帶一大批人到此移墾，而形成今天河婆人聚居的型態，客家人多半做苦工，在黃梨園、橡膠園當工人，很少做生意，黃子松則是開雜貨店（黃國強會長口述 2016.6.22）。士乃經歷馬來西亞1950年代緊急法令新村建村，到1954年的數據顯示，客家人佔81.04%，廣府人4.03%，海南人4.83%，潮州人8.32%，福建人1.17%（安煥然 2011：205）。這個數據顯示，新村將人口集中的結果，河婆客家人佔了八成，對於河婆客家話的保存其實是有正面的意義的。圖4-2是馬來西亞柔佛州古來的地理位置及黃氏公會會館。

　　不論是霹靂州金寶或是柔佛州古來，馬來西亞的移民群聚並延續自原鄉帶來的職業別，形成目前的移民社會，華人的大規模遷移至此地，約發生於一個世紀前，客家人落地生根並且分群聚居，讓此地的客家話大部分延續了原鄉的語言使用原貌，只是弱勢語言在多種優勢

圖4-2 柔佛州古來地理位置及黃氏公會會館（黃菊芳攝）

底圖資料來源：Google地圖2017

語言的環伺下，有其不得不變的外在誘因。相較於馬來西亞，臺灣的
客家移民已移居臺灣十代以上，約三百年的移民歷史，讓臺灣的客家
人職業分群較不像馬來西亞明顯。不過關於臺灣閩客職業選擇的研究
指出，「客家人行業為農牧獵業、林業、礦業的百分比高於閩南，而
閩南在漁業、商業的百分比高於客家，而且這些不同並沒隨著時間的
演變而縮減，沒有日趨同質或同化的現象」（黃毅志、張維安
2000：330）。臺灣的客家人傾向於尋找穩定的工作，例如務農、擔
任公務員、從事教職、報考軍警為主要目標，在鐵路局及銀行工作的
客家人特別多，其次是考進大企業任職，總之考量點以風險低、穩定

為要件（張維安、黃毅志 2000：41）。

　　臺灣客家人的保守性格及多半務農的現實，也促使分群聚居的客家話得以在臺灣延續其生命力，目前臺灣主要的客家話腔調有四縣、南四縣、海陸、大埔、饒平、詔安等。四縣主要分布在北部的桃園、新竹、苗栗等縣市；南四縣主要分布在高雄和屏東的六堆地區，與北部的四縣稍有不同；海陸客家話主要分布在新竹縣；大埔客家話主要分布在臺中東勢和石岡；饒平客家話較分散，主要分布在竹北的六家、桃園各地及苗栗的卓蘭等地；詔安客家話主要集中在雲林的崙背、二崙和西螺。

　　不論是馬來西亞或是臺灣，移民後的客家人選擇的工作仍是以農和工為主，從商者是少數，而大多數客家人改變現況的方式是讀書謀取公職或找穩定的工作，兩地客家人都延續了原鄉的客家方言使用，並且有分群聚居的移民現象，保留了原鄉語言的語音系統及大部分相同的語法與詞彙運用，然而面對移民社會的多語現實，這些不同腔調的客家話必定做了部分的調整以適應移民地的語言使用需求，客家話的斷裂主要與當地的國家語言政策、教育與經濟場域語言的選用、民間優勢語言及客家人在不同場合語言的選擇和轉換密切相關。

三、斷裂：馬來西亞客家話的現況及影響語言消長的社會因素

　　李如龍曾經指出，馬來西亞的華人約有五百多萬，華人的多語現象極為普遍。馬來語是馬來西亞獨立後的國語，英語則是獨立前的溝通語，華語是華人間的溝通語。華語在華人圈中使用最為普及，原因在於辛亥革命後，當地新式華文學校的教學語言就使用華語，加上華語廣播、電視、電影的普及，促使華語成為本地華人的主要溝通語（2000：1-2）。根據我們的觀察，廣東話是僅次於華語的優勢語言，這與香港電影、電視的影響有關。

　　馬來西亞華人的方言使用統計目前沒有比較完整的調查數字，麥

留芳曾記錄1947年柔佛州內華人族群分布的百分比（1985：89）如下表：

表4-1 1947年柔佛州內華人族群分布百分比

	新山縣	新山市	居鑾	峇株巴轄	蔴坡
廣東人	13%	20%	27%	9%	9%
福建人	7%	17%	26%	47%	53%
海南人	7%	10%	9%	6%	10%
客家人	55%	10%	28%	10%	6%
潮州人	11%	36%	3%	15%	23%
其他	6%	7%	6%	13%	3%

資料來源：麥留芳（1985：89）

　　上表指出，馬來西亞柔佛州華人較大的族群主要有廣東人、福建人、海南人、客家人、潮州人等，這些族群的語言使用也並不一致，各自有次方言聚居。如果從馬來半島觀察，20世紀的主要方言群是福建（閩南）人、客家人及廣東人，1993年的籍貫比例分別是34.2%、22.1%及19.8%（洪麗芬 2006：40），客家人是馬來西亞華人中的第二大人口。雖然客家的人口數不少，但是馬來西亞的華人民間優勢語言卻是廣東話，除了前文提到的香港電影、電視的影響之外，廣東話的使用群集中在吉隆坡及怡保等大城市裡，是華人圈中主要的經濟、文化語言，連媒體的新聞部也以說廣東話者居多，造成廣東人較多的錯覺（洪麗芬 2006：31）。單就客家人而言，洪麗芬提到，「馬來西亞客家方言群體可以分成兩大類，一是源自廣東省東部，包括梅縣、大埔等縣，二是來自福建省西部的永定和武平。馬來西亞客家話以惠州話、河婆話、嘉應話為主」（2006：130）。目前未見較細的地理分布研究成果，以本研究調查的地點為例，柔佛州古來士乃的客家話以河婆客家話為優勢，使用人口最多，其次是惠州客家話；而霹靂州金寶縣雙溪古月村的客家話也以河婆客家話居優勢，不過兩地的河婆客家話並不完全相同，發音人本身有自覺。目前士乃及雙溪古月的客家話使用人口尚無詳細的統計數字，根據兩地人士口

述，兩地河婆客家人口都佔五成以上，居人口優勢。

　　馬來西亞由於國家語言政策的影響，華人多半會說多種語言，馬來語是國家語言，英語和華語是主要溝通語言，還有不同的地方優勢語言，再加上自己的母語，所以很多人都是多語，而且會至少五種語言。當地學者洪麗芬指出：

> 在日常生活中，相同籍貫的華人通常都講籍貫所在地的方言。不同籍貫的華人在一起，所說的語言就會依據大家的華文或非華文教育背景、文化程度、交往的語言習慣、地方的強勢方言而定，所以有可能說方言、華語或英語。華人和非華人在一起，一般所說的語言則可能是英語、馬來語或市井馬來語（2007：72）。

　　在這樣的多語環境下，華人的母語正在轉移中，相關研究指出：「華人的母語從本身的方言向主要語言，尤其是華語和英語，逐漸靠攏。……祖輩的母語絕大多數是本身籍貫的方言，子輩和孫輩的母語則開始走出原有籍貫方言的範圍，向其他方言尤其是廣東話轉移，但更明顯的是轉向華語和英語」（洪麗芬 2008：41）。該研究認為，在馬來西亞教育和語言政策不變的情形之下，華人語言轉移與消失的現象幾乎不可避免，但如果能加強方言在家庭中的傳承和使用，研究者認為或許能減緩語言轉移的速度。

　　本研究調查的霹靂州金寶縣雙溪古月村的河婆客家話就深受廣東話影響，而且本地的客家人都表示，如果遇到語言不同的客家人，他們會使用梅縣系統的客家話彼此溝通，出現一種「梅縣話化」的共同客家溝通語，遇到非客家華人則使用廣東話溝通。雙溪古月的河婆客家人以姓「蔡」居多，本地又有「蔡家村」之稱，飲食以「擂茶」（鹹的口味）最為知名，由於同姓聚居，河婆客家話在本地極為強勢，據當地人表示，雙溪古月的福建人或廣府人有不少都能流利使用河婆客家話，甚至出現非河婆客家人也使用河婆客家話交談的現象。

南邊柔佛州古來的士乃河婆客家話也有類似的情形，不過士乃的河婆客家話與廣東話的淵源不深，柔佛華人以福建人最多，因此與福建話的關係較深，這有可能是兩地河婆客家話稍有不同的原因之一。關於「梅縣話化」的共同客家溝通語的形成，目前尚無定論，在訪談過程中獲得一個訊息，馬來西亞的客家流行歌曲、客家廣播都是以梅縣系統的客語為標準，因此使用不同次方言的客家人便選擇梅縣系統的客家話彼此溝通，本地最有名的客家歌手是老一輩的邱清雲及年輕一輩的張少林，其中〈阿婆賣鹹菜〉是家喻戶曉的客家流行歌曲。此外，霹靂州金寶縣的知名企業家丹斯里拿督丘思東本人是梅縣客家人，使用的是梅縣客家話，可能也對本地客家人選擇共同溝通語時產生影響，無論如何，雙溪古月和士乃都是河婆客家人聚居的區域，河婆客家話在這兩地都保有生命力，只是年輕一輩不使用這個語言透露出較大的隱憂。

圖4-3 霹靂州金寶街景（黃菊芳攝）

　　研究音變的社會語言學認為，處在不同居住區域或具有不同的職業、經歷和態度等因素，都會限制該語言社團成員參與該項音變的程度（徐大明等 1997：144）。以下整理影響調查區域語言消長的社會

因素：

（一）國家語言政策的影響

　　馬來西亞以馬來人為主，據2012年的官方統計，該國約2,900萬的人口中，馬來人佔55%，華人24%，印度人5.3%，其他5.7%（徐麗麗 2014：209），三大族群都有各自的語言和教育機構。根據李洁麟的整理，馬來西亞的語言政策可以分為五個歷史階段（2009：111-113）：

1. 殖民時期：馬來語與英語並重。
2. 早期獨立時期：確定馬來語的國語地位，英語作為考試用語。
　　（1957-1969）
3. 新經濟政策時期：英語學校的轉型與教學用語的統一。
　　（1971-1990）
4. 新發展政策時期：強調學生英語能力的培養與各族群語言的融合。（1990-2002）
5. 新世紀信息科技時期：英語作為數理科目的教學用語重回課堂。（2002至今）

　　獨立後的馬來西亞獨尊馬來語，公領域的溝通語以馬來語為主，因此有不少馬來語已經進入華語或方言，例如巴剎（市場）這個詞彙就是當地華人的慣用馬來詞彙。

（二）教育與經濟場域語言使用的影響

　　以華人社會圈而言，華語與英語是普遍被使用的溝通語，不論是教育場域或經濟活動場域，華語和英語都具有較高的影響力。根據1995年的統計，全馬來西亞有60所華文獨立中學，其中霹靂州有9所，柔佛州有8所（葉玉賢 2002：38），這些獨中畢業的學生可以選擇留學或繼續讀華文學院如霹靂的拉曼大學或柔佛的南方學院，獲得完整的學習，在這個以華文為主的教育體制，馬來語、華語和英語都是主要語言，不過以華語和英語為主。因此，華語和英語在馬來西亞

年輕華人的影響力與日俱增，換句話說，教育程度越高，越不利於客家話的保存。

（三）民間優勢語言的影響

如果只從華人生活圈觀察，非正式場合如餐館、日常生活交際對話等，大概以馬來半島的中部為界，往北受廣東話的影響較大，往南受福建話的影響較大。因此霹靂州的客家人多半也能使用流利的廣東話，而柔佛州的客家人則有大部分能講福建話。如果以全馬而言，廣東話的影響力又大於福建話。研究者指出，「福建話尚盛行主要是因為人數最多。廣東話地位重要卻是因為粵語在香港的穩固基礎和地位，而且香港的大眾傳播事業非常發達，不論是電影、流行歌曲還是電視節目都備受海外華人包括馬來西亞華人的歡迎」（洪麗芬 2006：218）。霹靂州金寶雙溪古月的河婆客家話受廣東話影響頗多，而柔佛州士乃的河婆客家話則深受福建話的影響。

（四）語言的選擇和轉換

在多語社會，人們會視場合使用某一種語言，這種選擇其實有其規律。以馬來西亞霹靂州金寶的雙溪古月河婆客家人的語言選擇和轉換為例，如果語言交際對象是河婆客家人，在非正式場合會使用河婆客家話，正式場合會使用華語；如果語言交際對象是非河婆的客家人，在非正式場合會使用梅縣系統的客家話溝通，正式場合則使用華語；如果語言交際對象是非客家人的華人，在非正式場合會使用廣東話，正式場合使用華語。社會語言學對這種說話時從一種語言轉變到另一種語言的現象叫做語碼轉換（code-switching），有看法認為這是不完全的語言習得的結果，表現無法純正使用一種語言，但另一種看法認為語碼轉換現象說明人們掌握語言的能力，他們可以根據對象、場合、話題等因素進行語言之間的轉換（徐大明等 1997：171）。雖然每個個人的語言習得能力不同，不過在長期語碼轉換的情況下，多語之間的彼此影響將成為必然，而退居家庭領域的河婆客家話也成為

弱勢的變體，顯得岌岌可危。

　　不論是國家語言政策的獨尊馬來語，或是教育體制的以華語、英語為尊，還是區域經濟、傳播優勢的廣東話、福建話，都造成河婆客家人不得不依場合、對象進行語言的選擇和轉換，這可以視為河婆客家話在馬來西亞的「斷裂」，而越年輕的族群越不使用河婆客家話，「斷裂」出現在世代的交替之中。從日常生活用語語碼轉換的頻繁，這些語言之間的交融競爭成為常態，也因此產生了豐富的語言現象值得我們深入探討。

四、斷裂：臺灣客家話的現況及影響語言消長的 社會因素

　　臺灣客家移民約佔總人口數的五分之一弱，根據中華民國103年6月客家委員會公布的調查成果推估，全臺灣客家人口數約420.2萬人（客委會 2014：16）。根據客委會102年11月公布的委託研究報告指出，在符合《客家基本法》定義的客家人中約65.5 %能聽懂客語，47.3%客語流利，報告指出桃竹苗地區客家民眾的聽說能力最好（客委會 2013：1）。其中會聽客家話的佔六成五，四成七能流利使用客家話，換算人數，約有197.5萬人仍能流利使用客語，然而會說流利客家話的人口以中老年人為主，年齡層越低，會說流利客家話的比例越低。因此客語並非沒有使用人口，相較於原住民，將近200萬人口能流利使用，其實具備語言傳承的有利社會基礎。

　　然而即使有這麼多的使用人口，卻仍讓關心這個語言存續的學者專家、文史工作者憂心忡忡，因為客語的流失極為顯著，社會語言學關心語言的流失、傳承、復振等課題（Fishman 1991、2001），臺灣過去研究語言使用情況的論文指出，各族群母語普遍有向國語轉移的情形，其中尤其以客家話及原住民語言最為嚴峻，在這些族群的調查成果顯示，國語已經進入家庭場域，成為日常溝通用語（van den Berg 1986、1988；Young 1989；Chan 1994；Feifel 1994；黃宣範 1995；曹

逢甫 1997；陳淑嬌 2001、2003；洪惟仁 2004；陳淑娟 2004；蕭素英 2007）。本文從客家話的角度出發，歸納主要影響臺灣語言消長的社會因素可以從國家語言政策的影響、教育與經濟場域語言使用的影響、民間優勢語言的影響、語言的選擇和轉換四個方面討論。

（一）國家語言政策的影響

臺灣歷經清領時期、日本時代、早期國民政府時代、民主政治時代，不同政權有不同的國家語言政策。清領時期的科舉取士，其實有助於地方語言的保存與傳承，因為各地使用自己的方音讀漢文，考科舉，只要擁有優秀的漢文書寫能力，不論是哪一種漢語方言都被鼓勵使用。日本時代推行皇民化運動，日本公學校教國語（日本話），禁止民間私塾的漢文教育。國民政府接收臺灣後，推行國語（華語）運動，禁止在學校場域使用方言。到了解嚴後，臺灣進入民主政治時代，從1988還我母語運動之後，開啟了一波波復振母語的艱辛歷程。

獨尊國語是臺灣解嚴前的國家語言政策，推行國語運動的過程，嚴禁方言的使用，是我們這一輩的集體記憶。直到解嚴後，1988年的還我母語運動之後，臺灣人民反思本土語言文化的快速流失，加上政治氛圍許可，原住民委員會、客家委員會相繼成立，政府展現保存少數族群語言文化的決心。透過國家體制的建立與有計畫的語言復振政策推廣，原住民各族的語言及不同腔調的客家話獲得了喘息的空間。以客委會的政策為例，成立第一個以客家話為主的電視臺：客家電視臺，舉辦客語認證考試，在中小學推動客語生活學校，建立客語薪傳師制度鼓勵開班薪傳客語，在桃園、新竹、苗栗各一個大專院校成立客家學院，推動公事客語無障礙、客家家庭獎勵制度、哈客網路學院等等，種種都是國家介入語言復振的積極作為。不過，官方語言以國語為主，客家委員會的努力固然有其功效，但礙於委員會的層級，許多政策只能鼓勵，無法強制，面臨不少的困境。

臺灣去年（2016）剛上任的新政府最近由文化部主導，進行「國

家語言發展法」的相關討論，目標是希望促進臺灣本土語言的健康發展，讓各語言的發展獲得保護與支持，然而弱勢語言在表面的公平政策下，是否真能獲得保存與發展，其成效尚待觀察。

（二）教育與經濟場域語言使用的影響

臺灣整體而言，教育場域的語言使用以國語為主，英語為輔；經濟場域的語言使用以國語、閩南語為主。中學以下的教育以國語為主，英語為輔，家長多半重視英語。大學以上則視科系而定，普遍鼓勵以英語授課。民間交易則多半以閩南語為強勢語，國語是共同溝通語。客家話在臺灣主要是家庭溝通用語，而且越年輕的人口使用客家話的機率越低。

（三）民間優勢語言的影響

臺灣的優勢人口以使用閩南語為主，因此多數的客家人都能夠聽懂閩南語，並且具備簡單的口語溝通能力。解嚴前，客家人被稱為隱形的客家人，對外使用優勢語言，回到家庭才使用自己的母語。蕭素英研究新竹縣新豐鄉閩客雜居地區居民的語言傳承指出，新豐鄉屬雙語（多語）社區，閩南人多數使用雙語（閩、國），客家人則多數使用三語（客、閩、國），如果從年齡的角度分析，年長者是閩客雙語，年輕族群是閩南語、國語雙語。年長跨族通婚的夫妻以閩南語、客語或閩客語混用溝通，然而年輕的夫妻則不論是否跨族通婚都以國語溝通比例較高（2007：667-710）。這些研究報告顯示國語已經成為臺灣年輕一代溝通的主要語言，其次是優勢的閩南語腔調，對客家人而言，不論是哪個腔調的客家話都已逐漸退居家庭溝通語，語言的活力有限。

（四）語言的選擇和轉換

在臺灣的客家人多半具備多語能力，出外工作使用國語、閩南語，與不同的客語次方言的人溝通則視自己的語言能力而定。客家話

中以梅縣系統的四縣客家話居優勢，其次是海陸客家話。以目前的現況觀察，越弱勢的語言使用者，具備的多語能力越強。正如閩南語在臺灣形成了一個以漳腔閩南語為優勢的溝通語一般，臺灣的客家話也逐漸形成以北四縣為主流的溝通語。

臺灣在國家語言政策的影響下，國語的使用非常普遍，已深入家庭領域，取代地方語言原本的優勢地位，成為新一代臺灣人的母語。對於人口處於相對弱勢的客家話而言，臺灣客家話的使用隨著年齡層降低而降低，轉而向優勢國語轉移。根據聯合國教育、科學及文化組織（UNESCO）在網頁上公布（2010版）目前對瀕危語言的危險程

表 4-2 語言瀕危程度表

Degree of endangerment 瀕危度	Intergenerational Language Transmission 語言世代傳承
Safe 安全	language is spoken by all generations; intergenerational transmission is uninterrupted >> not included in the Atlas 該語言被所有年齡群使用；世代傳承未被阻斷 >> 地圖未標示
Vulnerable 不安全	most children speak the language, but it may be restricted to certain domains（e.g., home） 該語言被大多數孩子使用，但或局限於某些場合（例如：家中）
definitely endangered 明確危險	children no longer learn the language as mother tongue in the home 該語言不再被孩子在家中作為母語學習
severely endangered 嚴重危險	language is spoken by grandparents and older generations; while the parent generation may understand it, they do not speak it to children or among themselves 該語言被祖父母輩及以上輩分的人們使用，父母輩可能懂得該語言，但不會用它與孩子及同輩交談
critically endangered 瀕臨滅絕	the youngest speakers are grandparents and older, and they speak the language partially and infrequently 該語言只被祖父母輩及以上輩分的人們使用，而他們也不能流利運用該語言
Extinct 已經消失	there are no speakers left >> included in the Atlas if presumably extinct since the 1950s 沒有該語言使用者存活 >> 約自 1950 年後消亡即被收編入圖

資料來源：聯合國教育、科學及文化組織網站「世界瀕危語言地圖」2010

度所區分的六個等級分別是「安全」、「不安全」、「明確危險」、「嚴重危險」、「瀕臨滅絕」、「已經消失」，這六個等級在 UNESCO 的語言世代傳承定義如上表。

客家話目前在臺灣主要使用於老一輩的年齡層，單就跨世代語言傳承這個要素而言，客家話的「不安全」程度很高，已處於「明確危險」並即將跨入「瀕臨滅絕」的階段，這些現象無不顯示客家話有明顯流失的危險，亟待有關單位正視相關問題。臺灣客家話的「斷裂」與馬來西亞類似，年輕一輩不使用才是最大的危機。

五、重組與創新：多語環境的語言使用場域及挑戰

臺灣與馬來西亞的客家人都是相對弱勢的群體，客家話本身也都是各種腔調並存，因此客家人在多語環境的語言使用場域也就值得比較討論。不論是在臺灣或是馬來西亞，客家人聚落的大小及集中與否，牽涉到該語言是否仍有活力的關鍵指標。如果走入客家人的市集，更能真切感受到語言的溫度。前文提到，臺灣的客家人使用客語的場域集中在家庭、家族中，公開場合及教育經濟場域比較沒有機會聽見客家話。直到客家委員會成立後，政府政策推動與鼓勵大家說客語，因此有部分會議場合及公共交通運輸會使用客語，公共媒體如客家電視臺的設立，讓客語的能見度在這十幾年來獲得大幅度的提升，臺灣積極復振客語的努力有一定的成效，加上政府推動客語薪傳師制度，在中小學推客語生活學校，舉辦各式各樣的客語比賽，還有過去有獎學金制度的客語認證考試等。這些都大大改變了國人對客語的認知，也讓國人重新體認母語的重要。

相較於臺灣，馬來西亞是以馬來人為主體的國家，華人移民在當地受到限制較多，不過馬來西亞雖然獨尊馬來語，卻僅限於官方場域，實際上各族群仍以英語及自己的族群語言為主要溝通語，許多研究指出，英語是馬來西亞最主要的溝通語（邱克威 2011；房建軍 2012；徐麗麗 2014）。華人圈過去以廣東話為主流，但自從中國崛

起，華文教育以華語為教育語言之後，馬來西亞華人圈的主要溝通語目前以華語為主，華文報紙多數仍是受臺灣影響的繁體中文，少數使用簡體中文，與新加坡主要以簡體中文為主流的現象不同，馬來西亞學者研究指出其原因主要是：

> 馬來西亞由於歷史和教育背景的關係，自上世紀五六十年代以來，就有大批的華族學生到臺灣大專學府留學。數十年下來，這批學生回國後分散到各行各業，擔負著社會文化建設方面的重要角色，尤其在華文文化事業上更是影響深遠（邱克威 2011：105-106）。

華語是華人公開場合的共同溝通語，舉凡廟會活動用語、華文中小學教學用語、媒體報紙雜誌書籍等等，都是使用華語，從社會語言學的角度觀察，馬來西亞華語是一個變體，不同於中國的普通話及臺灣的國語，也與鄰近的新加坡華語差異不小，值得研究。馬來西亞華人的方言分布呈現明顯的區域特性，保留早期華人移民定居聚居的情形，這種方言群的分布有助於方言的保留使用（麥留芳 1986）。就全馬而言，南馬地區以閩南話最為強勢，中馬則以廣東話較通行，在首都吉隆坡附近，兩個非粵方言使用族群的華人仍選擇使用廣東話溝通的現象極為普遍，東馬砂拉越州詩巫地區則以福州話最通行。至於小區域的方言使用，則視聚落的人口分布而定，如馬來西亞中部的雪蘭莪州沙登新村以客家人為主，居民以客家話為主要溝通用語（邱克威 2011：103）。本研究調查的霹靂州金寶縣雙溪古月村及柔佛州古來的士乃是河婆客家人聚居的村落，河婆客家話是當地人的主要溝通用語。根據訪談，使用客家話的以老一輩的客家人為主，年輕一輩多轉用華語或英語，客語的使用有斷層的現象。有意思的是，根據訪談資料顯示，馬來西亞不同腔調客家人之間的共同溝通語是梅縣系統的客家話，與臺灣的主流四縣客家話類似。下表比較臺灣苗栗市和馬來西亞雙溪古月以及士乃的社會語言使用概況，大致呈現了不同移民區

域語言使用的複雜情形。

表4-3 臺灣苗栗市和馬來西亞雙溪古月、士乃社會語言使用情況比較表

地點	臺灣苗栗市	馬來西亞雙溪古月	馬來西亞士乃
家庭生活	四縣客家話／國語	河婆客家話／華語／廣東話	河婆客家話／華語／福建話
閒談	四縣客家話／國語	河婆客家話／華語／廣東話	河婆客家話／華語／福建話
購物	四縣客家話／國語	河婆客家話／華語／廣東話	河婆客家話／華語／福建話
餐廳	四縣客家話／國語	河婆客家話／華語／廣東話	河婆客家話／華語／福建話
地方戲曲	四縣客家話	無	無
官方會議	國語	馬來語	馬來語
法院	國語	馬來語	馬來語
機場車站	國語	馬來語／英語／華語	馬來語／英語／華語
公共交通	國語	馬來語／英語／華語	馬來語／英語／華語
工作報告	國語	馬來語／英語／華語	馬來語／英語／華語
教學語言	國語	馬來語／英語／華語	馬來語／英語／華語
報刊	國語	馬來語／英語／華語	馬來語／英語／華語
電視廣播	國語	馬來語／英語／華語	馬來語／英語／華語
員警	國語	馬來語／英語／華語	馬來語／英語／華語

資料來源：作者整理

　　客家話在臺灣面臨的挑戰是優勢的國語和閩南語，國語已經成為年輕客家人的溝通用語，單以客家話而言，四縣客家話居優勢，其他較弱勢的客家話有流失的危機，國語在媒體及網路的強力放送下已深入家庭成為新的溝通用語，這個趨勢已經呈現不可逆的潮流，臺灣自1988年的還我客家話運動以來，民間及政府部門都努力復振客家話，然而成效有限。馬來西亞客家話則有更多的挑戰，官方語言是馬來語，民間高層優勢語是華語和英語，次高層優勢語是廣東話，中階優勢語是福建話，而在客家話內部則以梅縣系統的客家話居優勢，各區域優勢客家話則視人口多寡而定。簡而言之，臺灣與馬來西亞客家人同樣面對本族語言的弱勢現況，年輕一輩使用母語的意願並不高，

客家話的使用退居家庭用語，客家話在兩地所面臨的挑戰都很嚴峻。臺灣近幾年對客語復振的努力尚待觀察，馬來西亞客家人缺乏國家政策的保護，再加上英語與華語的優勢，國家又強力推行馬來語，客家話在馬來西亞面臨的挑戰其實數倍於臺灣。有意思的是，不論是馬來西亞還是臺灣，客家人之間的共同溝通語皆以偏梅縣系統的客家話為主，這可以視為客家話的「重組」與「創新」，雖然最好的情況是能夠將各種不同腔調的客家話都保存，然而時代的趨勢與自然的法則往往是強者越強，弱者恆弱，語言的融合與競爭通常也如此。

六、結語

　　臺灣與馬來西亞的歷史背景不同，客家話在兩地所面對的挑戰當然不盡相同，本文比較兩地客家移民客家話的「延續」、「斷裂」、「重組」、「創新」的發展現況，透過兩地語言現象的調查，運用社會語言學的觀點，分析在多語接觸及不同文化衝擊下，促使兩地語言消長的社會因素，研究不同的多語環境下，客家話及其他語言的使用場域。本文首先探討馬來西亞霹靂州金寶雙溪古月及柔佛州古來土乃的客家人的分群與職業別，過去的研究指出，柔佛古來地區市區的潮州人負責米糧雜貨和漁菜市場，客家人則經營洋貨布疋、打鐵、當鋪和藥材業，廣肇府人以木匠、金鋪和服務業為主，福建人經商，如建築商和橡膠商，海南人多半在市區從事咖啡茶餐室。我們的調查顯示，客家人內部的分群也有其對應的職業別，以霹靂金寶的雙溪古月為例，河婆客以當礦工、務農、殺豬、賣菜為主，大埔客多半開洋貨店（雜貨店），嘉應州的客家人多數是礦家（老闆）或開藥材店。其次，本文分析了馬來西亞與臺灣客家話的現況，並且探討調查區域語言消長的社會因素，而國家的語言政策、教育與經濟場域的語言使用、民間優勢語言的影響以及語言的選擇和轉換，皆促使兩地客家話產生變化。

　　相較於臺灣，馬來西亞客家話面臨的挑戰似乎更嚴峻，馬來西亞

的國家語言政策是獨尊馬來語，而教育與經濟場域使用的語言則以英語及華語為主，各地華人的優勢語言如廣東話與福建話也深深影響當地客家人的語言使用選擇，語言的轉換成為當地客家人的必備能力。臺灣的國家語言政策目前是獨尊國語（華語），英語及國語是教育與經濟場域主要使用的語言，民間的優勢語是閩南語，因此臺灣的客家人一樣具備多語的能力。相較於馬來西亞，臺灣這十幾年來在政府部門客委會的努力下，例如客家電視臺的設立、客語能力認證的推動等等，對於客家話的保存與推廣有其積極的貢獻。站在語言的「延續→斷裂→重組→創新」路徑觀察，臺灣與馬來西亞各自延續了原鄉客家話的主要元素，然而在新的環境裡不得不融入在地的元素而產生斷裂的現象，語言的斷裂首先出現在詞彙的借入，有意思的是借入也有一些規律，有些容易借，例如市場、錢等詞彙，親屬稱謂則不容易借，最明顯的斷裂其實是年輕的一輩已不太使用客家話。產生斷裂後，語言會經由融合而再造並且創新。國家語言政策的訂定攸關語言的存續，是國家大事，面對客家話在臺灣的逐漸凋零，客語發展的相關政策應更積極與具體，經由立法、教育等積極方式促進客家話的使用是當務之急，畢竟語言是文化的具體展現，語言消失了，文化也就不復存在了。

　　馬來西亞的客家話與臺灣的客家話比較，處於弱勢的消亡階段，若不積極復振，客家話在馬來西亞將面臨快速瀕危的景況。臺灣雖然有政府單位的積極搶救，表面上情況較馬來西亞的客家話樂觀，然而無論從語言使用現況及社會經濟各層面觀察，客家話在臺灣的發展，仍然樂觀不起來。面對臺灣客家話在多元族群文化的多語環境中所面臨的問題與挑戰，本文建議國家在國際化的趨勢下，更應堅守本土語言文化傳承的理念，透過教育政策的直接保護，讓客家話減緩消失的速度，確保臺灣的多族群文化多語學習的國家發展政策方向，提供臺灣各族群語言文化的共同發展空間，如此方能擁有豐厚的底蘊立足臺灣，放眼世界。

參考文獻

Chan, Hui-chen, 1994, *Language Shift in Taiwan: Social and Political Determinants.* Washington, DC: Georgetown University dissertation.

Feifel, Karl-Eugen, 1994, *Language Attitudes in Taiwan: A Social Evaluation of Language in Social Change.* Taipei: Crane.

Fishman, Joshua. A., 1991, *Reversing Language Shift: Theoretical and Empirical Foundations of Assistance to Threatened Language.* Clevedon: Multilingual Matters.

—— (ed.), 2001, *Can Threatened Languages be Saved? Reversing Language Shift Revisited: A 21st Century Perspective.* Clevedon: Multilingual Matters.

van den Berg, Marinus E., 1986, *Language Planning and Language Use in Taiwan: A Study of Language Choice Behavior in Public Setting.* Taipei: Crane.

—— , 1988, "Taiwan's sociolinguistic setting", in *The Structure of Taiwanese: A Modern Synthesis*, edited by Robert L. Cheng and Shuanfan Huang, pp. 243-261. Taipei: Crane.

安煥然、劉莉晶編撰，2007，《柔佛客家人的移殖與拓墾》，「南方學院學術叢書第十四種」。馬來西亞：南方學院出版社。

江欣潔，2013，《馬來西亞沙巴龍川客家話研究》。中央大學客家語文研究所碩士論文。

江俊龍，2004，《大埔客家話與東勢客家話的音韻比較》。香港：靄明出版社。

江敏華，1998，《臺中縣東勢客語音韻研究》。臺灣大學中文研究所碩士論文。

李如龍，1999，〈印尼蘇門答臘北部客家話記略〉，《東南亞華人語言研究》，頁214-224。北京：北京語言文化大學出版社。

—— ，1999，〈南洋客家人的語言和文化〉，南洋客屬總會主辦，「第二屆國際客家學研討會」。

—— ，1999，〈馬來西亞華人的語言及其歷史背景〉，《東南亞華人語言研究》，頁1-5。北京：北京語言文化大學出版社。

李明峻，2006，《東南亞大事紀（1900-2004）》。臺北：中央研究院－亞太區域研究專題中心。

李洁麟，2009，〈馬來西亞語言政策的變化及其歷史原因〉，《暨南學報（哲學社會科學版）》第31卷第5期：110-117。

房子欽，1994，《客家話否定詞研究》。清華大學語言學研究所碩士論文。

房建軍，2012，〈馬來西亞語言教育政策規劃及對少數民族語言的影響〉，《內蒙古師範大學學報（教育科學版）》第25卷第4期：32-34。

邱克威，2011，〈馬來西亞與新加坡華語詞彙差異及其環境因素〉，《中國社會語言學》2011年第2期：96-111。

客家委員會，2013，《101至102年度臺灣客家民眾客語使用狀況調查研究》。執行單位：典通股份有限公司。

──，2014，《103年度臺閩地區客家人口推估及客家認同委託研究成果》。執行單位：典通股份有限公司。

洪麗芬，2006，《馬來西亞社會變遷與當地華人語言轉移現象研究──一個華裔的視角》。廈門大學專門史（華僑華人史）博士學位論文。

──，2007，〈馬來西亞華人的語言馬賽克現象──語言融合的表現〉，《東南亞研究》2007年第4期：71-76。

──，2008，〈試析馬來西亞華人母語的轉移現象〉，《華僑華人歷史研究》2008年3月第1期：32-41。

徐大明、陶紅印、謝天蔚等，1997，《當代社會語言學》。北京：中國社會科學出版社。

徐貴榮，2008，《臺灣饒平客話音韻的源與變》。新竹教育大學臺灣語言與語文教育研究所博士論文。

徐麗麗，2014，〈淺談馬來西亞多語環境對當地華語傳播的影響〉，《赤峰學院學報（漢文哲學社會科學版）》第35卷第10期：209-211。

張維安、黃毅志，2000，〈臺灣客家族群經濟的社會學分析〉，頁21-49。

曹逢甫，1997，《族群語言政策：海峽兩岸的比較》。臺北：文鶴出版有限公司。

陳秀琪，2002，《臺灣漳州客家話的研究：以詔安話為代表》。新竹教育大學臺灣語言與語文教育研究所碩士論文。

陳淑娟，2004，《桃園大牛欄方言的語音變化與語言轉移》。臺北：國立臺灣大學出版委員會。

陳淑嬌，2001，〈新臺灣語言政策與語言不平等之研究〉。行政院國家科學

委員會補助專題研究計畫成果報告。

──，2003，〈臺灣語言活力研究〉。行政院國家科學委員會補助專題研究計畫成果報告。

陳曉錦，2003，《馬來西亞的三個漢語方言》。北京：中國社會科學出版社。

麥留芳，1985，《方言群認同：早期星馬華人的分類法則》。臺北：中央研究院民族學研究所。

彭盛星，2004，《臺灣五華（長樂）客家話研究》。新竹教育大學臺灣語言與語文教育研究所碩士論文。

彭瑞珠，2013，《臺灣、大陸、馬來西亞三地梅縣客話比較研究》。中央大學客家語文研究所碩士論文。

黃國強，2016，「訪談錄音檔案」。2016年6月22日。

黃毅志、張維安，2000，〈臺灣閩南與客家族群社會階層背景之分析〉，頁305-338。收錄在張維安等撰稿《臺灣客家族群史・產經篇》。南投：臺灣省文獻委員會。

溫秀雯，2003，《桃園高家豐順客話音韻研究》。新竹教育大學臺灣語言與語文教育研究所碩士論文。

潘有英，2015，「訪談錄音檔案」。2015年7月23日。

練春招，1999，〈馬來西亞柔佛州新山市士乃鎮的客家方言〉，《東南亞華人語言研究》，頁225-261。北京：北京語言文化大學出版社。

鄧盛有，2000，《臺灣四海話的研究》。新竹教育大學臺灣語言與語文教育研究所碩士論文。

蕭素英，2007，〈閩客雜居地區居民的語言傳承：以新竹縣新豐鄉為例〉，《語言暨語言學》8.3：667-710。臺北：中央研究院。

聯合國教育、科學及文化組織，2010，「世界瀕危語言地圖」，網址：http://www.unesco.org/new/zh/communication-and-information/access-to-knowledge/linguistic-diversity-and-multilingualism-on-internet/atlas-of-languages-in-danger/，查詢日期：2017年3月29日。

羅肇錦，1983，《四縣客語語法研究》。臺灣師範大學國文學系博士論文。

第三部分

家庭與族群組織
Families and Ethnic Associations

第五章　在地化與原鄉回歸：高雄與吉隆坡
　　　　客家家庭之比較

林開忠

一、前言

　　在有關族群研究的理論上，現代主義論者（modernists，如 Gellner 1983；Hobsbawm and Ranger 1983；Anderson 1983）堅持族群是現代的、被發明以及被創造的；而原初／永恆主義論者（perennialists，如 van den Berghe 1978；Geertz 1973；Amstrong 1982）則認為族群的長期不變性。介於兩者之間的族群象徵論者，Anthony Smith 則以為前現代時期，歐洲就已經出現集體的文化認同群體，他稱之為ethnie，所謂的ethnies是指「一群共享祖先神話、歷史和文化的具名人群，具有跟特定的地域有關聯，且有一種團結的意識」（Guibernau & Rex 2010：32）。對於 Smith 而言，「集體的文化認同指的不是世代流傳下來的元素之一致性，而是在一個給定的人類文化單位裡的連續世代的一種持續感，一種對該單位歷史的較早事件和時間的共同記憶，以及每一代對有關單位及其文化的集體命運所保持的概念」（Guibernau & Rex 2010：25）。

　　從這些論點出發，我們可以了解族群的構建本身是成員自身主觀信念的展現，尤其是在一個充滿政治與經濟資源競爭的環境裡，一種「同祖先」的信念所結合的群體，具有生存的意義；即便在這樣的環境消失或變化後，除非群體內部變化劇烈，否則族群屬性的信念會留存下來。但是族群並非在結合的程度上都是一致的，以 Don Handelman（1977）對族群組織的分類，我們可以得到以下的族群結合程度：族群範疇（ethnic category）、族群網絡（ethnic network）、族群

社團（ethnic association）以及族群共同體（ethnic community）。族群範疇是結合程度最少的族群集體性，其成員身分讓個體習得相對於他人的適當之行為規範、傳承他／她的起源，以及正當化族群範疇的存在，這在許多現代的部落裡可以看到。族群網絡指的是人們會以族群會員的身分進行頻繁的互動，這樣的網絡可以創造出同一範疇人群的長遠人際關係，且也有助於陌生人的接觸。跟族群範疇不同的是，族群網絡具有在群體會員間分配資源的功能，但是族群網絡不具有組織的連結，容易造成分裂的情形。當族群範疇的會員感覺到有共享的利益時，就會以組織的方式來表達他們自身，此時就進入族群組織的狀態。這種組織可以是政治上的壓力團體、政黨或宗教或社會團體，此時可能只有族群範疇內的部分成員被動員並組織起來，一旦組織形成，則它會代表其族群範疇，爭取集體的利益。族群最高結合程度是族群共同體，這樣的共同體除了具備網絡、組織之外，還具有其固定的疆界，並強調集體為保衛該疆界負責，以維持對地域的持續控制。

以 Handelman 的分類來分析，我們可以從馬來西亞的客家遷移歷史開始，就像其他東南亞的客家遷移一樣，是因為中國的動亂、飢饉的推力而南下，而正好當時的東南亞正值殖民時期，為發展殖民地而必須引入中國的勞動力，很多華人的祖先，包括客家人，就是在這樣的情境下，被迫南移。移民的型態容或很多樣，有個別自由移民、有契約勞動的移民，也有隨著宗教團體舉家遷移的狀況，但是不管移民的型態如何，從歷史的研究中可以看到這些移動者都是以族群範疇的身分流動。他們有的透過親戚、同鄉的網絡，形成一個個族群的網絡，特別是因為遷移的地方大多為商業城鎮，族群網絡讓移民得以因同鄉或親戚關係而取得信任，並因此鞏固他們在某個行業上的壟斷，達到分配資源的目的，這就是族群與行業連結的結果。在一些偏遠地區，譬如礦區，族群網絡似乎無法滿足在當地生存及競爭的需要，因為這些偏遠地區通常人煙稀少，且接近土著居住的地區，加上這些資源（如礦產）都是可耗盡的資源，當從事的人增加時，資源的枯竭將會造成很大的競爭，於是需要更為有效的組織方式，此時，族群組織

就開始出現。在東南亞的礦區，包括馬來西亞，客家礦工以原鄉農村的組織方式結合起來，形成所謂的「公司」。這些公司的成員大多由同一個礦區的工人所組成，他們可能來自中國不同的地域，但是這樣的組織就是在大家認為具有共享利益的情況下結合起來的，它擁有經濟的功能，如分擔盈虧的風險，也具備政治的功能，譬如擁有自己的軍隊以對抗外來的競爭與侵略，或跟政府談判的能力等。在都會區，隨著商業的發展，華人（包含客家人）也因此取得了經濟的成就，一方面由於缺少仕紳的移民社會而讓商人坐大，他們在移民初期經濟有成後，即想方設法捐官買爵，儼然成為移民社會的「仕紳」；另一方面也由於殖民政府統治上的需要，創立甲必丹的職稱以籠絡華人股商，賦予他們承包各種稅收，如（鴉片）煙酒嫖賭等的專賣，進一步鞏固他們的經濟與社會地位。為與政府交涉的需要而成立的會館也就應運而生，會館也是一種族群組織。這是從 Handelman 的族群組織分類來談馬來西亞華人（含客家人）的發展模式。

相同的，在臺灣，有關客家人的討論指出客家人的認同是在中國原鄉的遷徙過程中與他族接觸才產生的（Leng 1998），剛開始的時候，這些客家人可能就像 Smith 所說的，是一個具名的人類群體或文化群體的 ethnie，但隨著他們遷往他處而與當地人接觸、競爭、動員與衝突，而逐漸形成「客家族群」。與東南亞客家移民不同的是，臺灣的客家移民有些是家族遷移，且他們抵達臺灣這個地方並非到城鎮打工做生意，而是前往農地開墾，在這樣的情況下，臺灣的漢人（包含客家人）在歷史上進行了一場所謂的「內地化」或「土著化」的運動，換言之，他們在臺灣複製了他們在原鄉的社會組織，臺灣逐漸成為他們的原鄉。另外，在清代的移墾時期，客家人也因為跟閩南人爭資源，為了保家園而聚集而居，大量的客家移民聚集在特定的地域，形成所謂的客家庄，用 Handelman 的分類來看就是族群共同體的形成，譬如六堆的客家人為了保鄉衛土而形成的軍事組織就是，也因此臺灣的客家與特定的地域有了連結。這是臺灣客家跟東南亞，包含馬來西亞的客家人最大的差異。在臺灣，類似於馬來西亞的會館的社會

組織是比較晚才興起的，有些社會組織與1949年中國國民黨遷臺有關聯，它們特別集中在都會區；但更多的社會組織則是日據時期就陸續成立起來，它們是客家人在臺灣再移民或多次移民後的結果[1]。但是無論如何，從Handelman的分類學來看，臺灣與馬來西亞客家的最大差異就在於一個發展成族群共同體，而另外一個最高到族群組織的地步，且兩者在發展的脈絡上也有很大的差別：前者經歷了「土著化」過程，加上跟地域的結合而形成本土的客家；後者則沒有這樣的社會過程，因此停留在「僑居」的心態，繼續跟原鄉做連結。

這些都是從建構論的族群觀切入的結果。Rogers Brubaker則提出了解構的觀點，他指出，建構論者無論是現代主義派、原初／永恆主義派或族群象徵主義派，都傾向於「具化」（reification）群體，並假定他們是內在同質（internally homogeneous）和外在有界限（externally bounded）的群體，甚至於是具有共同目標的一致性的集體行動者。在他的觀點裡，族群應該是從關係、過程和動態的角度來切入，而族群化（ethnicization）乃是政治、文化和心理的過程，而「群性」（groupness）應該被視為一個隨情境變動的概念變項，我們應該將之視為一個「事件」，即「發生」的現象而非「固定」或「給定」的現象（引自 Guibernau and Rex 2010：15）。也就是說，要達成Brubaker的目標，我們必須從微觀的層次去梳理臺馬之客家性，我們應該理解

---

1 在清代臺灣的汀州移民曾經分別在臺北淡水與彰化從原鄉帶來祖神——定光佛，創立定光佛廟（在淡水則稱為鄞山寺），跟閩南漳泉與粵東潮汕的移民比較起來，汀州客家移民是少數且勢力單薄，那是因為他們地處內陸，交通不便的結果。到了1820年代，臺北淡水的汀州移民逐漸增加，同時一些事業有成者或大地主，為了聯繫汀州移民同鄉，乃出資（張鳴崗）及捐地（羅文斌兄弟），創設了鄞山寺，殿身左右兩側護室則闢為客房以供同鄉住宿，具有會館的一般功能。之後，江、胡、游姓等同鄉在既有的基礎上擴大投資，把一些埔地開墾成田，使得寺廟兼會館的鄞山寺財產日增，江姓族人開始掌控鄞山寺，早期創立該寺的張姓、羅姓後裔完全被排除在外。但也因為寺廟財產日增，造成後來多件官司的發生，也隨著臺灣社會從移民進入定居社會，加上日本殖民統治臺灣，鄞山寺的所有權越來越被強調屬於臺北汀眾所有，同時，其會館功能逐漸趨淡，而佛寺的性質越來越濃。參考並整理自李乾朗（1988）以及楊彥杰（2003）。

個人客家性的發展過程，雖然這個過程不可能無中生有，它還是必須置於各自的脈絡中來加以解讀。

　　底下我們就針對臺馬的客家之個人經驗與經營社團的模式來說明微觀層次與宏觀層次客家性之互動，以及因此造就的多樣性的客家性呈現的現象。

二、高雄都會客家語言不易保存[2]

　　語言是族群認同的一個面向，但並非族群認同的必要條件。研究指出語言的流失並不代表族群認同的消失（Tan 2004：47），雖然如此，語言還是個人社會化過程中重要的元素，因為文化的涵化與傳承必須透過家庭內的社會化來達成，而在這個過程中，語言扮演了一個關鍵的角色（Tan 2004：107）。當然，語言是否具備作為族群認同的指標，需視個人所處的社會環境而定，社會環境的因素與國家的政策、政治經濟脈絡有很大的關係。在漢人為主流的臺灣社會裡，語言變成是區辨不同漢人身分的一個重要指標。居住在以閩南人為主的高雄地區，出外大多以閩南語或普通話為溝通工具，讓林生不禁感嘆：「我們客家人有時候變成一種隱性，除非說認識他跟他講〔客家〕話，要不然他也不會主動跟你講客家話。」雖然有這樣的慨歎，但是在回到自己家庭內的語言傳承時，林生卻不得不對現實低頭：他的兩個小孩出生後，就被帶往關西給自己的母親照顧，他們在那裡待了五年，所以，「五歲之前，阿公、阿婆都只跟他們講客家話，所以〔他們〕只會講客家話，國語不會講。」小孩六歲的時候，林生夫妻將他們帶回高雄，「帶下來的前半年真的很麻煩，〔他們〕沒有辦法和老師溝通，有時候在幼稚園會打架，老師問〔他們〕為什麼，小孩都回以客家話，老師聽不懂。」為了讓他們儘快擁有與人溝通的能力，林生夫妻在家裡都跟他用普通話講，花了半年的時間終於讓孩子在家

---

2 為保護受訪者隱私，本文使用假名來指稱研究參與者。

庭、學校、社區裡，都習慣以普通話作為溝通工具，但也因此扼殺了原本孩子就已經學會的客家話，造成他們現在只能聽得懂客家話六、七成而已。

以他這樣的過程來看，他本身就是讓客家隱性的幫手，雖然那也是他在面對現實的壓力下所做的對策，這是現實面的狀況。回到理想的層面，他認為在臺灣，客家語言是界定客家人最重要的標誌，理由是只有語言可以清楚區辨外省人、閩南人跟客家人的差別。他覺得保留客家話應該是學校與家庭雙管齊下，且家庭的傳承是最主要的因素，但是他也體認到家庭的傳承也會受到外在環境的影響：一個是環境的改變所造成的，譬如「以前我們都是伙房，小孩大家都玩在一起，現在都在家裡，變成是一種跟大家比較少互動」；另外一個則是政府推行的政策，譬如「沒有說客家話，我不給你錢」、「大話家庭」或同鄉會辦的活動等，但這些幾乎都沒有收到應有的效果。因此，他悲觀的認為：「客家話要保存要〔有〕封閉的農村，〔如此〕語言保存〔會〕比較完整，這是我參加尋根之旅〔的〕心得。」可是在臺灣社會快速變遷之下，「封閉的農村」只能是個烏托邦。換句話說，客家語言在高雄都會區，可能連私領域內的家庭都無法倖免於消失的命運，因為除了都會區居住條件改變、閩南人佔多數外，國家正規教育的國語為主的政策，多重壓力下，使得個人的語言習得受到很大的限制。

即便夫妻都是客家人，但是在家裡的語言使用卻是混雜的：「我們一下講四縣，一下講國語，一下講臺語，混雜著講」（張大姊）。處在這樣混雜語言環境的兒女們，很難學會客家話。據她的說法，她的大女兒聽得懂六七成及講一些簡單的客家話，那是因為「她小時候的寒暑假就會回去新竹，我哥比較傳統，他會要求要吃飯前要學五句客家話」的結果，另外兩個小孩則都不會客家話了。同樣是夫妻同為客家人的鄧生，在日常生活中，夫婦倆都儘量講客家話，但根據他自己評估，夫妻間有一半時間是用普通話溝通，跟孫子雖然也儘量使用客家話，但只佔了十分之一的溝通時間，因為大部分時間孫子不是在

學校就是保母家。儘管有著這樣的現實，但鄧生還是認為：「保留客家講客家話是最好的，〔而〕最好的地方就是家庭，現在政府說要把幼稚園分族群，客家人就客家一個班，一個禮拜兩個小時講客家話，臺灣人就兩個小時講臺灣話，我認為是有需要。但是效果不彰，因為最後你到職場上一定是共同語言。」換句話說，他主觀上認為語言很重要，且也應該是在家庭傳承的，但是他同時也體認到社會環境的語言現實，客家話不只無法跟閩南語、普通話相比拚，連英語都比客家話強勢許多。他主張講母語保留在家庭私領域裡，走出私領域則必須融入主流，無論這個主流是哪一種語言為主，如此才能夠兼顧母語及保有個人的競爭力。

作為高雄的第一代移民的鄧生，因考上中鋼的公職而南下服務，從此長居高雄。當他爸爸還健在的時候，自己的三個小孩都跟阿公在一起，當時他們都會講客家話，但隨著祖父輩的過世，加上環境的壓力下，三個孩子現在都不講客家話了，更遑論小孩長大後都不在身邊[3]。有感於客家話每年在年輕世代的流失速率高達百分之二十，鄧生緊抓目前帶著兩個孫子的機會，夫妻「拼命在孫子面前講客家話，有機會就講，在媳婦面前也講客家話，讓她多多少少聽得懂」，但是效果很有限，因為臺灣很小，人口密集且流動快，要在一個客家人為少數的都會區保留客家語言很困難。他提到連美濃那樣的典型客庄也因為觀光業的發展，而無法抵擋更多非客家的外來投資客的進入。比美濃嚴重的是苗栗，苗栗不只外來人口多，且在市場做買賣的更以閩南話為大宗。

家庭語言的傳承也跟移民來源地與都會的地理距離與人數多寡有關係。在高雄地區，跟北客（來自新竹、苗栗與桃園地區的客家移民）比起來，中客（來自臺中、彰化、雲林等地區的客家移民）是人數最少的客家人；相對於南客（來自原高雄縣美濃、屏東地區的客家

---

3 一個被公司派去越南當經理，另外一個是住在桃園，最後一個雖在高雄，但以船為家，一年九個月在海上，只有三個月會回到陸地上來。

移民），則中客有地理距離上的問題。此外，中客移民大多從事木材業起家，這行業在都市建設完成或轉變後，也跟著沒落。許多中客移民早期也是高雄客運的主力，連帶的汽車修理廠亦是來自臺中東勢客家移民的天下，但是經過幾代的經營後，這些行業也逐漸轉型或轉賣或歇業，「年輕人幾乎都到北部去啦！現在都和長者的經營都脫節了，年輕人都往北上去了」，這是作為中客第二代的黃生的慨歎，人口的減少，影響了雙親皆為中客的家庭，同時年輕世代往外發展，更不利於客語的傳承。就他的觀察發現：「隨著老年人逝世，年輕的小朋友也沒有什麼意願，不覺得說爸爸是東勢人所以我也是東勢人，〔這樣的〕觀念慢慢薄弱了。」他覺得年輕人對於客家人的認同不很強烈，加上正規教育的影響和閩南語的強勢環境，「我們客家人對於子女的教育〔指客語的傳承〕並沒有很強烈的責任感，〔並不會〕因為我是客家人，所以一定要我們的子女講客家話，〔已經〕沒有這個很強烈的因素。」是什麼因素影響了這樣的態度呢？黃生認為由於高雄市的客家人不是生活在「一個鄉下聚落裡面，如果在聚落裡面都會講客家話，不講都不行，語言這種東西就是不用的話就不行了」。

　　居住型態的改變外，像黃生自己是通婚的家庭，太太是閩南婦女，因此，他們夫妻與兩個小孩在家裡的溝通語言通常以普通話為主，這是難以避免的現實，雖然他太太會聽不會講客家話。最後是後續移民的有無也會影響語言的傳承：不像佔有地利之便的南客可以輕鬆來回於高雄縣市或高屏地區，黃生覺得臺中東勢地區大概有百分之七十的年輕人會往臺北而非南移高雄，除非他們是考上中鋼、臺電而不得不到高雄上班，否則大多就往臺中或臺北前進。「像我有一個鄉親就說他回到東勢一毛錢都賺不到，但是在臺北還可以多少賺〔些〕錢……以前東勢的地很貴，而且〔東勢人〕很節儉，錢有進沒出，供給少需求多，然後九二一之後，年輕人都跑了。」黃生道出了中客在原鄉的困境，進而也影響了他們再遷移高雄的結果。中客的現況也可以在臺中地區同鄉會看出來，它大概是高雄市最小的客家同鄉會，目前登記的會員人數只有三百多人，且有老化與萎縮的現象。總而言

之，主客觀條件似乎都不利於中客在高雄的發展，他們在延續上似乎面臨了斷層的危機。

圖5-1 1957年立案的高雄市新竹同鄉會（高雄市新桃苗同鄉會前身）證書

前面提到客家聚落的存在似乎有助於客家文化的傳承，這是相對於都會區的環境而言，但對於來自客家地區或客家庄的人來說，情況似乎是相對而非絕對的。雖然美濃是所謂的客家共同體的一個典型，但對來自美濃的劉生而言，這個共同體已經受到全球化的影響。務農為主的美濃地區，由於經濟發展有限，適婚的美濃客家男性不得不向外尋找配偶，於是大量來自中國跟東南亞的女性婚姻移民進入了美濃，這些現象在劉生看來是不利於客家話在美濃鎮的保留和發展的，「小朋友在學校都講國語，所以國語比較通了，外籍新娘生的小孩，你說要讓他講什麼話？當然是他媽媽的話；所以到學校共通語言是什麼？國語，回到家都講國語，爸媽也講國語，所以他們都講國語。」可見前述林生口中的「封閉的農村」典範的美濃也難免有「普通話

化」的問題，但相對來說，美濃客家人在語言保存上遠比高雄市客家人來得高則是不爭的事實。年輕世代的美濃客家人也發現在現代教育下，「爸爸、媽媽、爺爺、奶奶為了迎合小孩就講國語」（鍾生），或是因為通婚家庭而讓客家後輩不再能夠講客家話（陳生）。

> 問：為什麼老人要調整頻道去配合小朋友？
>
> 鍾生：傳統裡面老人覺得就是講客家話，〔可是〕現在有電視，〔老人〕就會被〔電視的國語或閩南語節目所〕影響。
>
> 陳生：傳播媒體很厲害，以前老人都聽不懂閩南語，小孩回家一定要講客語，現在干擾太多了，變成老人要順應時代的潮流。

都市與現代的生活，也讓客家青年很自然地轉換語言的使用。三個客語日常對話沒有大礙的客家年輕人（A、B、C），分別來自美濃、屏東內埔與高雄鳳山的純客家家庭，從他們在家庭內的語言使用之安排，就可以看出客家後生的語言狀況。三個人在回到老家時主要都使用客家話與長輩溝通，但在自己家裡：「自然而然都會變華語，有時候刻意要講一些事情的時候才會用客語，比如我有討論到一些事情我有疑問，長輩才會交代客語是怎樣怎樣的，或一些傳統的說法不對，這要怎麼講，才會用到客語。〔兄弟姊妹之間完全不會用客語溝通〕，〔父母之間〕都是華語為主，但有時候〔會〕不經意變客語，然後〔國客語〕會穿插這樣子。」（A）B的家庭情況跟A類似，跟自己的父母及兄弟姊妹之間的溝通語言「也是穿插，但是以客語居多，因為我們從小是在美濃長大，幾乎都是講客語，只是會穿插一些國語。」C的話，跟父母用客家話，但兄弟姊妹之間則習慣用普通話溝通，只有在不想要讓別人知道談話內容時，他們才會以客家話來溝通。A也發現，可能是他們居住在城市裡，習慣以普通話溝通，因此，雖然家裡都會說多講客語，「但有時候我用客語問，父母〔卻〕用華語回我，這時〔我〕就會反映說『啊！不是要講客語？』。」

家裡除外，客語的使用與否就得看居住的環境而定。像C的話，由於家住三合院，周遭是其親戚，但年輕人大多都外移，假日才會回來，「出了我家的門，看到跟我爸爸、媽媽年紀一樣的，我還是會跟他們說客家話，〔但遇到〕跟我一起長大的〔年輕人〕，我可能就會跟他講國語。」就跟時下的年輕人一樣，客家後生也會在網路世界裡使用簡單的客家語，就像B所說的：「如果是像什麼『按仔謝』那種，我會！但如果是那種很長的『今埔日厂一ˋ奈』那種，我可能〔打了〕久打不出來，但『按仔謝』就比較好打，就可能會打出來。」就像網路世界的語言一樣，大致上年輕人使用客家語的大前提必須是先知道對方也懂客家語言或是客家子弟才行，另外就是這些客家用語都必須是簡單、字少、容易使用鍵盤打出來的字眼，同時也必須是在不疾不徐的情況下使用。

　　的確，家庭在族群文化的傳承上扮演不可或缺的角色，因為個人成長過程的早期社會化就是在家裡完成的。而在家庭裡，父母兄弟姊妹之外，尚有親友、居住地周遭環境等因素的影響。因此，家庭作為傳承族群文化的場域，亦受到更大的社會環境因素的影響。在臺灣，最大的環境因素當屬國家政策了，這就是為何我們經常可以從臺灣客家族群身上看到他們對語言的重視與強調，也就是說這種以語言作為客家族群認同的標誌，是國家政策有意的結果。但在實際的社會環境中，人們的社會化過程卻未必完全照著劇本走。從上述的研究參與者情況來看，客家語言是否被世代傳承似乎並非家庭可以決定的，而是家庭所處的環境，譬如高雄都會區，因都會區的人口以閩人為主，加上正規教育以國語為主，因此社會的優勢語言是普通話與閩南語。在現實的考量下，高雄客家人務必學習和使用這些優勢語言。在高雄的客家移民第一和第二代基本上都還能以客家話對談，但到了第三四代，隨著社會的發展，人們可能還會聽但已經不太會講，隨著世代的增加，客家語言可能因此會走入歷史。

三、文化的活動與活動中的文化意涵

　　既然在高雄市的客家家庭私領域在客語傳承上有著多重的困難，作為代表各個客家原居地的同鄉會或四大庄頭又會有怎樣的措施來提振客家文化的保留呢？參與社團多年的張大姊從她親身的觀察中發現，現在同鄉會辦理的活動大多跟客家文化無關，譬如書法班、美語班等等。

> 問：有美語班沒有客語班？
>
> 答：〔因為〕新桃苗〔同鄉會〕裡面的人大部分都會講客家話了，所以沒必要辦客語班啊。客語班是在文物館辦，承辦的人就是「客家學苑」。

　　這裡似乎道出了客家同鄉會原本就是聯誼性質的社團組織，主要功能在於連繫鄉親的情感。在臺灣客家運動後，客家委員會的出現也象徵了客家認同的制度化，使得客家文化與族群意識產生關聯。在此情況下，務必會將客家文化具象化或客體化以為政策推動的指標。在客委會成立之前，聯誼性質的同鄉會並沒有辦理什麼跟客家文化有關的活動。客委會成立後，或更確切地說，客家運動所帶來的客家對自己文化語言的覺醒，使得過去被隱形起來的客家事物逐漸可以浮出檯面。在高雄這個都會區，客家文化活動最成功的當屬歌謠班了。根據林生的回憶：

> 我當青年會理事長前，開會理監事都是上一任，開會不成會，沒有人要來，沒有凝聚力、沒有主題……我在接的時候就想，要辦一些活動，不辦一些活動怎麼會有凝聚力？那時候〔有些同鄉〕對客家歌有興趣…… 〔於是就〕在……三民區陳河路那邊用一個音樂教室，三、五個人在唱歌，就問我要不要去，我心想你有傢伙、有老師，我就來用一個歌謠班就好了啊！……歌謠班

就這樣成立；當時有三十個、五十個，大概也弄了一陣子，蠻活絡的，就這樣有一期沒一期的，反正有經費就辦！辦了差不多一年以後，小港那邊有人說「我們來這邊唱歌好不好」，後來就問我說「我們也要成立歌謠班」，我說可以啊！只要找到二十個有興趣的鄉親，我們就來辦，用的也蠻盛大的；在我青年會任內就有兩個歌謠班，一個是三民區歌謠班，經常參與的大概三、四十個人；一個小港歌謠班，經常參與的也是三、四十個，甚至聽說超過五十個……四大庄頭每次開會都我們青年會人最多，兩個歌謠班加起來都將近一百人，沒有一個庄頭比我們人多的；這樣下來以後，基金會成立以後，客委會又成立，客委會成立之後……歌謠班〔後來〕就全部隸屬高雄市客委會。

客委會成立後，政府以經費補助的方式，委託客家基金會或文化團體來推動客家文化，像客語班、醃漬班、藍染班等等。如此分工之下，同鄉會就只能單純以聯誼為主，又為了吸引同鄉甚至青年的參與，因此才出現上述張大姊所描述的有美語班沒有客語班的現象。的確，新桃苗同鄉會辦了許多跟客家文化無關的活動，但在鄧生的眼中，這些二胡班、保齡球班、薩克斯風班、晨間服務、慢跑、旅遊等活動，都是為了提升會員的凝聚力。根據他的說法，新桃苗同鄉會採取了以量致勝的方式，就像他說的：「活動多，大家會比較〔多的〕凝聚力」，且活動多元可以讓同鄉會員按照自己的興趣選擇，以盡可能讓更多的會員參與同鄉會的活動。這些活動表面上跟客家文化沒有關聯，但從鄧生的觀點來看，一方面，「這些〔參與的人〕都是客家人，〔大家來〕聯誼、開會〔時〕我都講客家話和國語穿插」，也就是透過這種日常互動的方式讓參與者對客家以及客家語言有所了解，是一種潛移默化的說法；另一方面，有些活動，譬如書法班則帶出客家諺語去寫書法，「一方面寫書法，但是用客家諺語，先教客家諺語的意思，然後這客家諺語的意思講通了以後，再去寫書法，就是有雙重的作用，一魚二吃。」所以，表面上很多的活動似乎跟客家文化無

關，但在執行的細節上卻可以看到客家文化也融入其中。鄧生很積極的想方設法招募更多年輕人進入同鄉會，因而辦理美語班、保齡球班等等，希望透過這些活動可以吸引年輕人，雖然其效果並不彰。

整體而言，在個人的層次上，高雄客家人有著許多的相同與差異點。共同點是：一，由於所處的環境脈絡類似，也就是以閩南人為主的高雄市（根據統計，高雄市的150萬人中，客家人最多只有20-30萬人），許多客家人為了現實的考量，無論是閩客通婚或謀生的需要，都不得不讓自己採納優勢的語言：閩南話或普通話。客家話基本上是隱形或自我隱形的。就世代的面向來看的話，可以發現之間的斷裂比較多，但也有努力要延續客家性的情況出現；二，整體來看，四大庄頭所吸引的同鄉人數還不到十分之一，並在時代變遷中使得同鄉會的功能單純化，即純粹為聯誼性的社團組織，聯誼活動佔了同鄉會活動的大半部分，只是這些活動雖然表面上並沒有跟客家文化直接關聯，但個別的執行者會試圖注入客家文化泉源，以深化活動的文化本質。社團與個別同鄉的關聯不再是客家性的展現，更多強調的是凝聚力與個人的興趣；三，高雄市的客家移民及其後裔都一致地以在地化的認同為主，他們在認同上是以來自的臺灣地區，無論是美濃、屏東、臺中東勢或桃竹苗，這些都是在地的認同。就這點來看的話，我們可以說這些客家人在族群性的表達上呈現出對地域的結合，並以其源出的地方作為其祖居地，類似Handelman所闡述的ethnic community的概念，這大概也是臺灣客家不同於其他地方的客家之所在，也是臺灣客家在地化後的創新結果。差異點則在於：一，雖然高雄市客家人都有語言流失的問題，但在不同來源的客家間有程度不一的流失狀況，按嚴重程度分成：中客、北客、南客。一方面這涉及移民後的職業型態、地理距離與移民人群的影響等等，這是一個值得再繼續探討的議題。二，在有關個人經驗的客家性也有著很大的差異與多樣性，其中包括純客家家庭與通婚客家家庭、小家庭或大家庭、客家聚落或混居的都會區等等因素的影響。因此對個體而言，客家性在他們個人的經歷裡並非一致的，且個體跟個體間也不是同質的。

四、血緣認定的吉隆坡客家人

　　吉隆坡的開發跟錫礦的開採有很大的關係，而錫礦開採又是以客家礦工為主，這似乎是東南亞地區的一個普遍現象，只是當時的礦工並沒有「客家人」的概念，他們主要是來自惠州與嘉應州的粵民。1854 年，惠州籍的葉德來抵達馬六甲，他在親人葉國駟（Yap Ket Si）的協助下，在馬六甲 Durian Tunggal 覓得礦工一職，工作中讓他認識了盛明利的左右手葉亞石（Yap Ah Shak）和劉王光。與此同時，1857 年，巴生馬來統治者 Raja Abdullah 與他的兄弟，也就是蘆骨的統治者 Raja Juma'at，說服了馬六甲商人徐炎泉（Chee Yam Chuan）與林西河（Lim Say Hoe）出資三萬元，讓他們在吉隆坡一帶探測錫苗，1859 年他們終於成功在安邦發現了錫礦。1860 年，雙溪烏戎的馬來酋長為錫礦控制權而展開械鬥，盛明利不幸在這場械鬥中被殺，葉亞石被推選接任甲必丹一職，但他拒絕而推薦葉德來出任甲必丹。1862 年，葉德來應當時已任吉隆坡第二任甲必丹劉王光之邀，前往吉隆坡出任經理，協助前者管理錫礦業務，同時兼任他的私人助理，協調政府事宜。在這段時期，葉德來開始自己創業，他擁有兩家錫礦場及一間中藥店（德生號）。自此，葉德來便飛黃騰達。當他的事業蒸蒸日上時，卻捲入了馬來酋長 Tunku Kudin 和 Raja Mahdi 爭奪錫產量的稅收權而爆發的雪蘭莪內戰。七年內戰（1867 年至 1873 年）結束後，吉隆坡幾乎被夷為平地，影響最為嚴重的是經濟命脈的錫礦業，戰後復甦的最棘手問題是缺工問題。在無計可施之下，葉德來向英商、新加坡和馬六甲華商舉債以重振錫礦業。遠處如蘆骨、拉沙、雙溪烏戎的礦工聽聞葉德來吉隆坡的錫礦將恢復生產，都相擁而至。到了1875 年杪，葉德來的礦工人數已達 6,000 人。使得吉隆坡成為惠州人士的天下。隨著錫礦資源的枯竭、歐洲及其他籍貫的資本競爭，以及20 世紀初殖民國家逐漸成形，華人甲必丹制度被取消、私會黨被禁止、取消餉碼制度後，吉隆坡的客家人在人口上與政治經濟地位上不再佔有優勢地位，取而代之的是廣府人的政治與經濟勢力（黃文斌

2008；林麗華 2012）。這樣的歷史發展深深影響了居住在吉隆坡的客家人。

父親是惠州人母親是大埔人的謝生提到，由於母親有十四個兄弟姊妹，這些親戚來吉隆坡的時候，都會暫時居住在他父親於吉隆坡市南邊的半山芭（Pudu）巴剎（菜市場）租來的家裡。「我知道我家隨時有二三十人住的，鋪著地下住的，都是有些認識，有些不認識，但都是親戚，親戚的親戚，親戚的朋友，從外地來，就好像以前我們的會館成立的時候那種形式。」戲稱這種類似會館的家庭生活深深影響了他，讓他對會館有著非常深切的情感。太太是福建人，因此是個閩客通婚家庭，他們夫妻的溝通語言是吉隆坡的共同語言，也就是廣東話，因此，小孩也就沒有機會學習客家話。他坦承在未加入惠州會館之前，他只知道自己是客家人。「我帶一些新人進來，他就跟人家講：我們這個客家會館有什麼活動，馬上就給年紀大的人罵：『我們不是客家會館，我們是惠州會館。』」也就是說在會館裡的一些長者很在意他們的原鄉，譬如大埔、惠州、嘉應或赤溪，這就是會館對其會員資格的限制，而這個會員資格則是以創會初期的中國原鄉的行政區劃為主。這似乎也彰顯出客家的認同沒有經過本土化的洗禮的具體例證，因此會覺得自稱為「吉隆坡的客家人」是個很奇怪的說法。與臺灣情況不同的是，馬來西亞客家人並沒有經歷客家族群運動而促使客家意識的生成，也沒有國家制度化的發展而形成一套客家族群與文化的論述，相反的，馬來西亞的客家人，就如其他的華人群體那樣，必須依附在華人的族群與文化論述中來呈現。

因此，在馬來西亞，華人的族群與文化論述創造出有關華人的各種具體的文化元素，譬如舞獅、書法、華樂等等，這些文化元素乃是華人文化組織所強調與發揚的，至於客家或其他華人亞群的文化就處於次文化的地位，它們的展演只有在各自的文化或族群組織中被強調。也就是說，即便是華人的族群與文化論述也是對馬來西亞現代國家意識形態的反應，它基本上是華人民間的力量所促成的，並沒有國家制度化的力量為其支撐。在這樣的情況下，客家或其他華人亞群的

圖5-2 吉隆坡赤溪公館會員名冊

文化更是處於一種自生自滅的處境。照理說在這樣的情況下,私領域的家庭便成客家或其他華人亞群文化生長茁壯的地方。但是就如謝生告訴我們的,客家人在馬來西亞,除了少數例外,大多並非聚族而居,且他們的移民有很多是直接落腳在都市或城鎮中,務農的只佔少數[4]。城鎮的生活需要使得來自同一原鄉者聚合起來,強調他們共同的原鄉以作為團結的基礎,這是其一。加上沒有國家制度化的規範,因此,有關客家人群的認定,逐漸強調其所「屬」,也就是它的起源地為主,因為這是最沒有爭議、最單純、最純粹的基礎,這是其二。透過這樣的基礎,表面上是地緣性的,但其實它是混合了地緣跟血緣,也就是說它是符合中國社會的父系原理:根據父系的原則來決定

---

4 在西馬地區,務農的華人,包括客家人,必須面對從殖民時期就開始劃定的馬來保留地的問題,也就是說,華人要取得耕作土地並不簡單,至今還有很多因為二戰期間逃難到鄉區,而在當地佔地耕作者都還只能持有所謂 temporary occupied land(TOL)的土地。

一個人所「屬」的地緣團體。因此，謝生雖然為不同客家亞群的父母所生，但他自我認定是以父親的祖籍為主，雖然他自己認為自己的大埔話比惠州話更溜。

女性在會館的參與大多為配角的角色，有很多是因為先生或父親在會館任職而進入這個以男性為主的領域。鍾氏則不一樣，她從小就住在會館的附近，對於會館的印象最深刻的是每年去會館領取獎勵金。

就以我本身，因為當我們年輕的時候，我們為了要顧孩子要顧家庭，現在的女性你也知道，幫手找錢，如果我們要一個好的家庭，我們女的也要出來工作，所以變得很忙，沒有時間去會館，所以為什麼那些年輕的她們不能參與，我也感覺到我自己也是這樣。所以，當我孩子不用我照顧了，我有空餘的時間了，所以我就會進來。所以那時候很多人講會館是老人會什麼的，其實這是不可以質疑的，因為年輕的男的女的，他們有家庭，要找吃。而且到我們年老的時候，我們有時間，我的心態就是想我們曾經受惠過，所以現在我們倒回出來，回饋給他們，進會館。我們也希望把這個文化，好像惠州的那種信念，我們客家文化那些，能夠一直能夠傳承下去。好像那些小孩子，我們會做那種活動，給他們了解客家人的文化是怎樣的。因為現在很多我們的家庭都講華語，變成他有時候不知道他自己是什麼人。所以，我們做這些activity，我們的父母，我們的家，我們的人帶孩子來，給他了解他本身是什麼人，是客家人，是惠州人。At least給他知道。

從這段敘述中，我們可以知道女性在家庭裡扮演重要的角色，她們大多為了家庭、孩子而必須待在家裡。因此，孩子成長過程中最先的社會化觸媒非母親莫屬。但，就像鍾氏所面對的，為了家庭的生活，特別是在城市裡，夫妻都出外工作的雙薪家庭並不少。此時，孩

子的社會化只得假手他人。鍾氏的先生是福建人。當小孩還小的時候，「我們一出口就會跟孩子講我們自己的話，而且我還有一個就是我們的環境，環境非常重要。因為我為什麼會跟孩子講客話，因為我的環境。我孩子給一個人照顧，她是客人，然後我在我母親的家搭吃〔註：一起吃飯〕，所以我每一天都會回去吃，我母親父親都是惠州人，所以，我的家庭裡面我們是以客家話為主的，沒有講別的話。後來我先生，不會講客話，進來我家，他也講客話了。」

這個將孩子「社會化」假手他人的安排並非有意的，只是個無意的結果。更重要的是，就像鍾氏提到的，他們因為夫妻都工作，無法親自下廚煮飯，因此只能就近安排在自己的娘家包辦伙食，就因為這樣的機緣讓她的後代習得客家語言，也讓福建籍的先生融入他們家的客家氛圍，包括客家的食物中。如果說孩子在家庭的社會化是族群文化傳承的重要途徑，那麼，居住在城市裡的人，由於家庭與生活或工作型態的改變，使得家庭的社會化功能不再，族群文化的傳承與否變成是個人所處環境的結果。一方面沒有外在的族群運動與族群意識的覺醒，另一方面也沒有足以鞏固族群文化元素的制度化過程，因而使得家庭的社會化本身變成很個人取向、因所處環境而定，而沒有一致的標準。唯一宣稱具有標準化這些客家個人的就是同鄉社團了。由於個別家庭與個人的文化實踐落差很大，強調任何的文化認同都無法滿足所有的人，因此，以血統或血緣作為基礎是被認為不可改變的，這就是為什麼不管是謝生或鍾氏都強調其「惠州」這樣的族屬，而非客家人的原因了。

同為女性的饒氏就沒有像鍾氏那樣的發展。饒氏取得博士學位，可以說是會館裡少見的菁英成員，但她自承並非活躍的會員。她先生也是福建人，家婆則是客家人，「她還是小女生的時候是用客家話，然後很快就嫁入這個家庭，從此就把自己弄成非常福建，但是客家菜她只能說說，她不能煮，她就完全把自己融入這個家庭。」換句話說，她的家婆在嫁入福建的夫家後，盡可能地讓自己福建化，隱藏自己的客家性，連客家食物都只能口頭說說，而不能登上福建夫家的餐

桌上。這應該是很多通婚家庭，特別是當女性婚入不同語群的夫家，而後者又有著強大的「傳統」（通常表現在祭祀及語言上），這樣的傳統通常是因為一家之主的家公或家婆還健在且強勢的情況下[5]。婚後從新居的饒氏並不需要面對像她的客家家婆那樣福建化的生存策略，但她也沒能像鍾氏那樣能夠獲得自家父母的協助，他們等於是個一切從新開始的核心家庭，加上她本身接受高等教育，因此，饒氏對家庭裡的客家文化傳承與否不是很在意[6]，如果真的要傳承，她認為孩子應該算是福建人，「因為我客家不能 override 這個福建，我怕他太客家，變成他不能福建這樣子。」這種以父系為原則的認同標準在馬來西亞的情境裡是很普遍的，於是，父親是福建人，不管母親是什麼人，孩子都只能歸類為福建人。換句話說，以饒氏的生活條件來看，她選擇了以華人為優先，福建人次之的順序，而客家這樣的認同，充其量只是她個人的其中一個認同屬性，她的孩子跟這個屬性沒有直接關係，且她也不希望他們被「客家化」而超越了他們被歸類的福建屬性。因此，同為通婚家庭的鍾氏與饒氏就呈現出她們對於家庭內客家屬性的不同處理模式。

通婚家庭如此，不代表同為客家人的父母就一定在客家性的展現上比較有利。楊生的例子就是如此。他來自馬六甲，後來因工作而移居吉隆坡。在談到家裡使用的語言時，他表示自己在家有講客家話，但是小孩都不願意學，因此大部分情況是夾雜著華語跟英語。為何小孩不願意學呢？楊生提出的原因是：「因為他們覺得比較土，他們覺

---

5 從夫居基本上還是一般華人婚後主要的居處法則。但在都市地區，有越來越多年輕世代不再奉行這種居住形式，他們可能因工作或小孩就學的關係，而選擇或被迫從新居（neo-local）。

6 教育程度越高，越容易放棄其方言。這一方面是因為高知識份子接受的教育，無論是中文或英文，會認為英文或中文為現代化的語言，而方言則是程度比較低階的華人才使用的語言；另一方面，高知識份子大多擁有自己的專業圈子，在這個圈子裡，很少會使用方言作為溝通的工具。從新加坡的人口統計中，就可以看出這樣的趨勢（參考 Edmond Lee [n.d.]），只是馬來西亞沒有類似的統計資料，因此這還是個值得深入探究的問題。

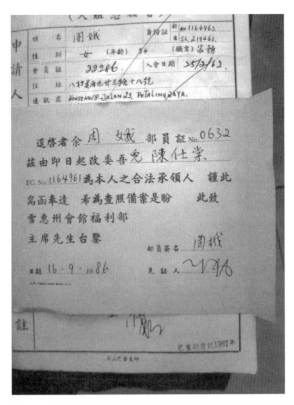

圖5-3 雪隆惠州會館會員福利組紀錄與變更承領人之說明

得土」，除此之外，也因為客家話不是吉隆坡的共通語言[7]。也就是
說語言的土或不土應該是來自語言是否具有優勢，優勢語言就是流行
的、大家共同習得的語言。家庭的社會化只能在每年農曆過年時回到
馬六甲的老家才能展現出來，但那也只是一年一次的活動，時間短
促，無法構成社會化所必須的連續性跟持久性。因應工作上的需要，
楊生的家庭遷到蕉賴這個號稱客家人也不少的郊區，只是在那裡人們
的共同語言依然還是廣府話。這樣的吉隆坡客家核心家庭基本上已經

---

7 在吉隆坡華人之間，普遍是以廣府話作為溝通的語言。

失去了客家文化傳承的功能，在這個家庭長大的孩子，對於客家或父親的大埔同鄉會基本上沒有任何的興趣。即便是有著這樣的障礙，楊生並沒有放棄讓孩子或下一代有認識他原鄉文化的機會。由於他自己曾有在中國的工作經驗，讓他有機會「返回」他祖輩的原鄉參訪，從無數次的參訪中，讓他逐漸找到自己情感的依歸。從 2000 年開始，他每三年就舉辦一次家族的尋根之旅，即是帶領他自己的兄弟姊妹及他們的下一代前往父祖輩所來自的客家原鄉村落，一方面大家出資整修祖厝，保留祖厝以作為每次回鄉時祭拜祖先的地方；另一方面，同時率領大家到祖墳掃墓。

> 我認為〔這樣的活動〕對下一代人的意義是，能夠牽動他們對大埔有更加的深層的認識。好像以前我的小孩，我的大兒子，他第一次回去的時候，他當時只有 18 個月，對他來說他不懂是什麼。那麼每三年回去一次，他三歲、五歲、十歲，他說那個地方很髒，有雞糞、牛、羊，他去年回去時整個改觀了，因為對他來說這個地方不再是髒的地方，可能因為大埔現在也很先進，他會慢慢的去深一層的了解。

換句話說，他透過家族尋根旅遊取代了個別家庭的社會化，利用集體的方式來進行他認為的有意義的情感依歸。在他的說法裡，這樣的社會化過程逐漸為自己的小孩灌輸了他的原鄉或血緣的認同，讓他們逐漸接受自己是大埔人並以之為傲。這是具有經濟資本的楊生及其家族所採行的策略，當然並非所有的人都可以透過這樣的方式去回歸或尋找自己情感的依附。這項被楊生認為有意義的活動也將在他所參與的同鄉會館中推行，易言之，如果家庭的文化傳承功能能夠為楊生的個別家庭尋根之旅的活動所取代，則這可能是吉隆坡大埔人的文化傳承制度化的開端，但未來會有怎樣的發展，實值得進一步探討。

五、吉隆坡的客家人 vs.「吉隆坡客家」

在吉隆坡，隸屬於客家的同鄉會館有四間：惠州、大埔、嘉應跟赤溪，這四間會館都以其先輩所來自的中國行政區為名，沒有一間掛上「客家」這樣的名稱，雖然他們都被泛稱為客家人。當移民的第一代、第二代逐漸凋零，第三四代開始成為主流人口時，這些傳統中國行政區劃的概念也逐漸不再對新生代有所作用。根據楊生的經驗，他發現有許多年輕的客家人並不知道他們的祖先來源地，因此，當他們被問及是哪裡的客家人時，會以他們當下所居住的地域為其客家認同，譬如甲洞客家、加影客家等，完全不會述及也沒有大埔、嘉應、惠州等的概念。這樣的發展趨勢讓他深感憂心，因為「我覺得最低限度，〔他們〕應該知道那個原鄉原籍的根」。換句話說，類似楊生（第二代）或其他第一代的會館的理事們，他們會認為祖先的根源才是界定他們客家性的唯一且不可改變的基礎[8]。對他們來說，在吉隆坡的客家人並不能自稱為「吉隆坡客家」，因為對掌握社團運作的人而言，這樣的稱呼不合乎邏輯：吉隆坡不是客家人的原鄉，客家人不是源於斯，客家人是從中國移民過來的。在他們的觀念裡，唯有回到起源點，客家的一切才有意義，也才能夠立足。

這樣的觀念跟晚近中國推行的尋根之旅、懇親活動等等頗能契合，也是晚近馬來西亞客家同鄉會積極從中國引進各種原鄉客家文化元素而不覺得違和的原因了[9]。這種銜接原鄉的論述，一方面足以證成他們作為一個群體的完整性，也就是一種歷史的延續性，這樣的歷史延續性就像族譜一樣，即便有著神話的色彩，卻是人們表達其起源

---

8 我們在一次嘉應會館的拜訪中，接待的會長在致詞時也提到同樣的現象與擔憂。

9 在一次新山客家公會的拜訪中，對方熱情招待，簡報其公會歷史。在簡報的前奏裡，播放了從中國採擷來的「𠊎係客家人」，所有的畫面也都是在中國客家地區的種種，包括永定地區的圍樓等，這對於成長在馬來西亞的客家子弟而言顯得非常格格不入。但是這類拼湊或被創造的文化或傳統，正在馬來西亞客家同鄉會的活動中蓬勃發展起來，這也是值得進一步分析的現象之一。

和代代相傳的古老群體構成的一種方式[10]；另外一方面，具備歷史延續的群體似乎也是在馬來西亞族群政治中生存的策略之一：在馬來政客不停區分土著（pribumi 或 bumiputera）與外來移民（pendatang 或 orang asing）以作為政治動員或操作的論述下，整體的華人都汲汲營營於構建其群體的完整性（wholeness）和歷史的延續性（historical continuity），以證明己身的歷史深度，以及跟這塊土地的連結。一般的華人，除了土生華人（peranakan Chinese）具備七到八代的移民歷史外，大多為第二到第四五代為主，其譜系短淺，無能彰顯其群體的歷史縱深，因此，連結在中國源遠流長的系譜正可彌補其移民史短淺的事實。縱深的譜系足以產生族群的榮耀感，充當對抗馬來主權至上（ketuanan Melayu）的論述，因此，幾乎同個時期，所有的華人亞群的同鄉會館都朝歷史延續的系譜化方向前進也就不足為奇了。正因為有著如此的論述，使得自稱為「吉隆坡客家」的年輕人會被受訪的同鄉會理事們訓斥、糾正以及擔憂的原因了。雖然如此，對很多居住在都市中的客家後生來說，如果沒有接觸同鄉會館，則顯然不知道自己父祖輩的來源地是很自然的事情，就如謝生那樣，他在聊天時使用「我們客家人」都會被會館理事糾正一樣。

在缺乏政府的介入下，吉隆坡的客家同鄉會館除聯誼功能之外，也肩負了文化傳承的功能，所謂的「文化」對同鄉會館來說，就是按照華人的節慶所辦的活動，例如農曆新春、中秋、端午和中元等等。就跟其他華人亞群同鄉會館一樣，只是，所不同的可能是在活動過程中會夾雜著各自的客家話、祭拜的祖先為客家人，如此而已。其他被歸類為「文化」活動者，像惠州會館的婦女組、康樂組以及合唱團就有舉辦飲食研習班、話劇和歌唱的活動，即便這些活動不一定都掛上客家之名，其內容也不一定唯有客家。就像饒氏在訪談中提到的，她參與大埔會館的合唱團，合唱團的老師所教導的歌曲不一定是客家

---

10 因此，在很多同鄉會館所出版的紀念特刊中，有關其地域群體的形成、遷徙的歷史就成為特刊裡重要的歷史，以及人們言談中提到的客家人的遷移歷史的根據了。

歌，有很多都是臺灣與中國客家歌曲，本地的創作就只有一些流行歌曲，像邱清雲、張少林等人的歌，這些歌曲有很多都是以他人的曲子配上自創的歌詞。或像惠州會館的劉生，他在會館辦卡拉OK歌唱活動，那些卡拉OK的歌曲大多為他人的創作，少有自己的創作。另外一類的「文化」活動則主要是因為中國開放後，很多同鄉都回鄉探親、尋根或交流進而帶來的原鄉文化。

　　整體來說，在吉隆坡的客家人在有關客家性上呈現出以下幾個特點：一，就如Handelman的族群分類中的族群組織一樣，吉隆坡的客家人基本上並沒有形成所謂客家庄。雖然很多人會說蕉賴（Cheras）、沙登（Serdang）、加影（Kajang）、甲洞（Kepong）、增江（Jinjang）等等地方有較多的客家人，但是也因為城市發展而打散可能聚集的客家人，這些地區並非只有客家人，也沒有形成客家庄。且更重要的是，客家在吉隆坡從過去的葉亞來時代的多數群體，變成後來的少數群體，廣東話因為商業、流行文化的影響而成為主流，因此，吉隆坡的客家人只能以客家組織的型態出現，這些組織包括本研究所涵蓋的惠州、大埔、赤溪和嘉應。這些組織大多出現在19世紀末20世紀初，它們承襲了當時的中國行政區劃，成為後人的原鄉認同來源。換句話說，在訪談的對象中，原鄉認同似乎是被強調的重點，這是呈現他們跟原鄉延續的方式，反而以馬來西亞地域為主的客家認同對他們而言是很奇怪的；二，延續而非創新成為受訪者最為在意的主題，這樣的主題也呈現在會館所推動的各種文化活動，這些活動基本上鮮少創新的成分，即便是歌唱，也是以他人的創作為主，並沒有自行作詞作曲，即便他們有這樣的能力。從觀察中看到，家庭仍是客家文化傳承的重要一環，而吉隆坡的客家人所認同的仍是原鄉的籍貫，並要後代緊記著所謂的根之所在。會館擁有經濟基礎，成為了文化傳承的另一支柱。然而不管家庭與會館目前都面對主流文化的衝擊，英文與華語，再加上國語（馬來語），以及在吉隆坡華人普遍使用的廣府語，形成對客家話的夾殺，讓語言的傳承出現了極大的危機，尤其在城市裡頭。馬來西亞華人非最大族群，他們必須面對最大

族——馬來人，這讓這些華南移民的第二代、第三代或第四代，必須團結在華人的族群旗幟底下，而客家認同就會淪為更次要的地位。這些因素都讓吉隆坡客家人在未來的三十年間面對嚴峻的挑戰。

六、結語

　　從中國遷徙至臺灣與馬來半島的客家族群，因遷移的年代不同和面對不同的族群，而產生不同的發展。在臺灣，客家人面對的主要仍是漢人族群，如閩南人，而客家人在這片土地上與其他漢族的競爭，雖讓居於少數的客家人產生隱形，但是客家人仍在社會有著一定的影響力。當 1988 年還我母語運動號角吹起後，客家意識被提振起來。臺灣之客家家庭與社團，固然面對文化傳續的問題，但是目前有公部門資源的挹注，讓文化傳承仍有支持的力量。從本研究的參與者敘述中，我們可以了解高雄客家人主要為二次或多次移民的結果，由於在臺灣的移民時間長，加上各種如開墾活動、宗族組織的形成等等，使得客家人在臺灣建構起一個個的社群，這些社群或所謂本土化（在地化）的客家群體，當進行再次島內移民時，就會將他們在祖先第一次移民的地方視為其起源地，因此我們可以在高雄看到客家四大庄頭，在這些同鄉組織的名稱上，基本上並不會加上中國祖源地名稱，而是他們的先輩在臺灣落腳發展的地方為其名稱。在訪談中，研究參與者也會大談他們在臺灣的祖源地如何如何[11]。對高雄客家同鄉社團來說，他們所延續的是在臺灣祖籍地的文化，所關懷的亦是原居地的各種事情，譬如九二一大地震對東勢的破壞與影響、美濃的反水庫事

---

11 本文並不完全否定臺灣客家社群也有前往中國原鄉尋根祭祖，但是，比起馬來西亞的客家團體的中國尋根祭祖，在心態與結果上有很大的不同。目前我們還沒有觀察到臺灣的客家同鄉會有將中國原鄉的文化元素帶入，也沒有因為尋根祭祖而將同鄉會更名為原鄉的名字的，因此，我們只能說臺灣客家前往中國原鄉尋根祭祖的影響應該是個人層面的，尚未發現有組織形式的影響，這點明顯不同於馬來西亞的客家社團。

件，以及對原居地的經濟建設和投資。就同鄉社團來看，它們似乎已經跟中國原鄉文化有所斷裂，因斷裂而必須再重新組合跟創新，最為明顯的例子如代表高雄客家人的夜合花、藍染，以及各類創作歌曲和戲劇等等。

在馬來西亞，客家先輩所移民的地方是個英國殖民地，他們的角色很多時候並非開墾[12]，而是作為歐洲重商主義與資本主義發展的勞動力。很多人都是在歐洲人開發的城市裡擔任工人或經商，這樣的發展大不同於開墾為主的早期臺灣。因此，很多的同鄉社團都是在城市裡，透過富裕的客家商人創辦起來的。由於都市中的華人亞群眾多，為區別彼此，同時為了團結同屬，它們大多以中國原鄉作為基礎，組合起來。在殖民時期，這些同鄉會館除了關心中國原鄉的種種事務，也同時關注殖民地的發展。經歷 1949 年的中國共產黨化，同時由於馬來亞本土政治發展的結果，讓這些同鄉社團逐漸轉向馬來亞而跟中國原鄉有了斷裂。但是這樣的斷裂並沒有讓它們更本土化，主要原因是因為馬來西亞本土化的發展為整體華人帶來文化消滅的集體焦慮。面對這樣的政治現實，華人認同以及有關華人文化的具體化或客體化因應而生。其他華人亞群認同與文化被壓抑下來，只能成為家庭或同鄉會館聊備一格的文化展演。誠如上述，吉隆坡的客家家庭裡，客家文化是否得以傳承並非家庭社會化所能解答的，我們還必須了解每個家庭所處的社會、經濟環境而定，因此，每個家庭都以自己最適合的方式來適應與生存，很難說哪種方式是最好的。家庭之外，吉隆坡的客家同鄉會館則在中國開放後積極與原鄉進行交流互動，並從中找到自己的定位，也就是與原鄉連結，深化亞群的歷史與文化的縱深跟延續，極力排斥本土化的重組與創新。因此，對吉隆坡的客家而言，斷裂與延續是主軸，不同於臺灣的斷裂、重組、創新與延續的過程。

---

12 在沙巴跟砂拉越的客家人以及馬來半島柔佛地區的潮州人是例外，在歐洲殖民前與殖民後，那裡的移民主要是作為開墾的勞動力，因此，直到今天在沙巴和砂拉越偏鄉還有很多客家人是務農為主。

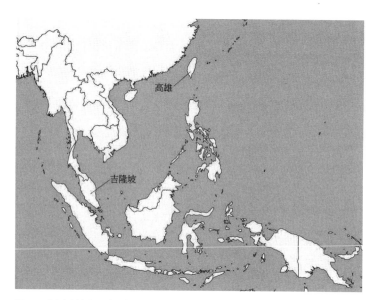

圖5-4 研究地區示意圖

參考文獻

Edmond Lee Eu Fah, [n.d.] "Profile of the Singapore Chinese Dialect Groups", in *Singapore Statistics Newsletter*, www.howardscott.net/4/Swatow_A.../Files/.../Lee%20Eu%20Fah.pdf (Surfing date: 17. 2. 2017).

Guibernau, Montserrat and John Rex (eds.), 2010, *The Ethnicity Reader: Nationalism, Multicultur alism and Migration* (2nd edition). Malden: Polity Press.

Handelman, Don, 1977, "The Organization of Ethnicity", *Ethnic Groups*, 1: 187-200.

Tan Chee-Beng, 2004 "Acculturation, Ethnicity and Ethnic Chinese", in *Chinese Overseas: Comparative Cultural Issues*, pp. 31-67. Hong Kong: Hong Kong University Press.

——, 2004, "Chinese Identities in Malaysia", in *Chinese Overseas: Comparative Cultural Issues*, pp. 91-110. Hong Kong: Hong Kong University Press.

李乾朗，1998，《鄞山寺調查研究》。臺北縣政府：文化局。

林麗華，2012，〈吉隆坡客家人與循人學校的發展〉。馬來西亞拉曼大學中華研究院中文系碩士論文。

黃文斌，2008，〈論析吉隆坡華人社區的形成與客家人的參與（1859-19201）〉，《亞洲文化》32：103-126。

楊彥杰，2003，〈移民與臺灣客家社會的變遷：以淡水鄞山寺為例〉。於www.hakka.ncu.edu.tw/Hakkaculture/chinese/files/speech/9210/921020-01.pdf，瀏覽日期：2017年4月1日。

第六章　從經營視角看高雄與吉隆坡之客家社團

利亮時

一、前言

　　客家人從中國南方的省份向外移民，而臺灣與當時的馬來亞[1]都是客家移民落腳的地方，而就移入的時間來看，臺灣始於清朝初年，而馬來亞則是在清中晚期。由於兩地的社會型態不同，這亦使客家人在兩地的發展有明顯的差別。在社團組織方面，會館是東南亞客家人重要的社會組織。在東南亞，特別是馬來亞地區，隨著歷史的發展，會館的類別也衍生出很多種，有地緣會館（包括省、縣甚至鄉層級），有以姓氏為主的虛擬親屬或血緣會館，也有以行業別來分類的業緣會館。本文所談的客家會館或同鄉會主要係以地緣團體為主。會館除了有互通資訊、聯誼之外，相當程度也有自保的功能，在現代國家尚未發展的年代裡，會館具有保護同鄉生命與財產的功能，或將客死異鄉的同鄉運回原籍安葬，從中可以看到會館在移民社會具有相當大的功能性。隨著東南亞區域，如馬來亞、新加坡與印尼等地在二戰後民族意識高漲，紛紛宣布獨立建國，而會館功能亦隨著這些國家的獨立而有所改變，不同的國家與不一樣的政策影響則讓會館的發展有著歧異之處。以馬來亞為例，在獨立建國之後，會館的功能雖然有些改變，但在獨尊某族群政策的影響下，會館仍然是華人社會的支柱和

---

1 馬來西亞於1963年9月16日成立，而之前都稱為馬來亞。為了符合歷史的發展，因此在行文中，1963年9月16日之前稱為馬來亞，而1963年9月16日之後則稱這片土地或國家為馬來西亞。

族群教育的維護者，基本上與英殖民時期的差異不大，反觀新加坡在建國後，會館的功能就逐步被政府所取代。

清中晚期的臺灣，汀州人移入淡水建立信仰中心鄞山寺，該寺除了是信仰寺廟外，亦兼具照顧汀州人的汀州會館，這種形式十分類似東南亞的會館之發展。然而汀州會館並沒有如東南亞的會館，其功能性逐漸擴大，反而是在汀州移民減少後，又退回到信仰中心的位置。這種有異於東南亞會館的演變與臺灣的社會型態有著密切的關係。清朝統治時期，從中國移入臺灣的客家人，主要是來臺灣進行開墾，當時的統治者是清朝政府，而非西方的殖民者，也就是當時的客家移民臺灣可以說是內部之移民；移墾臺灣的情形讓移民們需要組合起來以爭取諸如灌溉水源、與他族械鬥等情境，這種農業開墾的模式也不同於東南亞的社會型態。例如，1721 年朱一貴叛亂，威脅到客家人的生存環境。南部的客家人組織類似軍事的組織——六隊（堆）（這個組織成員包括現在高雄市美濃區、杉林區、六龜區與甲仙區；屏東縣高樹鄉、內埔鄉、萬巒鄉、竹田鄉、麟洛鄉、長治鄉、新埤鄉和佳冬鄉）以保衛自己的家園，這與東南亞都市區域的客家會館在功能上有所不同。可以明顯的看到，客家先民在東南亞都市與臺灣的社會生活有著頗大的差異。對當時移民臺灣的客家人而言，由於所處的是農業社會，大家都生活在同一個區域內，本來就能相互照顧，因此根本沒有設立同鄉會的必要；再者，客家移民臺灣的模式也不同於東南亞，即家族或同一家族的多房移出，因而出現了宗族式的嘗會組織[2]，以此來團結開墾的力量[3]。會館曾經在臺灣出現過，但是移民社會對此

---

2 「嘗會」是臺灣客家社會中普遍存在的組織。在清代留下的古文書中，經常可以看見「嘗會」、「蒸嘗」的名稱混用。事實上，「蒸嘗」應是特別指祭祀祖先的一個財產團體；而其他舉凡是集資共有財產的團體，客家人都會使用「嘗會」這個名稱，因此「嘗會」在範圍上較「蒸嘗」為廣。正由於「嘗會」組織的普遍存在，使得客家地區在土地產權的結構上有一種明顯現象：產權為「嘗會」所有的土地，佔相當高比例。若以目前已經做過調查的屏東平原而言，多數客家人集中的村落，嘗會所擁有的土地幾乎都在當地佔七成以上（莊英章 2009：668）。

3 東南亞華人移民主要是個別移民為主，少有家族或宗族的集體遷移，因此，大部分東南亞血緣團體幾乎都是擬親屬組織。

的需求性有限，而讓臺灣會館最終在移民潮結束後，走下了歷史的舞臺。直至工商業在臺灣逐漸發展起來，鄉區人民湧往城市謀生，而帶動同鄉會的成立。高雄市客家同鄉會的設立，開始於20世紀初期，但是沒有明確史料記載，因此有史料記錄的高雄市同鄉會始於1950年代末的工商業發展，引發了大量農村客家人口紛紛遠離鄉村，移往經濟機會比較多的都會區，此時開始出現以臺灣家鄉為名的客家社團，這現象就跟東南亞或馬來亞客家人在城市謀生時設立會館有許多相似的地方，但也有不同的地方，即臺灣的客家移民主要是以他們在臺灣鄉村或聚落作為結合同鄉的地緣組織名稱，例如新桃苗同鄉會、屏東客屬同鄉會等，而馬來西亞的客家人則還保留了對中國原鄉的認同，如嘉應會館、惠州會館、茶陽（大埔）會館、赤溪會館等。

客家社團組織可以說是以客家作為一個群體在公共領域的展現，當東南亞各國紛紛建國後，「華人」認同凌駕於方言認同之時（蕭新煌、張維安、范振乾、林開忠、李美賢、張翰璧 2005：192），會館扮演維護族群的角色。這就是為什麼當我們想了解客家之時，我們會自然地想到客家社團組織一樣。客家社團這個半公半私的領域正是客家人網路連結與文化展演的一個重要場域，當日常生活裡的客家性面對嚴峻挑戰時（林開忠 2011：434），特別是在東南亞的場域裡，會館顯得更為重要。客家成分的構成可以有外部與內部的因素，外部因素如國家的法令政策的影響而促使其展現或隱藏客家成分；或如全球化下客家社團的全球連結與流動而造成對客家中心地區（中國與臺灣）的文化或論述的假借、挪用及再創造等。另外就是內部因素的關聯：從過往的相關研究中發現，東南亞客家的文化傳承大多保留在半公半私的會館內，如祖先祭祀、飲食料理等，這也使得客家社團成為了客家文化保留與傳承的一個重要的據點之一（吳龍雲等 2007：27-48；汪芳紅等 2007：49-70）。根據以上的說明，客家會館可以說是以本身族群作為一個群體在公共領域的展現，因此在這樣的場域裡，客家社團如何成為凝聚客家族群網路及傳遞客家傳統是個值得關注的議題。如此的社會組織，是個人與國家之間的仲介，因此，它深受國

家政治經濟政策的影響，誠如黃賢強在研究上所言，會館既要配合國家政策也要面對時代的考驗（黃賢強 2011：36）。

　　本文以臺灣高雄市的四大客家社團和馬來西亞吉隆坡的四間客家會館作為研究對象，並從經營的角度切入去比較兩地社團之間的差異。以下整理兩個研究問題的方向：兩地外在大環境的變化，如何對客家社團產生影響？兩地會館內部，如何面對外在的變化與回應，以及聚焦兩地管理社團的特色？本文從上述兩個方向去試圖勾勒出臺灣與馬來西亞客家社團的經營模式。

二、外在環境對兩地客家社團的影響

　　日本殖民臺灣時期，在高雄這個南部地區進行現代化城市的建設，因此吸引客家族群大舉遷入高雄（傅有舜 2003：11）。日本大正時期（1912-1926），臺中東勢客家人集資成立「高雄乘合自動車合資會社」，以因應當時環境上交通運輸系統的匱乏，此舉培養出許多具有交通運輸技術的客家子弟。爾後，二次大戰期間，高雄地區因受到猛烈的轟炸，亟需重建。重建主要的建材為木材，當時富有伐木經驗與對木材材質極為了解的東勢客家人，紛紛遷徙至高雄，直至今日東勢客家族群在高雄的建材業，仍具有重要的地位與影響力（傅有舜 2003：12-13）。日本殖民時期（1895-1945）由於亟需修建縱貫鐵路（從南至北），也吸引許多北部的客家人從事勞動工作。新竹、桃園和苗栗地區因耕地貧瘠，成了北部客家人外流至南部從事鐵路建築工作的推力（傅有舜 2003：9-11）。至於高雄縣[4]（主要是來自美濃客家人）與屏東地區的客家人，則居地利之便，從事的商業活動原本就和高雄市息息相通，他們從開始的暫時居留到之後的置產襲居。從臺灣北部、中部、南部移入的客家人，陸續在高雄市成立同鄉會，其

---

4 2010年12月25日，高雄縣併入高雄市，如今的高雄市是由原高雄市轄區和高雄縣結合而成的。

中包括了高雄市新桃苗同鄉會（1957年）；高雄市屏東客屬同鄉會（1964年）[5]；高雄市客屬美濃同鄉會（1977年）；高雄市臺中地區旅高客屬同鄉會（1988年），這四個社團基本上構成了高雄市客家族群以四大庄頭（四大同鄉會）為主的現象。

圖6-1 客屬美濃同鄉會的會徽

在馬來西亞的吉隆坡，該地的客家人來自中國南方不同省份和縣區者，他們跟其他中國南方移民一樣把會黨的意識形態和組織結構運用在馬來半島，因而形成當地的經濟勢力鬥爭。為了謀生與維護自己族群的利益，華人內部開始進行合縱連橫的關係。吉隆坡（Kuala Lumpur）[6] 位於鵝麥河（Gombak river）與巴生河（Klang river）的交匯處，1857年，巴生地區的拉惹[7] 阿都拉（Raja Abdullah bin Raja

---

5 高雄市屏東客屬同鄉會成立於1990年代，但是該會領導層把該會的歷史與1964年創立的中原客家聯誼會相聯結，因此，高雄市屏東客屬同鄉會的歷史沿革是從1964年作為開端。

6 當時該地區是兩條河流交匯的沼澤地，因此馬來人就把此地稱為 Kuala Lumpur，原意為泥濘的河口。

7 拉惹（Raja）乃馬來語親王的稱謂。

Jaafar）利用馬六甲（Malacca）華人的資本，先後兩次僱用華工至暗邦（Ampang）[8] 開採錫礦。勞動人口亦隨礦區陸續開採大量移入，逐步在吉隆坡周圍建立起社區雛型（陳劍虹 1997：153-184）。

根據馬來西亞檳城州的文史工作者陳劍虹的記載，第一批至吉隆坡開礦的勞工，絕大部分是客籍的廣東惠州人與嘉應州人。客籍勞工的移入讓吉隆坡的族群結構出現變化。華族人口大量增加，成為吉隆坡的最大族群，值得注意的是在 19 世紀中晚期華人內部之中，客家人是當中的最大族群，在 1891 年的統計中，客家人在吉隆坡的人數達 24,575 人，佔華人人口的 71.3%（James Jackson 1964：42-57）。進入 20 世紀初期，由於華人其他亞群的移入，使得華人各亞群人數出現變化，據統計，1901 年在雪蘭莪地區（含吉隆坡）第一位是廣府人，第二位是福建人，第三位才是客家人，第四位是潮州人，第五位是海南人（南洋商報 1980 年 8 月 10 日）。客家人的大量移入吉隆坡與錫礦的開發有很大的關係，由於客家人在馬來半島北部的霹靂（Perak）與中南部的森美蘭（Negeri Sembilan）已經有開採錫礦的經驗，進入吉隆坡開採自然是駕輕就熟；另一方面，掌管華人事務的甲必丹（Captain）劉王光和後繼者都是客家人，在需要人力方面，自然會招募同鄉之人為主，這些因素都是令客家人大量移入吉隆坡的原因。

由於吉隆坡的開拓者是來自惠州的葉亞來[9]，因此惠州人南來日眾，葉亞來等惠州人於 1864 年創立了惠州會館，亦是客家人在吉隆

---

8 暗邦（Ampang）位於吉隆坡區域。由於錫礦的開採，該地區逐步形成一個市鎮。如今該地區已成為一個人口密集的城鎮，當地華人認為原來的中文譯名頗不吉利，因此將暗邦改為安邦。

9 葉亞來，1837 年 3 月 14 日，出生於廣東省惠陽縣淡水鎮周田鄉的農戶之家，17 歲南下馬六甲謀生。1859 年在堂弟葉福資助下，開始經營生豬和買賣錫米的生意。1860 年應甲必丹劉王光之邀至吉隆坡幫忙，1868 年劉王光病逝，而 1869 年葉亞來接任甲必丹。1873-1880 年，葉亞來掌握了吉隆坡的實權，初稱為「吉隆坡王」，這段時間，他致力建設吉隆坡這個城市，為吉隆坡朝向國際都市奠下基礎。1885 年 4 月 15 日，葉亞來因病逝世，得年 48 歲。英年早逝的葉亞來，亦讓他建立的企業王國迅速的衰落（雪隆惠州編委會 2015：27-32）。

坡最早的會館。1884年，惠州會館設立私塾，而在1885年則在惠州會館葉傑良等領導人的帶領下，把會館改建為富麗堂皇的中國式館宇。1913年會館響應中國國內推行新式的教育，而把原來的私塾改為新式小學，取名「循人學校」，以示飲水思源、承先啟後之意（雪隆惠州會館 2014：48）。會館在創設之初，領導層就積極為會館設置產業，再加上歷屆領導人的用心經營，令館的業務日漸興隆，在20世紀中期，惠州會館之財力在吉隆坡客家會館之中是數一數二的。

除了惠州人外，另一個人數眾多的客家亞群則是來自粵東的嘉應州人。吉隆坡錫礦的逐步開發，客籍中的嘉應州人從馬來亞其他地區和中國南來，人數也日漸增多。雪蘭莪嘉應會館創立於1898年，當時來自霹靂的嘉應錫礦家姚德勝、鄭安壽、李桐生和雪蘭莪錫礦家張運喜有感同鄉為了生活南來，在異地無依無靠。為了團結同鄉和彼此能夠守望相助，而創立了雪蘭莪嘉應會館。四位創辦人在吉隆坡諧街（High Street）捐了兩間店鋪，作為會館的館址。

爾後幾年由於從中國嘉應州來的同鄉人數日增，當時的會館不敷使用。1902年，創辦人之一的張運喜和另一同鄉潘阿岳，將他們在吉隆坡蘇丹街（Sultan Street）購得之地段捐獻給會館。雪蘭莪嘉應會館獲得該處地段之後，同年由黃彬三等人向馬來亞各地的嘉應州同鄉募款，以建設新的會所。為了表示對張、潘兩位贈地同鄉的敬意[10]，因此黃彬三等人將館舍建成廟宇的建築式，會館於1907年興建完成，並在1910年擴建左右橫屋兩座。新落成的會館，正廳奉祀關聖帝君供同鄉膜拜，兩旁則是置放鄉賢的長生祿位。

雪蘭莪嘉應會館成立之初，是由黃彬三及李芳相繼擔任總理。當時凡是嘉應籍人士，都可成為會館之會員。1929年英殖民政府頒布社團註冊條例，會館隨後才修改章程，嘉應同鄉須正式申請加入才會

---

10 據雪隆嘉應會館的史料記載，張運喜與潘阿岳購此地段，本來是要在該地段建一座廟宇（雪隆嘉應會館 2004：53）。

認可其會員資格。當時的入會基金訂為1元，沒有徵收年捐或月捐。會館之創建，是以聯絡同鄉情誼與增進同鄉福利為宗旨。因此會館也購置書報供同鄉閱覽，館內設有房間供會員借宿。在二戰之前，會館的功能主要是協助從中國南來的同鄉，提供空間讓同鄉有一個聚會的場所。

除了惠州與嘉應州的客家人外，大埔的客家人也於19世紀中晚期在吉隆坡扎根。雪隆茶陽（大埔）會館[11]創立於1878年，創設之初原稱茶陽公司，而在1913年英殖民政府頒布社團註冊法令，當時的茶陽公司領導人以雪蘭莪茶陽會館的名義進行註冊（雪蘭莪茶陽會館編委會 1978：8、14）。吉隆坡的大埔人除了成立茶陽會館外，為了照顧貧病的同鄉，另設一機構，當時名為茶陽回春館[12]，該館乃慈善救濟機關，以施濟大埔人士之貧病老邁無依，或殘廢、或死亡殯殮，並為贊助教育，培植人才，致力社會福利事業之宗旨而創立的（雪蘭莪茶陽會館編委會 1978：13）。雪隆茶陽（大埔）會館，除了回春館外，尚有勵志社（類似青年會），除了三館外，雪隆茶陽（大埔）會館亦在二戰後為解決學子無書可讀的困境，而創設了南開學校。雪隆茶陽（大埔）會館與茶陽回春館能夠在各方面為同鄉服務，主要是大埔先賢們為會館厚植了許多產業，在吉隆坡市區多個地方，包括了巴剎路（Jalan Pasar）、安邦路（Jalan Ampang）等都擁有頗多產業。再加上多代領導人積極經營，並與企業合作使原有的產業升級，使得會館的收入不斷的增加。

客家人在吉隆坡，主要是以惠州人與嘉應州人為主，大埔人次之，另有一個客家小群體來自廣東省臺山縣赤溪鎮，這個小鎮的居民都是講客家話，他們南來吉隆坡謀生之時，因為同鄉出了一位名人——馬來亞雪蘭莪州最後的一位甲必丹葉觀盛，他亦是英殖民政府的

---

11 吉隆坡原隸屬雪蘭莪州，1974年馬國中央政府將吉隆坡升格為聯邦直轄區，而在吉隆坡的客家會館，也紛紛向社團註冊局更改名稱，由雪蘭莪改為雪隆。

12 名稱上因為法令與行政區域的更動，從茶陽回春館，後修正為雪蘭莪茶陽回春館，之後再修正為雪隆茶陽（大埔）回春館。

官委立法委員。1870年葉觀盛隨葉志英來吉隆坡協助葉亞來開發吉隆坡，他個人則不斷累積資本，並投入開採錫礦的行業。1889年葉觀盛在吉隆坡的錫礦場，僱用工人達七千多人，是當時雪蘭莪州最大的礦主之一（赤溪公館特刊編委會 1997：40）。葉觀盛事業有成之後，為了照顧同鄉於1885年以一己之力創立了赤溪公館，並捐獻館址設館，為公館設置了產業。赤溪公館在當時主要是扶助南來生活陷困的同鄉，並團結在吉隆坡地區人數不多的赤溪人。

圖6-2　會館領導層與會員每年都會至總墳舉行祭拜的儀式

　　從社團成立的過程來看，兩地的直轄市——高雄市與吉隆坡市有明顯的差別，首先在時間上，高雄市的四大客家社團都是在1950年代之後成立的，而在吉隆坡的四大客家會館，基本上從最早成立的惠州會館（1864年）與最晚創設的嘉應會館（1898年）都是在19世紀中晚期就成立了。兩地的客家社團成立的時間有這麼大的差異，主要在於兩地外部社會的差異。臺灣社會是一個農業社會，正如前述在農村社會設立嘗會，移民本身基本上沒有設立同鄉會的需求。反觀吉隆坡，其開埠之初就引進了中國南方移民，這些移民中以客家人為主，

該地區錫礦的發現，為客家人提供了一個謀生，甚至是創造事業的新機會。不少的客家先賢因此致富，成為著名的錫礦家。事業有成的客家先賢，為了讓同鄉有所依靠，而成立了會館來照顧後來者；另一方面，會館的建立是確立這些富有客家先賢共主的地位，以下是就此詳細的敘述。

兩地的統治者亦有頗大的不同，臺灣歷經清朝、日本與國民黨的統治，而臺灣的社會大約在日本殖民時代的20世紀初才進入工商業的時代，這種發展不同於吉隆坡。1824年英荷兩大殖民帝國簽署協議後，馬來亞半島就隸屬英國殖民統治的範圍，而印尼群島則隸屬荷蘭。在馬來亞地區，英殖民政府大力鼓勵商業活動，為這些南來的中國移民，提供了良好的經商機會[13]。這當中有人崛起，例如客家的礦主逐漸形成一個富人階層，並且成為了族群社會的領導層（顏清湟1992：150-151）。英殖民政府重商政策和鼓勵事業有成的中國移民成為其族群社會領袖，主要基於本身經濟的考量。在成為社群領導的同時，這些客家礦主強烈意識到延續家業和社會地位的重要性。他們開始成立會館，把自己和社群組成一個「生命共同體」，爭取自身和族群的利益[14]。會館等組織成了聯絡同鄉感情和讓商人推進業務的場所（何炳棣1966：10）。會館的運作需要的是經費，因此客家礦主或富商便能憑藉雄厚的財力，順理成章登上會館的領導階層（陳金土1970：23），鞏固他們在族群社會的地位。會館既然由族群有錢的人來領導，他們就有責任出錢出力辦教育。這樣除了有助於他們獲得族群的認同與讚揚，提高和維持他們在社群的聲望和影響力外，同時也履行了他們作為社會領袖的義務。據陳金土研究，馬來亞華文教育源

---

13 萊佛士（Stamford Raffles）在新加坡開埠後，開始實行重商主義政策，即給予商人特殊優待，處處保護商人的利益，並且公開宣稱商人階級是新加坡社會的中堅份子（林孝勝1995：8）。

14 例如四邑（新寧、新會、恩平和開平）人士設立的北城行和曹家館，南海和順德邑人成立南順會館。林孝勝，〈十九世紀新華社會的幫權政治〉，見林孝勝《新加坡華社與華商》，頁44-45。

流的興辦，商人和會館的貢獻是佔著非常重要的地位，同時也形成了商人、會館和中文教育連鎖關係的特色（陳金土1970：3）。由於當時華文學校的發展一直沒有獲得英殖民政府的支持，中文學校的發展經費主要都是依靠商人、會館和族群社會的熱心人士捐款才得以維持。惠州會館辦的循人學校、嘉應會館辦的中國學校與茶陽（大埔）會館所辦的南開學校就是最好的例子[15]。換言之，商人、會館與中文教育，形成為一個「三結合」的緊密機制。兩地社會型態的不同，讓社團的出現、功能性和發展有歧異的發展。這亦將造成兩地社團在經營上產生很大程度的不同，下一節將就兩地社團的經營來進行分析比較。

三、內部的回應：兩地社團的管理模式

高雄市客家族群的四大庄頭，分別是高雄市新桃苗同鄉會、高雄市屏東客屬同鄉會、高雄市客屬美濃同鄉會和高雄市臺中地區旅高客屬同鄉會。這四大客家社團在設立之初都沒有自己本身的會所，直到現在四大社團目前只有高雄市新桃苗同鄉會於2003年才向會員與社會人士募款，並在高雄市三民區褒忠街157號購得一個店面的單位，從而使同鄉會擁有了自己的會所（高雄市新桃苗同鄉會第十五屆第二次會員大會 2005：25）。高雄市屏東客屬同鄉會與高雄市客屬美濃同鄉會，則是由社團裡的熱心會員或卸任的領導人，提供本身的產業（大樓的某一個單位）作為社團的會所，而無償的使用期是十年。臺中地區旅高客屬同鄉會方面，至今仍沒有活動的場地。

高雄市客家社團，功能上屬於是聯誼性質，以高雄市新桃苗同鄉會為例，在其章程總則的第二條就明確表示：「本會為聯絡新竹縣市、桃園縣、苗栗縣等地區旅居高雄市同鄉情感圖謀鄉親福利……」（社團法人高雄市新桃苗同鄉會組織章程2006：1）。高雄市屏東客

---

15 赤溪公館由於人數少，經濟力量有限，會館並沒有開辦學校。

屬同鄉會的功能基本上與高雄市新桃苗同鄉會雷同，只是前者有特別強調客家文化，在其章程總則的第三條：「本會以傳承客家固有文化，聯繫鄉親情誼，推廣客家事務為宗旨」（高雄市屏東客屬同鄉會組織章程 2013：1）。

從經營的角度來看，高雄市的四個客家社團，在財政規劃主要是依靠理事、會員、社會人士的捐助，基本上社團本身沒有任何其他資產的收入。我們不妨逐一檢視之，首先是高雄市新桃苗同鄉會，在其章程第二十七條中，明確列舉同鄉會的收入：「本會經費以左列各項收入充之：1. 入會新臺幣500元。2. 常年會費定新臺幣500元一次繳納之。3. 同鄉樂捐如下：（1）理事長：最低下限二十萬元正。（2）副理事長：陸萬元正。（3）常務理事：肆萬元正。（4）常務監事：伍萬元正。（5）理、監事：貳萬元正（任期二年，可分期繳納）」（社團法人高雄市新桃苗同鄉會組織章程 2006：3）。就算新桃苗同鄉會擁有自己的會所（產業），但是該產業供同鄉會活動之用，其根本無法提供收入的來源，相反的是同鄉會還要為了會所另提供一筆維護與營運的費用。

高雄市屏東客屬同鄉會，經費來源方面與其他同鄉會一樣，主要是依靠會費與捐款來維持同鄉會的運作，唯一不同於高雄市新桃苗同鄉會的是，該會沒有明列理事長、理事等應捐的數額。該會在章程的第卅三條中，只是列舉同鄉會收入的來源，其中包括了入會費與常年會費（皆是新臺幣壹仟元），事業費、會員捐款、委託收益、基金及其孳息（高雄市屏東客屬同鄉會組織章程 2013：3）。高雄市客屬美濃同鄉會和高雄市臺中地區旅高客屬同鄉會，其經費來源基本上與前述兩大同鄉會相同，會員常年會費和捐款，而兩會的會費皆是每年新臺幣500元（高雄市臺中地區旅高客屬同鄉會組織章程 2014：4；高雄市客屬美濃同鄉會成立38週年 2015：54）。從四個客家社團每一屆財務報告來看，一般都是維持在收支平衡，根本沒有任何盈餘可言。這等於每一屆的領導層必須為推動會務，而進行資金的籌措，這種方式讓同鄉會的運作面臨挑戰，其他包括了接班人的問題。四個客

家社團合組高雄市客家文化基金會，該基金會董事長由四大社團派人輪流擔任，但是該基金會的資金主要來自政府，而非由民間所籌募的，以筆者在研究中觀察，目前基金會的活動亦十分有限。

吉隆坡的四間客家會館，在經營上完全不同於高雄市的四大庄頭。首先雪隆惠州會館、雪隆嘉應會館、雪隆茶陽（大埔）會館和吉隆坡赤溪公館都擁有本身的資產或產業。這些產業都是創設先賢與後繼者捐獻給社團，讓這些社團在接下來的歲月能夠自給自足。歷任領導層積極為原有的產業增值，從而使會館的財務健全，以目前吉隆坡四間客家會館的財務狀況來看，四間會館都有資產和現金（包含流動現金和定期存款），而每個月的租金收入亦相當可觀，這些都讓會館除了不用依靠會員與領導層的捐助之外，尚有能力去幫助同鄉，例如

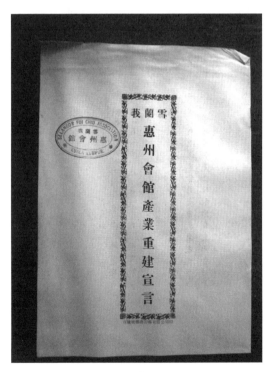

圖6-3 雪蘭莪惠州會館產業重建宣言（1977）

會館在財政有盈餘的情況下，為全體會員投保意外保險，這對會員而言是一大福利，亦有利於吸納新的會員。會館的領袖們會想方設法提升會館的資產，例如茶陽（大埔）會館與美國花旗銀行合作，共同開發該會館位於吉隆坡市區的一塊土地，以達致雙贏的目的。

　　吉隆坡的客家會館與其他華人亞群的會館或組織進行合作，以照顧族群的利益。雪隆地區的華人主要由廣府人、客家人、福建人、潮州人與海南人所組成，而當中廣府人與客家人的人數是居於多數的。這些華人亞群的會館透過吉隆坡廣東義山組織作為照顧族群身後之事的一個機構，另外亦是各廣東籍會館聯繫的一個重要平臺。吉隆坡廣東義山是一個墳地組織，在吉隆坡開埠之初（1859年），地廣人稀，當時在毫無選擇的情況下，中國移民都會把逝世者遺骸埋葬在目前漢都亞路（Jalan Hang Tuah）附近國家體育館及半山芭監獄原址一帶地區，變成荒塚累累，跟鄉團有關係或其親屬尚在者，在逝世三、四年間開棺撿骨，火化後將骨灰置甕，寄回中國原鄉重葬，而那些無親無戚者，其孤墳乏人管理，歷經雨打日曬，牛羊踐踏，野狗扒挖，有的棺木暴露，有的金甕破損，斑斑白骨，散露荒崗野草間，不忍卒睹。[16]

　　當時的客、廣先賢，如葉亞來、葉觀盛、趙煜、陸佑及葉致英等目擊此情此景，為了一勞永逸處理同鄉善後殯葬事宜，遂發起成立吉隆坡廣東義山，並著手向英殖民地政府申請葬地，經過多年的奔波及籌畫，終於獲得英殖民政府首肯，於1895年正式憲報公布，撥給吉隆坡語文局路（舊飛機場路）一塊215英畝地段給義山作葬地。1920年，另撥地48英畝，使義山吉隆坡語文局路葬地，增至263英畝。義山的創建，主要是由雪隆廣肇會館、雪隆惠州會館、雪隆嘉應會館、雪隆海南會館、雪隆潮州會館與雪隆茶陽（大埔）會館六所會館發起建立的。該義山的董事會亦由六大會館派董事組成，分別是雪隆廣肇會館代表八名；雪隆惠州會館代表五名；雪隆嘉應會館代表五名；

---

16 見廣東義山簡史 http://ktc.org.my，筆者於2017年1月20日進入該網站。

雪隆海南會館代表五名；雪隆潮州會館代表五名；雪隆茶陽（大埔）會館代表三名。從廣東義山的董事代表人數來看，固然廣肇會館的代表最多，而茶陽（大埔）的代表最少，但是從語系來看，廣府語系董事人數只佔總人數的26%，客家語系（惠州、嘉應州與茶陽）的代表則是佔了42%，潮州語系的代表只有16%，海南語系亦佔16%。從另一個層面來看，廣州府與肇慶府兩州、惠州、潮州、嘉應州與海南島都是廣東省底下的州屬，這些州屬會館固然可以擁有五～八席的代表權，而茶陽（大埔）會館只是潮州府下的一個小縣，亦可以擁有三席，這足可證明該會館在雪隆地區的勢力。整體來看，客家語系的會館居於多數的代表，另外亦代表客家人在人數與財力上都是佔有相當重要的地位。

　　1957年馬來亞到1963年馬來西亞的成立，這塊土地脫離英殖民政府而建國，但是1969年5月13日的種族流血衝突，讓馬來西亞政府調整國內的政治、經濟、教育等政策，改變的目的是全力扶助馬來族群。獨厚某種族的政策，其結果是壓縮到該國其他族群的生存與發展空間。由於馬來西亞政府在1969年以後採取種族分配式的政策，讓國家的發展失去一定的自由度，從而使得這個脫離英殖民政府建立的國家，在某些政策上與英殖民時期沒有太大的變動。早期英殖民政府對華人社會都沒有直接的管理。這些來自中國的移民，在沒有英殖民政府的直接管制下，他們面對的問題要靠誰來負責解決和協助，而華人會館便是在這一基礎上建立的。會館是華人社會珍貴的資產。在1969年之後，馬來西亞政府在經濟、教育上扶持馬來族群，基本上華人的權益受到國家的不公平對待，處境相較於英殖民時代，並沒有顯著的改變。由於國家政策的偏差，讓華人社群仍需要會館的協助，這使得會館功能仍延續英殖民的模式繼續存在馬來西亞。

　　以吉隆坡四間客家會館為例，在獨立建國之後，會館的功能並沒有被政府所取代，例如雪隆嘉應會館創設的中國學校，會館方面繼續給予經費的支持，從1981-2004年，每年平均資助馬幣1萬元（臺幣約10萬元）（雪隆嘉應會館 2004）。學校學生日增，中國學校歷經

三次的擴建，會館捐獻了馬幣60萬元，另外積極為學校向華人社會籌款。雪隆茶陽（大埔）會館創設的南開學校，會館亦有固定與特別撥款，以支持該學校的軟硬體設備。

1961年馬來亞教育法令，欲將華文中學改制為英文中學，而拒絕改制的華文私立中學，因無法得到政府的教育經費，而仰賴華人社會與社團的支持。雪隆惠州會館全力支持循人中學的財政，而雪隆嘉應會館亦在能力範圍內給予資助，例如1974年會館就捐助獨立中學基金馬幣1萬元。1970年之後，國家在大專教育採取了族群分配制，令許多華人子弟無法進入馬來西亞公立大學的窄門，為了讓子弟有繼續深造的機會，吉隆坡的四間客家會館，都紛紛設立大專貸學金（無息）和獎學金，以鼓勵和協助年輕的子弟到海內外學院和大學深造（雪隆嘉應會館 2004：36）。

在經濟方面，馬來西亞政府以政策及力量來扶持馬來人，對華人的經濟地位產生了負面的影響。1974年3月，當時馬華公會第四任會長李三春召開經濟大會，他提出了「華人應集合一切現代的經商技術來設立堅強及富有活力的企業機構」的概念（鍾天祥 1984：39）。李三春提倡華人提升企業競爭力和辦大企業，是要避免在1970年的新經濟政策（分配式的經濟政策）下，華人經濟力量逐步遭削弱。李三春的企業理念，激勵了華人小商家從舊式的家庭工業，擴大至現代經營模式。華人商團和宗鄉團體也紛紛響應，投入了成立控股公司，向大企業進軍的浪潮。1980年代，多間會館響應馬華公會的號召，如雪隆嘉應會館、雪隆惠州會館等，紛紛成立控股有限公司[17]。

高雄市與吉隆坡兩地客家社團的經營模式明顯存在極大的差異，這跟兩地的社會發展有莫大的關係。在高雄市的移民都屬於島內二次移民，這些移民高雄市的客家移民，其家鄉距離高雄市，遠者200公里，近者只有40公里，這種距離對許多客家移民來說是不太遠的距離。對高雄市四大客家社團而言，同鄉會設立之目的一開始就是以聯

---

[17] 1980年代中期的經濟風暴，令這些集資的華人投資公司遭到了重挫。

誼為主，扶助同鄉的功能大約存在於二次大戰前與二戰後的一、二十年間。我們全面去看四大客家社團的會員，他們的先祖來臺超過二個世紀以上，在臺擁有一定的經濟基礎和親屬網絡，社團或同鄉會充其量只是聯誼或者商業上的聯繫，而非急難救助的單位。四大客家社團從成立至20世紀末，主要都是採自力更生的模式來推動社團的發展，直至行政院客家委員會的設立，讓這種模式產生了一些轉變。

行政院客家委員會於2001年6月14日的成立，肩負傳承與發揚客家文化的使命，而公部門的資源投入客家文化之園地，固然對族群文化產生正面的效應，但是這也會讓部分社團產生一種依賴的心態，慢慢弱化其功能。由於上述各種原因，包括了移民來臺時間超過百年以上，移入高雄屬於島內二次移民，而非遠涉重洋的移民等因素，導致高雄市四大客家社團，在經營模式上，較缺乏永續經營的理念，必須依靠領導層與會員的捐款來維持日常的運作，這可能會讓社團一直處於且戰且走的狀態，影響社團正常的發展。目前問題開始浮現，例如高雄市臺中地區旅高客屬同鄉會面臨嚴重青黃不接，而社團正考慮與高雄市新桃苗同鄉會進行合併。

相較於高雄市，吉隆坡的四大客家會館，其歷史都超過百年以上，能夠屹立百年的時間，絕不是一件簡單之事。馬來西亞客家先賢的南下謀生是一段披荊斬棘的辛酸史，他們單身或數人作伴離開家鄉遠赴三千多公里的異地，依靠的就是同鄉的協助，這使得會館的存在是十分必要的。創設會館的客家先賢擁有高瞻遠矚的規劃，創立之初就為會館設置產業，再經歷代領導人的積極經營，讓會館在財政上相當健全，這方能繼續照顧不斷南下或已扎根當地的同鄉。從英殖民地政府到馬來亞獨立，再歷經馬來西亞成立與後來的新馬分家（馬來西亞驅逐新加坡離開馬來西亞聯邦），基本上對華人社會而言，變化沒有太大；族群的移民潮已經結束，開始進入了第二代、第三代甚至第四代，但是政府的馬來人至上之族群主義政策，讓會館無法退場，必須繼續為自己族群服務。在這種環境下，我們看到吉隆坡四間客家會館，並沒有因為英殖民的離開而停下發展之腳步，反而是不斷強化本

身的財政狀況，持續扶助本身的族群，只是形式不同於移民早期。總的來說，在外部環境的影響下，讓兩地的客家社團用不同的模式來回應之。

四、結語

馬來亞或馬來西亞政治社會的演變，會館能夠不斷調整腳步，可以看到其組織的靈活性。會館能夠成為當下馬來西亞華人社會的後盾，應該歸功於昔日有遠見的先賢們。以商人為領導中心的會館組織，將營商的精神注入會館的管理方法之中，先賢積極為會館置產，為會館的永續經營打下基礎。今天的吉隆坡的四間客家會館，亦是在此模式之下，歷經多代客家先賢艱辛的奮鬥，打下了穩固的基業。這些資本或基業，讓會館有能力照顧同鄉的福利，為同鄉學子提供深造的援助，使他們不會成為政策偏差的受害者。

1970 年代至 1980 年代，華人社會總動員致力發展族群在經濟領域上的版圖，以此來抗衡馬來西亞政府側重馬來族群的新經濟政策。馬來亞建國及後來馬來西亞的成立，華人已經成為了公民，照理會館功能會逐步減少，未來可能面對退場的命運，例如新加坡在 1965 年 8 月 9 日建國後，就逐步取代會館在族群的功能。然而，馬來西亞在 1969 年的「513」族群流血衝突事件之後，為會館提供了生存的契機。政府在教育、政治、文化與經濟上的強化馬來人政策，導致華人社會被排除在扶助政策之外。為了維護華人社會的經濟地位、教育與文化，華人社會必須集合原有的資源來支持之，而會館正是華人社會的重要資源之一。馬來人至上的政策，令會館在華人社會的功能性獲得強化，並且成為了文化與教育的捍衛者，甚至是政治上的壓力集團。從吉隆坡客家四間會館的例子正讓我們看到馬來西亞會館的地位並沒有因建國而退場，反而繼續扮演族群文化與教育的捍衛者。

反觀高雄市，由於臺灣的族群關係與社會發展，並沒有像馬來西亞般的複雜，因此在某種程度上，社團的功能性就停留在聯誼和發揚

族群文化上，再加上中央或地方政府會給予社團活動小額經費的支持，而讓社團在經營上逐漸缺少了積極性。目前高雄市四大庄頭之一的高雄市臺中地區旅高客屬同鄉會面臨財政缺口、會員斷層的窘境和未來朝向合併的可能性（高雄市臺中地區旅高同鄉會——第七屆第二次會員大會大會手冊 2014：3）。類似的情形亦有可能在若干年後發生在其他同鄉會的身上。歷史、政治社會與族群背景，固然是影響兩地客家社團的關鍵，任何研究都不可忽略大環境的因素，而經營模式正是一種對大環境的回應，而且各地的經營模式都有其獨特之處，這不是放諸四海皆準的。對於兩地客家社團的比較，從經營模式可以看到兩者的差異，而這亦可能影響著兩地社團未來的發展。

參考文獻

Jackson, James, "Population Changes in Selangor 1850-1891", *Journal of Tropical Geography*, 19 (1964), pp. 42-57.

何炳棣，1966，《中國會館史論》。臺北：學生書局。

汪芳紅、郭兆嫻、陳佩霞、吳慧娟，2007，〈新加坡客家會館（下篇）——豐順會館、永定會館、茶陽會館和南洋客屬總會〉，黃賢強主編《新加坡客家》，頁49-70。桂林：廣西師範大學出版社。

《社團法人高雄市新桃苗同鄉會組織章程》，2006。高雄：高雄市新桃苗同鄉會。

吳龍雲、洪燕燕、潘慧珠，2007，〈新加坡客家會館（上篇）——應和會館、惠州會館、廣西暨高州會館〉，收錄於黃賢強主編《新加坡客家》，頁27-48。桂林：廣西師範大學出版社。

赤溪公館特刊編委會，1997，《吉隆坡赤溪公館112週年紀念特刊》。吉隆坡：赤溪公館。

林孝勝，1995，《新加坡華社與華商》。新加坡：新加坡亞洲研究學會。

《南洋商報》（馬來西亞），1980年8月10日。

林開忠，2011，〈日常生活中的客家家庭：砂拉越石山與沙巴丹南客家家庭與日常生活〉，收錄於蕭新煌主編《東南亞客家的變貌：新加坡與馬來西亞》，頁403-443。臺北：中央研究院－亞太區域研究專題中心。

《馬來西亞雪隆惠州會館慶祝150週年會慶紀念特刊》，2014。吉隆坡：雪隆惠州會館。

《高雄市新桃苗同鄉會第十五屆第二次會員大會》，2005。高雄：高雄市新桃苗同鄉會。

《高雄市屏東客屬同鄉會組織章程》，2013。高雄：高雄市屏東客屬同鄉會。

《高雄市臺中地區旅高客屬同鄉會組織章程》，2014。高雄：高雄市臺中地區旅高客屬同鄉會。

《高雄市臺中地區旅高同鄉會——第七屆第二次會員大會大會手冊》，2014。高雄：高雄市臺中地區旅高同鄉會。

《高雄市客屬美濃同鄉會成立38週年》，2015。高雄：高雄市客屬美濃同鄉

會。

雪蘭莪茶陽會館編委會，1978，《雪蘭莪茶陽會館茶陽回春館百年大慶特刊》。雪蘭莪：茶陽會館。

雪隆嘉應會館編，2004，《雪隆嘉應會館106週年紀念特刊》。吉隆坡：雪隆嘉應會館。

雪隆惠州編委會，2015，《惠州名人》。吉隆坡：惠州會館。

莊英章，2009，〈子計畫十三：客家族群的「嘗會」與地方社會發展：以頭前、鳳山兩溪流域為例〉，《四溪計畫》。臺灣：行政院客家委員會。

陳劍虹，1997，〈甲必丹時代的吉隆坡華人社會〉，收錄於李業霖編《吉隆坡開拓者的足跡——甲必丹葉亞來的一生》，頁153-184。吉隆坡：華社研究中心。

陳金土，1970，《從福建會館創辦南洋大學看新加坡華文教育中「商人，會館，教育」的連鎖關係》。新加坡：南洋大學歷史系榮譽學士畢業論文。

黃賢強，2011，〈新加坡永定會館：從會議記錄和會刊看會館的演變〉，收錄於蕭新煌主編《東南亞客家的變貌：新加坡與馬來西亞》，頁33-64。臺北：中央研究院－亞太區域研究專題中心。

傅有舜主編，2003，《高雄市客家人文史之研究》。高雄：財團法人高雄市客家文化事務基金會。

蕭新煌、張維安、范振乾、林開忠、李美賢、張翰璧，2005，〈東南亞的客家會館：歷史與功能的探討〉，《亞太研討論壇》28：185-219。

顏清湟，1992，《海外華人史研究》。新加坡：新加坡亞洲研究學會。

鍾天祥，1984，《李三春‧華教‧馬華》。雪蘭莪：人間出版社。

廣東義山簡史 http://ktc.org.my，2017年1月20日。

第四部分

宗教信仰
Religious Beliefs

第七章 神格的新生和轉換：
臺灣義民爺和馬來西亞檳榔嶼大伯公[1]

林本炫

一、前言

　　不論客家人移居到臺灣或者東南亞，其原鄉原有的宗教信仰也隨移民帶到移居地。舉凡拜祖先、關公、媽祖、土地公等神明信仰，都隨著移民的腳步來到了臺灣和東南亞。但是由於和原鄉生活環境的差異，以及歷史發展的因素，臺灣和東南亞都產生了其在地新生或轉換後的宗教信仰。以臺灣來說，當然就是義民爺信仰，而東南亞華人宗教信仰當中的大伯公，則被認為可能是東南亞華人移居到當地之後經過轉換的神明信仰。

　　臺灣的義民爺為客家人所獨有的信仰，其神格所指涉之對象與內容，目前已無疑問。但經過客家人士多年努力之後，對於義民爺的神格來說，臺灣各不同族群可能仍存有不同的看法。甚至於對一般客家人來說，是否所有客家人都對義民爺的神格有相同理解，仍存在著疑問。而對於東南亞的信仰來說，「大伯公」所指究竟為何？目前仍然莫衷一是。有說大伯公其實就是土地神，就是「福德正神」，就是一般所說的「土地公」。也有說大伯公是指開墾東南亞有貢獻的華人移民前輩，更有說大伯公就是指羅芳伯這個人。

1 本文原初構想承蒙張維安教授指點，在檳榔嶼的田野調查承蒙利亮時教授、林開忠教授帶領協助，特此致謝。並感謝張維安教授和利亮時教授對本文提供的修正意見。張維安教授仔細閱讀本文並提醒多處錯誤。利亮時教授則對最後一項結論進一步引伸，並建議以「神格提升，其他神明補位」作為本文總結。然所有文責由本文作者自負。

客家人稱土地公為「伯公」，如果大伯公就是土地公，為何不是像臺灣一樣稱為「伯公」，而是稱為「大伯公」？如果大伯公就是開墾南洋有功的前輩華人，那麼，作為土地神（自然崇拜）的伯公，為何會和生前有功的人連結在一起？在東南亞的不同地區中，有稱「大伯公」，也有稱「大伯公公」，那麼，有沒有僅僅是祭祀「伯公」的呢？

　　土地公雖然是自然崇拜的土地神，但是作為最基層的神格，也是架接有德有功之人和天界的橋樑。在華人民間傳說裡，不乏有德有功之人死後成為伯公的傳說。譬如在臺灣客家地區（有些福佬地區也有這種情形），有些客家家族認為其有德行的祖先，死後成了某一地的土地公（伯公），又或者被調到另外的地區擔任伯公。伯公從一個「神格」，轉成為天界的一個「職務」，某家的祖先死後去當「伯公」，這樣的傳說在西湖宣王宮的鸞書《洗甲心波》裡流露出來（林本炫 2013）。

　　東南亞客家地區的「大伯公」信仰如果不僅僅是自然神崇拜，不是一般的「土地公」，那麼其崇祀的過程必然經過轉換，將土地公轉換成可以由人死後成神擔任的神格。而不論是臺灣的伯公信仰的這種轉換過程，抑或是東南亞的大伯公信仰，本文要討論的是，同樣是移墾社會，雖然都各自有「某種形式」的政府管理，但是在多半依靠自立拓墾的社會裡，因為對拓墾先賢的尊崇，不同的社會透過怎樣的機制，產生在地新生或轉換的信仰，成為今日的面貌？

二、研究目的

　　綜合以上所述，本研究之目的在探討華人移墾社會中，新神格如何誕生或者轉換？促成新神格誕生主要的文化邏輯是什麼？其後又受到社會文化和政治力量如何的影響？

　　由於中國的帝國很早便形成，政治一直對宗教有極大的影響力，政治力對神格的提升和興衰往往有相當重要的影響力，如媽祖和關聖

帝君神格的提升過程，因而阻礙了觀察神格發展的「純粹」文化邏輯。而臺灣和東南亞，正好是兩個可以相互比較的移墾社會。東南亞長期處於殖民地狀態，由殖民政府進行統治直到1940-1950年代陸續獨立建國。臺灣自1895年之後，清帝國不再統治臺灣，臺灣在日本殖民統治下，宗教場域的神格發展必須依照華人社會自身的文化邏輯，甚至還可能必須抵擋政治力的壓迫，才有可能持續發展。在這樣的情況下，東南亞華人社會和臺灣這兩個地區，正好提供了了解華人社會的神格如何誕生和成長的場域，並且透過對東南亞華人社會中大伯公信仰的研究，觀察對照出臺灣義民爺信仰發展的文化邏輯，由此了解臺灣客家族群文化中所內含的「人－神關係」。

根據以上的提問，本文關注以下幾個研究問題：

（一）在華人移墾社會中，新的神格如何誕生或者轉換？

（二）新神格的誕生，分別受到哪些社會文化以及政治力量的影響？

（三）同樣是移墾社會，臺灣和馬來西亞的在地新生宗教信仰，有哪些主要的差異？

三、文獻探討

焦大衛（Jordan 1972）將華人的宗教信仰系統分為「神」、「鬼」、「祖先」三個主要元素，而且三者之間彼此有動態轉換的關係。人死為鬼，一般人死後成為家鬼，也就是祖先。有德有功而受子孫以外之人祭祀者，則為神。日本學者渡邊欣雄（2000）進一步將三者的動態關係以下圖呈現。人死為鬼，有子孫祭祀的是「家鬼」，也就是祖先。有功於家園社稷而廣受子孫以外的眾人祭祀者，則成為神明。不論是家鬼或者是神，都需要有不斷的香火祭祀，一旦沒有了香火，祖先或者是神都可能淪為鬼。所以在華人社會裡有「不孝有三，無後為大」的說法。為人子女者沒有生出男丁，是不孝之首，但是父母並不靠其孫子奉養，何以兒子沒有生出男丁，是為最大的不孝呢？

一般認為是為了要傳香火。但是傳香火做什麼？這是因為一旦香火斷了，不但兒子本人，就連父母死後以及歷代祖先，都將因此成為孤魂野鬼。孤魂野鬼帶凶煞，而橫死、客死他鄉的尤其凶煞，因此在華人社會裡有各種方法進行補救，以免凶煞之氣危害社區鄰里。但是這個系統裡並沒有將自然崇拜類的神祇納入，其架構裡所說的神，指的是死後成神，也就是所謂的「後天神」、「人格神」。那麼，屬於自然崇拜的神格如何納入這個架構？這是一個問題。

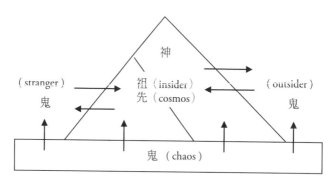

圖7-1 鬼的變化的動態模式（引自渡邊欣雄 2000：135）

依循華人社會的神、鬼、祖先這個邏輯，「義民爺」原本可能較接近於戰死的凶屬，以其保衛社稷家園而有功於家國，並且受到皇帝「褒忠」的嘉勉，加以受到客家社區隆重祭祀，因此有機會擺脫凶屬轉變為神。儘管在兩百多年的轉變過程中，由於「義民」和「義民爺」實際包含的對象龐雜，造成民眾的多樣化認知，加上以往缺乏論述權，在神格提升的過程中，實際上仍處於曖昧不明的狀態。譬如新竹新埔枋寮義民廟埋葬的是林爽文事件及戴潮春事件中戰死的義民，由於香火鼎盛，被認為是神。而苗栗縣的七座義民廟當中，除了苗栗市義民廟和林爽文事件有關，埋葬的是林爽文事件中部分的戰死義民，其他廟宇（有的廟名沒有「義民」字樣）埋葬、供奉的義民爺，是械鬥中戰死者，或者武裝拓墾過程中死於原住民「出草」者。因此苗栗當地民眾，認為義民爺是神、祖先和鬼者，大約各佔三分之一，

也常有家長告誡子女義民廟為陰廟，沒事少去義民廟（林本炫、劉憶芳 2015）。

東南亞客家地區的大伯公信仰，也存在著多樣化和地區性的差異。譬如在馬來西亞的西加里曼丹，由於曾經有羅芳伯的事蹟，因此有人認為大伯公可能就是指涉「羅芳伯」（張維安、張容嘉 2009），但也不是整個西加里曼丹的大伯公廟都如此。有人認為砂拉越古晉的壽山亭祭祀的大伯公是羅芳伯（吳詩興 2009），但也不是所有砂拉越的大伯公都如此。而在另一些雖有華人移墾先民，但無具體英雄事蹟、且無史蹟記載的地區，則大伯公可能指的是那些對拓墾有貢獻，但卻沒有具體姓名的先民。從另一個角度看，華人社會中神格的誕生從來不是一開始就以崇高神格的形式出現，而是先以較低的神格呈現，經由香火不斷的擴大，再經由皇帝政治力的冊封，而逐漸提高其神格。

從某個方面來說，不論是臺灣客家的義民爺或者東南亞某些地區的大伯公，可能都反映出華人／客家人對於有德有功者，視之為亦祖亦神的態度。「伯公」和「爺」的稱呼，既是神格的稱呼，更接近於祖先的稱呼。在崇拜的歷史相對較短，香火範圍相對受限於特定族群的情況下，儘管有一定的香火祭祀，在缺乏政治力冊封和「標準化」（Watson 1985）的情況下，神格處於曖昧不清的情況並不意外。

義民爺和大伯公的神格認知模糊性，有其共同的特性存在。首先，對於義民爺來說，一方面由於義民爺屬於戰死、無名無姓，並且是由塚而成神，在神格提升的漫長過程中，各地因為香火祭祀程度之不同，對神格有不同詮釋。另一方面，就一般民眾而言，義民爺實質上包含不同的對象，可能是林爽文事件的犧牲者，也可能指械鬥中的犧牲者，或者是漢人移墾過程中死於原住民出草者，這些史實都增加了對義民爺神格理解的多樣性。

事實上，華人社會中，神格的出現有許多來源，包括「泛靈論（萬物有靈論）」（animism）、民族起源神話（如黃帝公孫軒轅崇拜）、宇宙論（如「玄天上帝乃因自然天象而形成之神格」）、母性

崇拜、厲鬼崇拜、（有德有功的）歷史人物崇拜等。其中，有德有功的歷史人物何以在死後能夠受人崇拜並進而具有神格，乃因其德行或事功反映了漢人社會的集體意識，亦即，忠孝節義，而在崇拜這些歷史人物的同時，其實就是類似社會學家涂爾幹所說的，是在崇拜集體意識或者社會本身（Durkheim 1965）。此外，這不但牽涉到漢人社會中的人／神關係思想，也就是說，人和神的關係是神性內在論（immanent），人和神之間沒有絕對的鴻溝存在，而非如西方的超越論（transcendentalism），而且和前述神格的動態發展有關。然而，有德有功的歷史人物雖然死後能夠成神，或者以其他方式而成神者，未必是一旦成神之後，就具有目前所普遍認知的神格，而是逐步發展出來的，其中最明顯的例子是媽祖和關聖帝君。

有關東南亞大伯公信仰的研究不少，1950 年代在新馬曾經有一波討論，近期在臺灣、馬來西亞和新加坡，又引發新一波有關大伯公信仰的研究熱潮。有關早期對於大伯公的討論，張翰璧、張維安、利亮時（2014）、王琛發（2014）和吳詩興（2009）都有完整的回顧和討論。張維安總結先前的說法，有認為大伯公就是華人社會的土地公，有些大伯公則是指具體的人物，如海珠嶼大伯公廟的張理，西加里曼丹的羅芳伯。王琛發強調大伯公和會黨的關係，討論大伯公不能不承認會黨和當地社會的關係。吳詩興則歸納各學者的考據成果後指出，南洋地區（新馬）的「大伯公」信仰起源與演變主要涉及了：（一）人格神的化身（開山地主或會黨領袖）；（二）航海家祭祀的水神傳播；（三）客家土地公信仰；（四）財神等的說法。他並指出 Victor Purcell（巴素）認為大伯公只是華人先驅者的象徵，如果是祭祀無名的開拓前賢，那麼仍然可以歸類為第一類。

徐雨村主編的《族群遷移與宗教轉化》（2012）一書，是近幾年有系統地探討東南亞的大伯公／福德正神信仰，收錄了多篇有關東南亞伯公信仰的綜合性研究論著。在臺灣和東南亞的伯公跨國比較研究中，劉阿榮（2012：14-15）指出，土地公原本是土地崇拜，是社神，但是東南亞華人移民過程中，開基者死後被當作「神」來崇拜，

也就是土地公轉變為「人格神」的例子也有。陳波生和利亮時（2012：28-29）的研究發現，檳城海珠嶼大伯公廟的碑文記載，大伯公為張理、邱兆進和馬福春三位客家先驅者的神化。他們三人於1745年從潮州搭船到爪哇巴達維雅謀生，但被颶風颳到檳城，因而在檳城開荒，其後被客籍的永定、大埔、惠州、增城和嘉應人士建廟祭祀，因此劉阿榮認為，以先賢作為大伯公來立廟祭拜，亦符合傳統華人將祖先與神明結合，作為崇拜的對象。最早移民開墾一地的先人，死後轉化為大伯公受到祭祀，由此可見大伯公未必全然是土地神的形象。

至於民間傳說各種有關福德正神的來歷，劉阿榮（2012：18-19）加以歸納比較之後指出，古人會將一些去世的人奉為土地爺，或將功臣名儒當作土地公加以祭祀，或者有善功之「善魂」，死後也會被上天派任為「土地公」。陳波生和利亮時（2012：25）歸結東南亞大伯公信仰的屬性和內涵主要有兩大說法，一是地區守護神的土地崇拜，另一則是華僑先驅的祖靈崇拜。但又指出華人社會的土地崇拜和祖靈崇拜本就是相互混合。不論是官紳還是升斗小民，只要有恩於民或者有善舉於世，都可以被百姓奉為土地之神。對於客家人來說，地祇和人鬼都可以被當作伯公來崇拜。有關土地神的崇拜，在有些地方稱為「社官」，有些地方稱為「公王」，如梅州，而在廣東揭西則是有名的「三山國王」。至於大伯公信仰會在南洋廣為流傳，則和華人移民南洋的歷史有密切關係（陳波生和利亮時2012：26）。

陳波生和利亮時進一步指出，華人的信仰系統分為天神、地祇和人鬼。客家人延續著中國傳統的信仰，對土地有著崇高的敬意。但由於客家人稱長輩為「伯公」，為了拉近與地祇的關係，而以伯公來稱呼。伯公往往沒有特定對象，因為一個地方的土地神有如一個由一位神明或被神化的人所持的職位，在華人宗教裡，有名的歷史人物都成為土地神，這種角色是以祖先或先賢英靈相結合，伯公因而成為了土地神與英靈的混合體（2012：25）。有德有功的歷史人物成為神格較高的神明，例如關聖帝君，這是一般人都注意到的。當然，這當中也有皇帝的冊封這種政治力的介入。但是有名的、有德有功的歷史人物

成為土地公、伯公，則較少為人所注意。另一方面，在一個較小的範圍內，或者較特定的群體內，有德有功或者有善行的人物，其死後的英靈也會受到崇拜。譬如在臺灣的苗栗縣西湖鄉，由劉氏家族所建立的宣王宮（雲梯書院），其所扶鸞出來的《洗甲心波》善書，便記載著劉家的先人，死後被派任到某地擔任土地公，甚至在某地擔任土地公一段時間後，還會被「輪調」到其他地方，或者升遷擔任較高的神格（林本炫 2013）。

由此可見，伯公未必一定是土地神。林緯毅的研究，進一步以新加坡為例，指出伯公是新加坡華人最普遍崇拜的神明，從廟宇數來說，甚至超越了王爺與觀音。有一種說法認為新加坡的伯公信仰和幫派有關係，林緯毅分析指出，這是因為在移民社會，當時不同祖籍的華人，憑藉著經濟力量與社會地位，在市區建立以「幫權」為基礎的廟宇，這些廟宇成為各幫的代表廟宇，作為其凝聚力的象徵，因此，這些代表幫派的廟宇也成為相關幫派的總機構（林緯毅 2012：36）。這是因為在移民社會，缺乏國家力量維持治安，並且不同祖籍群體的移民相互爭奪生存空間，幫派成了主要的保護力量，也因此，這些伯公（廟）既是地方保護神，同時又是幫權的象徵，所崇拜的「大伯公」很可能是「幫」中的「大伯」（大哥）。「大伯」加上了「公」成為「大伯公」。由此林緯毅提出了一個有趣的結論：「伯公不等於土地公。伯公與土地公的混淆，在於伯公的基本屬性是地祇，是地方的保護神，一般人便理所當然地以土地公泛稱之。但在地方範圍內，以大伯公為地方保護神而供奉的廟宇是稱為大伯公廟或伯公宮，而不稱為土地廟」（林緯毅 2012：46）。類似這樣否定伯公就是土地公的說法，也出現在其他學者的論著中。

由此可見，由於大伯公是東南亞極為重要的民間信仰，東南亞的大伯公是不是福德正神，是不是就是土地公？還是英靈崇拜的人格神？這些是理解東南亞移墾社會的宗教文化邏輯的重要基礎，也是和臺灣進行相互比較的基本軸線。

四、研究方法

（一）檔案文獻之蒐集

　　國內有關義民爺的研究基本上已經相當豐富，本文作者本身也從事苗栗義民爺信仰研究。國內外有關東南亞「大伯公信仰」也有相當豐富成果可作為參考。本文有關東南亞大伯公信仰的研究，主要是於2015年8月到檳榔嶼海珠嶼大伯公廟進行田野調查，除蒐集相關文獻和碑文外，也到市區的大伯公廟分祠蒐集文獻資料，並到檳城「韓江學院」圖書館蒐集文獻。

（二）參與觀察和訪談

　　除了2015年8月到檳榔嶼進行資料蒐集與調查之外，也參加2015年9月在沙巴州亞庇市舉辦的第七屆「大伯公節」。在檳城的田野調查內容，主要是蒐集大伯公廟的歷史文獻，觀察各個大伯公廟的神像祭祀與配置情形，並針對報導人進行訪談。而在沙巴州亞庇市的田野調查，則主要是參與在該地舉辦的第七屆大伯公節，觀察大伯公節的進行和遊神活動，並和參與民眾進行訪談。2016年8月，又到柔佛州的新山，調了七座以大伯公為主祀的廟宇，觀察大伯公、地主公和拿督公的配祀情形，作為比較參考，訪問報導人，並進一步了解大伯公的神格。

五、臺灣的義民爺信仰

　　臺灣的「義民爺」起於1786年（乾隆51年）1月林爽文事件。天地會林爽文於大里杙（今臺中市大里區）舉事反清，攻陷彰化，往南攻打諸羅，直逼臺灣府城，北路陷淡水，廳治竹塹不保，清廷為之束手失據。北路繼續挺進，首當其衝為六張犁莊（今竹北六家地區），林先坤號召組織義民軍，經過浴血堅守，終會同清廷援軍夾擊，重創來犯，並克復竹塹城。其後配合清軍繼續沿途追擊（林光華

2008：6-8）。其後，在增援清軍和義民軍合力之下，林爽文於1788年2月於今苗栗縣崎頂一帶被捕，解送北京凌遲致死。事件平定後，乾隆皇帝頒發匾額給參與平亂的各族群義軍，其中頒給新竹客家地區義軍的是「褒忠」匾額，以表揚客家義軍協助平亂有功。參與抵抗林爽文部隊而戰死的客家義民軍，大部分收埋在現今新竹縣新埔鎮的枋寮義民廟，一部分收埋在現今苗栗市義民廟。戰死的客家義民軍由於有皇帝御賜的「褒忠」匾額，因此受到客家人以「褒忠粵東義士諸公」牌位祭拜，也就是一般所稱的「義民爺」。

然而臺灣客家人的「義民爺」的成神過程並非順利的。義民爺在生前雖然「平亂」有功，然而終究只有客家人將「義民爺」當作神，在閩南人、甚至學者眼中，義民爺的地位相當於孤魂野鬼（參見林本炫 2010）。這不僅是因為族群的差別，而是因為義民爺是戰死的，在華人的宗教邏輯裡，戰死、橫死屬於凶煞。另一方面，在清帝國覆滅之後，林爽文事件被認為是「起義」，尤其在二次戰後中華民國政府遷到臺灣之後，臺中縣大里鄉（今臺中市大里區）有爽文路，南投縣有「爽文國小」紀念林爽文，史觀改站在林爽文這邊。這正如同曾國藩、左宗棠和李鴻章三人，在清帝國時期是「中興名臣」，民國初年地位一落千丈，直到中華民國政府遷到臺灣之後才又被稱為「中興名臣」（布琮任 2010）。

在客家運動前夕，陳運棟（1987a、1987b）開始撰文平反義民爺，直到1988年客家菁英發起名為「還我母語」的社會文化運動，發起義民爺遶境活動，以義民爺為精神象徵。而有關義民爺的神格問題，則在1997年國中社會科課本「認識臺灣篇」，將「義民爺」寫成「孤魂野鬼」而爆發（林本炫 2010）。即便修正內容之後的國中課本，有關義民爺的神格仍然曖昧不明。而這個事件徹底暴露了，即使經歷了兩百多年，即便客家人將義民爺當作神明祭拜，但主流社會仍然視之為孤魂野鬼。林本炫（2010）對地方志相關書寫進行分析的結果，顯示地方志（縣志、鄉鎮志）對於義民爺的描寫也不一定完全看做是神。而儘管經過客家社會文化運動的努力和國中社會科教科書

抗議事件，主要透過祭典的擴大和遶境活動的舉辦，客家人試圖向全國民眾展示義民爺的正神屬性，但林本炫、劉憶芳（2015）在苗栗縣的調查，顯示仍有三分之一民眾認為義民爺就像祖先一樣，有三分之一認為義民爺是鬼，只有三分之一認為義民爺是神。由此說明即便是在幅員不大的臺灣，義民爺信仰仍具有多樣性。而義民爺的神格在新生之後也正經歷轉換的過程。

圖7-2　新竹縣新埔鎮枋寮義民廟的義民爺祭典
資料來源：林本炫2015年8月攝於新竹縣新埔鎮

六、馬來西亞檳榔嶼大伯公

（一）海珠嶼大伯公

　　有關馬來西亞大伯公的討論，一定要談到檳榔嶼海珠嶼大伯公廟，因為一般認為它是馬來西亞歷史最久的大伯公廟。檳城居民主要

是華人，以福建人為主，客家人主要在浮羅山背（Balik Pulau）。在檳城，福建話是通行的，以前在檳島少有人講華語，近二十多年開始比較多人說華語。「海珠嶼」的馬來話是Tanjung Tokong，直譯是丹絨道光，丹絨是「海岬」或「海角」，而「Tokong」是「神」、「神廟」的意思，音譯是道光岬或道光角，意譯則是「神之岬」或「神之角」，而吳詩興（2014：174）則說是「海角的神廟」。

海珠嶼大伯公廟是正祠，在市區裡大伯公街有分祠，目前由五屬客家人管轄。而檳城喬治市市區本頭公巷的福德祠（福德正神廟），由福建人為主的寶福社管理，每年農曆正月14日會到海珠嶼大伯公廟進行請火儀式。本頭公巷的福德祠因為位於檳城世界遺產的核心區，遊客極多，經營較好，還主辦過2014年第六屆大伯公節（第七屆國際福德文化節），所以檳城人以為海珠嶼大伯公廟也是福建人的（田野調查報導人口述）。

圖7-3 檳城海珠嶼大伯公廟

資料來源：林本炫2015年8月攝於檳城海珠嶼

根據海珠嶼大伯公廟旁五屬公所牆上張貼的〈檳城第一位「大伯公」〉一文所記載，檳城海珠嶼大伯公所指的是最先來到檳榔嶼開墾的三個華人：廣東大埔人張理、邱兆進和永定人馬福春。18世紀中葉，三個人在1745年登陸檳榔嶼，比英國人萊特上校1786年發現檳榔嶼還早了四十一年。當時島上只有58個中國和馬來漁夫，加上他們三個人。三個人在島上披荊斬棘，以捕魚為生。三個人情同手足，每天都會聚在一起見面談心。有一天邱兆進和馬福春二人發現張理多日不見，乃到海珠嶼石洞來找他，發現他已經坐化，就將他埋葬，並以大伯公之神祭祀。其後邱兆進也死去，馬福春也埋葬他並以大伯公祭祀。最後馬福春也過世，後人也同樣以大伯公而祭祀。當時島上瘟疫常生，島上華人慕三公之義復冀求庇佑，也跟著以神祭祀他們三人，統尊之為「大伯公」。當時僅立神壇，還沒有建築廟宇，直到1799年才立碑建廟，當時檳榔嶼已經開闢十四年了。所以海珠嶼大伯公指的就是這三人，而不是一般人所認為的土地公。

海珠嶼大伯公廟裡只有福德正神牌位，廟內大石壁上並有「福德正神」大匾額一塊，廟的左側是張理、邱兆進和馬福春三人的墳塋，那麼海珠嶼大伯公廟祭拜的是「福德正神」自無疑問。所以大伯公就是福德正神。從生日來看，大伯公的生日是農曆二月初二，也和福神正神一樣。但是在神像造型上，雖然也是右手拿如意，左手拿元寶，但是和一般福德正神或者作為土地公的造型，又不完全一樣。在臺灣，一般人認為福德正神就是土地公，那麼海珠嶼大伯公廟所祭拜的福德正神是否就是土地公？南洋知名學者許雲樵（1951）認為不僅是海珠嶼的大伯公，南洋華人奉祀的大伯公，和一般所說的土地公沒有差別，並反駁「海珠嶼大伯公就是張理」的說法。而王琛發（1998）則認為：「別的社群或別的地區，盡可以將『大伯公』視為『土地神』去奉祀，甚至也以一般膜拜『土地神』的心情去海珠嶼大伯公廟上香，但是，在客籍五屬來說，他們拜的，可不是一般的『福德正神』，而是客人的『開山地主』。」以上代表著兩種完全不同的看法。

在此就檳城的田野調查，進一步申論。在檳城，「土地公」的稱呼是絕無僅有的，更不要說是土地婆了。如果問當地人，大伯公是不是土地公，他們一定搖頭說不是，至少會遲疑了很久不知道如何回答。目前初步的發現是，至少在檳城，大伯公並不是土地公，拿督公才是扮演著土地公的角色。在沙巴州亞庇市參與觀察大伯公節所得到的發現，以及在柔佛州新山市的調查，大體上也支持這樣的想法。

如果檳榔嶼的大伯公不是土地公，而是張理、邱兆進和馬福春三位死後成神，可以進一步問的問題是：張、邱、馬三人死後成神，何以不是用「張公」、「邱公」和「馬公」等新創神格？而是用「大伯公」這個稱呼，通常的說法是和會黨有關，「大伯」、「伯公」是天地會的稱呼，而張理是天地會的首領。譬如王琛發（2012）就非常強調這一點。按照此說，「大伯公」也是南洋在地新生的神格，但如果是這樣，「大伯公」為什麼又會是福德正神？一個在中國和臺灣通常被認為是土地公的神格？

圖7-4 大伯公節的遊神活動

資料來源：林本炫2015年9月攝於馬來西亞沙巴州亞庇市

（二）作為土地神的拿督公

在檳城西南邊的浮羅山背所做的調查，不論廟宇的主神是哪一尊神明，在廟的外面都有供奉「拿督公」的小祠，相當於臺灣廟宇的「土地公」或者「后土」的位置。在檳榔嶼的喬治市市區的住家前面或路邊，也到處可見到這種供奉「拿督公」的小祠（只有本頭公巷福德祠在廟內供奉「拿督公」）。詢問報導人，大伯公是否就是土地公，幾乎都否認大伯公就是土地公。再問到哪一個神明管土地，回答都是「拿督公」。幾乎可以確定的是，至少在檳榔嶼這個地方，大伯公就是福德正神，但不是土地公，管土地的是拿督公。另外，在臺灣認為將福德正神稱為「伯公」是客家人所特有，而閩南人則稱福德正神為「土地公」，但是在檳榔嶼，當地福建人也稱「大伯公」為「Dua Bei Gong」，並沒有稱呼為「土地公」。大伯公就是福德正神，但是在中國華南和臺灣認為福德正神就是土地公，在檳榔嶼就不是，至少在檳榔嶼，管土地的是「拿督公」。類似的情形也在新山市發現。

關於大伯公，幾乎所有不是以大伯公為主神的廟宇，都同時有大伯公、拿督公和五方龍神。檳城人絕不同意大伯公就是土地公，但大伯公就是「福德正神」是沒有問題的，但是福德正神是什麼神？大伯公是什麼神？多半不了解，說不清楚。至於「拿督公」則有各種寫法，「拿督」的寫法，至少在檳島，並非是最常見的。通常的寫法，有在「拿督」都加上「口」字旁，也有只在「拿」或「督」加上「口」字。還有常見的寫法是「拿卓」，或者「那卓」，分別都加上「口」字。至於為何拜拿督公？幾乎一致的說法都說這是馬來人的土地神，是管土地的，所以要拜他。但是馬來人因為信仰伊斯蘭，所以反而沒再拜拿督公。

依照報導人的說法，拿督公是管一塊土地的，所以當土地分割的時候，也要另外立一尊拿督公，這個觀念和華人的土地公觀念完全一致，但不知是拿督公原來在馬來人中的觀念，還是華人將土地公的觀念套進拿督公裡。拿督公從來沒有被放在廟裡面拜的（除了本頭公巷

的福德祠），都是放在廟的外面，不是在左前方，就是在左後方。拜拿督公要用檳榔和香菸，但不是臺灣那種檳榔，是把檳榔切成細細的、白色的檳榔心。拿督公的香爐，有一個香爐的，有三個香爐的，也有五個香爐的，據說拿督公有五個兄弟。有的拿督公沒有神像，也沒有神位，小小的祭壇裡，可能沒有任何東西，只有香爐。但也有的是一尊戴著白色方帽、手拿匕首的神像。通常拿督公的祭壇有五個香爐，香爐後方有的還有五頂不同顏色的帽子（馬來帽）。

但是最奇特的，是如報導人古先生家裡的拿督公，是一個「白蟻堆」，或者如檳嶼亞依淡「極樂寺」附近，那座由胡文虎、胡文豹兄弟建立的「寶嶼仙巖大伯公廟」，面對廟的右側的那座拿督公，是一座土堆。這可能和「封土為社」的華人觀念不謀而合，也可能是「怪跡崇拜」的結果。

（三）地主公

在檳榔嶼的調查中，在廟宇的主神下方通常有小神龕，供奉直書「五方五土龍神、唐番地主財神」的牌位，是一個紅色的木板或者紅紙做成的，取代臺灣廟宇常有的虎爺的位置，或者客家地區的廟宇或家祠「龍神伯公」的位置。牌位上的「神」字通常由左右「五方五土龍、唐番地主財」兩行字共用，而兩行字上方有「聚寶堂」三個字。

在以大伯公為主神的廟宇裡，同時祭拜「地主公」和「拿督公」，而不是以大伯公為主神的廟宇，有時會有大伯公為配祀，但不管是不是以大伯公為配祀，主神下方神龕一定有「地主公」，廟外面一定有「拿督公」（也還有其他形式）。針對大伯公、地主公和拿督公同時被祭拜的現象，檳城亞依淡的一位廟公的說法很有意思，他說福德正神管全家平安，拿督公管外面的土地。至於神龕下面的「唐番地主財神」則是「地基公」，管家裡這塊基地。至於大伯公是什麼神，則說都不清楚。

雖然在有關檳榔嶼海珠嶼大伯公廟神格的爭論中，主要有兩種說法，一說認為大伯公就是張理、邱兆進和馬福春三人。另一說認為大

伯公其實就是土地公。從目前的文獻來看，認為第一說法，大伯公就是張理、邱兆進和馬福春的說法較多，也就是廟方所持的立場。根據本文作者的田野調查，報導人認為大伯公不管土地，管土地的是拿督公，這些說法也傾向於支持第一種說法。但檳城民眾未必知道大伯公是什麼神，以及拿督公取代了華人原本的土地神（土地公），而「福德正神」仍然受華人祭拜，但卻不再具有「土地神」的功能，從以上幾點來看，其間仍有以下若干問題值得省思。

　　如果要祭拜有功的人成神，為何不直接叫「張公祠」、「邱公祠」，如同一般的華人文化邏輯，例如苗栗有「壽公祠」，祭拜在林爽文事件中戰死、其時擔任「臺灣府淡水撫民同知」的「壽同春」。又譬如1841年在砂拉越「華工起義」中戰死的劉善邦，1860年「芙蓉戰爭」中戰死的盛明利，都沒有以「大伯公」的稱號而受祭祀，而是另外給予其他的神格。一般說法是以「大伯」、「伯公」、「義伯」為秘密社會的頭領稱呼，而這些死後被祭祀者乃是秘密社會組織之領導者。

　　然而，若是死後成神被祭祀者，乃因生前為祕密社會的頭領，那麼死後的神格就是一個在地新生的神格，為什麼又和「福德正神」有關聯？在檳榔嶼，不論是海珠嶼大伯公廟或者本頭公巷的福德祠，大伯公都和福德正神離不開關係，從報導人口述，也承認大伯公和福德正神有關係，大伯公就是福德正神。祭拜盛明利的廟宇不會叫做「福德祠」，「仙四師爺宮」門口也不會懸掛「福德正神」。

　　另外一種可能，就是華人有死後成神的文化邏輯。有德有功者，按照其生前事蹟，或者生前的地位，死後給予不同的神格祭拜。死後成最低神格的神，封為伯公，是一種常見的型態。由於伯公是既有的神格，最容易被接受。

　　由於來到移墾的異地，掌管一方一土自然作物生長的低階「土地神」，已經讓給了馬來土地神「拿督公」，譬如陳劍虹（1986：168）也有類似的看法，指出：「遷民們這種精神上的需要，使他們很自然地對僑居地原始宗教諸型態作文化上的認同與涵化，其結果似

乎就是以番邦土地公形式出現的拿督公。」而掌理華人社群禍福的，則交由中國原鄉帶來的福德正神，福德正神提升到了「族群保護神」或「社區保護神」的地位。吳詩興（2009：132）也有類似的看法，認為大伯公主要為土地神，但有些地方轉變為人格神，也就是從人格神昇華為鎮守區域的地方主祀神。所以，在馬來西亞的福德正神（大伯公）不再是以一方土地為劃分，而是以一個社區、一個城鎮為範圍，設立一個大伯公廟（福德祠），而拿督公則是大街小巷都有。這是一種因為人群的移動而造成神格轉換的現象。

七、比較與討論

　　過去很少學者將臺灣義民爺拿來和東南亞大伯公做比較。這兩個信仰在最近二十年已經有很多詳細而很好的研究，提供進行比較的可能。本文將這兩個信仰加以比較的基礎在於，從17世紀開始，臺灣和東南亞都進入華人移墾社會。雖然臺灣有清帝國政府管轄，東南亞直到獨立建國以前，有不同階段的殖民政府統治，但基本上政府統治力量脆弱且不穩定，很多事項必須民間自發力量，包括武裝自衛力量在內。在同樣是移墾社會的情況下，臺灣和東南亞都各自從中國大陸帶來原鄉原有的宗教信仰，但也可能在移居地產生新的信仰，或者將原有的信仰加以轉換。義民爺是臺灣在地新生的信仰，海珠嶼的大伯公則可能是馬來西亞新生的信仰，也可能是經過轉換之後具有新神格內涵的信仰。義民爺的信仰性質看似單純，其實包含不同的內涵與神格爭議，大伯公同樣有著多樣的內涵和神格的爭議。但經過釐清並比較之後，提出以下幾點初步結論。

　　（一）都是英靈崇拜（人格神）。不論是無名英雄還是有名英雄，華人社會對於保衛社稷家園有功者，在其死後都會以神祭拜。這是因為在華人的宗教邏輯上，人和神並非絕對分離的，而是人可以成神。具體來說，神、鬼和祖先三者之間可以相互動態演變。而可以成神者，通常是具現「忠孝節義」等集體意識者，而靠著有德有功者成

神祭祀，進一步維繫社會所需要的集體意識。

（二）從臺灣的義民爺和海珠嶼大伯公的比較，華人社會中，有德有功者成神之路有二：一是以新的神格呈現，譬如中國歷史上，以及臺灣、東南亞各地，在不同時間出現的各種新的神明，有人稱此為「造神運動」。二是進入既有的信仰體系，「伯公」即是最常見的型態。海珠嶼大伯公如果是一個嶄新的神格，就是屬於第一種型態。如果海珠嶼大伯公乃是張理、邱兆進和馬福春三人，藉由既有「伯公」信仰系統而成神，並進而提升神格並擴展到東南亞其他各地，則屬於第二種型態。

（三）然而，死後成神受人祭祀，並非理所當然的就一定會成為正神，香火鼎盛。即便是在歷代帝國政治力量的加持下，媽祖也經歷了一千年才提升到「天后」的神格。關聖帝君和玄天上帝神格的提高也和帝國政治力量有關。神格的提升牽涉到民間的文化邏輯、國家力量的介入、不同的史觀、不同人群的立場。臺灣客家人的義民爺信仰，因為是戰死、橫死，更何況經歷日本殖民統治，頒賜匾額的帝國政治力不再，社會邁向世俗化，神格之路倍加艱難。臺灣客家人舉辦義民祭和遶境活動，馬來西亞連續舉辦「大伯公節」，都是試圖透過活動能見度提升神格的當代作法。

（四）神格會經過提升，神格跟著人飄洋過海，也可能產生功能轉換。臺灣義民廟透過分香、組織聯誼會、臺北都會的祭典、跨縣市遶境等活動和儀式，試圖擺脫其他族群陰鬼的質疑，逐漸提升其神格並爭取其他族群的認同。福德正神在中國大陸和臺灣，都是土地公，雖然在田間、山林和村莊的造型可能稍有不同，但基本上是庇佑、保護一方土地，因此有「田頭田尾土地公」，土地分割的時候，就要有各自的土地公。再者，因為「有土斯有財」的聯想，土地公也就轉換、兼具有財神的功能。福德正神跟著移墾華人來到南洋異地，一方面南洋土地不再是自己的土地，因此也就喪失了土地神的職能。另一方面，大伯公（福德正神）神格不斷提升，而土地神的職能則分別由「唐番地主財神／五方五土龍神」和「拿督公」取代。「唐番地主財

神／五方五土龍神」管屋內的土地，而拿督公則掌管屋外的土地。簡
單地說，這是一個「神格提升，其他神明補位」的現象。

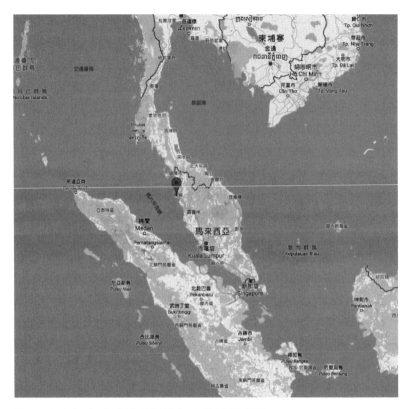

圖7-5 本文主要田野調查地點馬來西亞檳榔嶼位置

參考文獻

Durkheim, Emile, 2007/1912，《宗教生活的基本形式》（*The Elementary Forms of Religious Life*），芮傳明、趙學元中譯本。臺北：桂冠。

Jordan, David K., 1972, *Gods, Ghosts and Ancestors*. California: University of California Press.

Watson, J., 1985, "Standardizing the Gods: The Promotion of T'ien Hou ('Empress of Heaven') along the South China Coast, 960-1960", in David Johnson, Andrew J. Nathan and Evelyn S. Rawski (eds.), *Popular Culture in Late Imperial China*, pp. 292-324. Berkeley: University of California Press.

Weller, R., 1985, "Bandits, Beggars, and Ghosts: The Failure of State Control over Religious Interpretation in Taiwan", *American Anthropologist*, 12: 46-61.

——, 1987. *Unities and Diversities in Chinese religion*. Seattle: University of Washington Press.

王琛發，1998，〈檳榔嶼客屬的大伯公信仰〉，《檳城客家兩百年》，頁 3-40。檳城：檳榔嶼客屬公會。

——，2012，〈信仰的另一面——從南洋天地會視角解讀大伯公〉，收錄於徐雨村主編《族群遷移與宗教轉化：福德正神與大伯公的跨國研究》，頁 59-91。新竹：國立清華大學人文社會學院。

——，2014，〈大伯公、歷史敘述與政治傾向〉，收錄於吳詩興《傳承與延續：福德正神的傳說與信仰研究——以馬來西亞華人社會為例》序言。 砂拉越詩巫永安亭大伯公廟出版。

布琮任，2010，〈「曾左李」一簡稱的由來與內容涵義之演變〉，《思與言》 48 (3)：1-36。

吳詩興，2009，〈馬來西亞的福德正神信仰探析——以砂拉越的大伯公廟為主要探討〉，《成大宗教與文化學報》13：97-138。

——，2014，《傳承與延續：福德正神的傳說與信仰研究——以馬來西亞華人社會為例》。 砂拉越詩巫永安亭大伯公廟出版。

林本炫，2010，〈客家義民爺的神格：苗栗縣義民廟初步研究〉，收錄於莊英章、簡美玲主編《客家的形成與變遷》，頁 337-359。新竹：國立交通大學客家文化學院。

——，2013，〈陳運棟的宗教研究〉，「2013地方文史與客家研究學術研討會」論文。苗栗：苗栗縣政府國際文化觀光局主辦。

林本炫、劉憶芳，2015，〈苗栗義民爺神格的認知：民眾的觀點〉，「2015義民祭義民爺信仰文化學術研討會」論文。竹北：新竹縣政府主辦，新竹縣文化局承辦，明新科技大學在地產業發展中心執行。

林光華，2008/1988，〈褒忠義民廟沿革〉，收錄在《褒忠義民廟創建二百二十週年紀念特刊／義民廟研究與客家運動相關論文精選》，頁6-11。

林富士，1998，〈臺灣義民廟與義民爺〉，《文化視窗》5：12-19。

周雲水，2012，〈閩粵贛邊客家族群福德正神信仰的起源、型制及祭祀〉，收錄於徐雨村主編《族群遷移與宗教轉化：福德正神與大伯公的跨國研究》，頁195-216。新竹：國立清華大學人文社會學院。

莊吉發，2001，〈義民與會黨──新竹義民與林爽文之役〉，收入李鎮邦編輯《義民心鄉土情：褒忠義民廟文史專輯》。竹北：新竹縣文化局。

——，2006，〈從資料檔案看清代臺灣的客家移民與客家義民〉，收錄於賴澤涵、傅寶玉主編《義民信仰與客家社會》，頁13-39。臺北：南天。

徐雨村主編，2012，《族群遷移與宗教轉化：福德正神與大伯公的跨國研究》。新竹：國立清華大學人文社會學院。

黃榮洛，2001，〈臺灣義民廟與義民爺〉，《客家》第130期，頁39-43。

陳亞才，2012，〈馬來西亞大伯公信仰簡述〉，收錄於徐雨村主編《族群遷移與宗教轉化：福德正神與大伯公的跨國研究》，頁49-58。新竹：國立清華大學人文社會學院。

陳波生、利亮時，2012，〈客家人與大伯公的關係──以新馬為例〉，收錄於徐雨村主編《族群遷移與宗教轉化：福德正神與大伯公的跨國研究》，頁23-31。新竹：國立清華大學人文社會學院。

陳運棟，1987a/1991，〈義民乎？不義之民乎？──重探林爽文事件與「義民」之舉〉，收錄於臺灣客家公共事務協會編《新个客家人》，頁102-116。臺北：臺原。

——，1987b，〈誰說褒忠義民是客家之恥？〉，《客家風雲》創刊號：58-61。

陳劍虹，1986，〈大馬華人的通俗信仰與寺廟組織〉，收錄在《大山腳福德正神廟成立百週年紀念特刊》，頁167-175。檳城：大山腳福德正神廟成

立百週年紀念特刊編委會。

許雲樵，1951，〈大伯公二伯公與本頭公〉，《南洋學報》7 (2)：6-10。

張維安，2012，〈羅芳伯與蘭芳公司——從石扇堡到東萬律尋蹤〉，收錄於
徐雨村主編《族群遷移與宗教轉化：福德正神與大伯公的跨國研究》，頁
147-170。新竹：國立清華大學人文社會學院。

張翰璧、張維安、利亮時，2014，〈神的信仰、人的關係與社會的組織：檳
城海珠嶼大伯公及其祭祀組織〉，《全球客家研究》 03：111-138。

渡邊欣雄（周星譯），2000，《漢族的民俗宗教》。臺北：地景出版社。

楊鏡汀，1990，〈從「出土」史料探討新竹枋寮義民廟史〉，《臺北文獻》
直92：51-66。

——，1998，〈義民為何變成孤魂野鬼？從歷代志書探討義民神格被貶的經
過〉，《客家》95：43-6。

蔡彩秀，2004，〈以順稱義：論客家族群在清代臺灣成為義民的歷史過
程〉，《臺灣史研究》 11 (1)：1-41。

劉阿榮，2012，〈族群遷移與宗教轉化——以福德正神信仰為例〉，收錄於
徐雨村主編《族群遷移與宗教轉化：福德正神與大伯公的跨國研究》，頁
1-22。新竹：國立清華大學人文社會學院。

劉還月，1999，《臺灣的客家族群與信仰》。臺北：常民文化。

鄭志明，2006，〈北臺灣客家社會義民信仰與祭典的文化特色〉，收錄於賴
澤涵、傅寶玉主編《義民信仰與客家社會》，頁411-434。臺北：南天。

羅烈師，2006，〈臺灣枋寮義民廟階序體系的形成〉，《客家研究》創刊
號：97-145。

第八章　從馬來西亞客家到華人的在地信仰：
　　　　仙師爺盛明利

張維安

一、前言

　　長期以來，東南亞客家研究的議題，經常被放在東南亞華人研究的範疇中，未加區別。客家作為華人組成中的重要人群，客家人的表現有時被作為華人的特質並不為過，不過卻不能理所當然的從一般華人的特質來理解客家人群的特殊性。東南亞華人是一個組合名詞，客家人、閩南人、廣府人、海南人……彼此之間語言有差異，在原鄉的生活方式也有所不同，以信仰來說「客家」與華人（作為一個整體來看）的關係，需要從其不同的身分階序劃分來理解。這方面張維安、張容嘉（2011）指出，「馬來西亞客家人的信仰和當地客家人的身分劃分有著密切關係，例如客家人作為華人時，則與所有華人分享共同的信仰，作為粵人或作為中國客家原鄉移出地的某一個地區的人，例如作為河婆或蕉嶺的客家人，則可能具有當地特色信仰，而與其他地區的華人甚至其他地區的客家之信仰有所不同。因此，馬來西亞客家信仰特質的確定，與其身分認同的分層依其差序分享相同的基礎信仰。」本文所處理的「盛明利與仙師爺」的內容就是其中一個例子。客家人作為惠州的客家人，有譚公信仰的脈絡，作為惠州籍的礦工，對於盛明利的信仰以及其在礦區的廣泛分布，似乎可以看到一些邏輯上的關聯。不過，隨著時間的變化，我們也看到這個客家信仰，逐漸發展成為華人共享信仰的現象。

二、仙師爺信仰的分布

　　仙師爺信仰是客家華人社會中由人變成神的一種信仰[1]。仙師爺信仰主角盛明利，是一個客家族群在馬來西亞的英雄，後來成為仙師爺，成為廣大華人所共享信仰。仙師爺信仰在（西）馬來西亞是一個非常特別的現象：以盛明利為對象的仙師爺信仰，起初可能與惠州客家籍的礦工有關，這點在仙師爺廟裡面經常發現具有惠州人信仰特質的「譚公仙聖」信仰可以得到說明。相同的，在仙師爺廟分布地區，也經常可以發現獨立的「譚公仙聖」廟宇。

　　簡瑛欣（2015：200）指出，「馬來西亞華人民間信仰祖廟研究議題的論文與專書合計共十二篇，依神祇論，媽祖、九皇爺與仙師爺為主要研究對象」，其中仙師爺的研究有三篇，是諸宗教中較多的，這三篇論文是「李業霖（2009）探討吉隆坡仙四師爺信仰與開發者葉亞來的關係，張曉威（2013）探討仙師爺信仰與客家人開發吉隆坡的關係；李豐楙（2009）分析仙師爺信仰的形成，指出仙師爺信仰與中國原鄉信仰無關，是馬來西亞華人因採礦所創造出來的在地信仰，且在馬華社會，具有整合與跨越方言群的意義。馬華社會也依襲分香制形成祖廟與分香子廟的關係，芙蓉千古廟為祖廟，吉隆坡仙四師爺廟為分香廟」（簡瑛欣 2015：201）。據訪查，在芙蓉千古廟的外牆有塊牌子說明了仙師爺盛明利成神的內容：「仙師爺是先賢盛明利死後被民眾敬拜為神明的稱號，他是19世紀時期在森州芙蓉拓荒開墾的華人領袖，也是第一位甲必丹，深獲華族先民的擁護並立廟（千古廟，1861年）紀念，被視為保護神，受人們膜拜。」[2]

　　目前影響力最大的吉隆坡仙四師爺宮，就是葉亞來從千古廟分香過去的「分廟」（參考圖8-1：嘉坑千古廟），在吉隆坡仙四師爺宮

1　就各廟宇內所見神位多種，有仙師爺、四師爺、三師爺分開的，也有仙四師合在一起的。相同的，神廟的名稱也相當多種。本文除引原文外，統一使用「仙師爺」。感謝林本炫教授提示說明。

2　資料來源：田野資料。

的牆上也有一塊在2001年所立的「吉隆坡仙四師爺廟」說明牌,上面記載著:「吉隆坡仙四師爺廟是葉亞來於1864年(清同治三年農曆9月26日)創建,奉祀仙師爺和四師爺。仙四師爺顯靈協助葉亞來(葉德來)平定內戰,光復吉隆坡。1881年(清光緒七年),葉亞來獻地重建此廟,故有今日之宏偉壯麗。」[3]

圖8-1 嘉坑千古廟(仙四師爺廟)
資料來源:張維安攝

在華人文化的世界圖像中,人神關係與西方的一神教不同,在華人文化的世界圖像中,人有一些途徑可以轉化為神。仙師爺甲必丹盛明利信仰,起始時是客家族群的信仰,特別是惠州客家族群。這個信仰在初期是從屬於一個職業群體,特別是從事錫礦的群體。它早期主要分布在惠州客家礦工居住的地區,隨著時間的變化,仙師爺信仰逐漸的成為馬來西亞很重要的在地信仰之一,並於華人社區之中流傳。

在馬來西亞,與仙師爺信仰相關的廟宇(有些是主神,有些是陪祀神,有些已經被其他的神取代,但仍可以看出原初可能是仙師爺廟的痕跡),主要分布在森美蘭州、雪蘭莪州與彭亨州,這些都是19

---

3 資料來源:田野資料。

世紀錫礦產地的區域。至於奉祀仙師爺的各個廟宇之間，不知何時已經形成一個網絡，將各相關廟宇的資料整理成海報。梅景南主編（1989：73）的《吉隆坡仙四師爺廟慶祝125週年紀念特刊》中已經列出十一間仙師爺的廟（請參考表8-1＊部分）[4]。王琛發（2002d：115）在《惠州人與森美蘭》一書中說，全馬有十二間仙師爺廟（請參考表8-1 ξ 部分）。而《雪蘭莪加影師爺宮100週年紀念特刊》除了介紹加影師爺宮本身之外，另外還介紹了十一間友廟（雪蘭莪加影師爺宮100週年紀念特刊編輯組1997：73）（參考表8-1＃部分）[5]。近年來仙師爺信仰的廟宇不斷有新的發現，我們在芙蓉千古廟發現一幅上面有十五個相關廟宇的資料，它是新古毛嶽山仙師爺廟慶祝111週年（2007）的宣傳海報，上面有十五個廟的資料（參考圖8-2）。在千古廟，我們還看到另一份資料，發現更豐富的資訊，除了十五個廟宇之外，還有五間資訊不完整但供奉仙師爺的廟宇（參考圖8-3）[6]。

 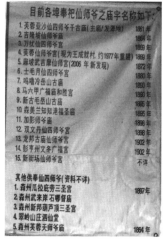

圖8-2 十五座仙師爺相關廟宇　　圖8-3 外加五座仙師爺相關廟宇

4 其中芙蓉仙四師爺創立於1869年，不在表中。
5 其中馬六甲靖港與和勝宮分別各列為一間，這和其他的統計不同，如果只算為一間，友廟的介紹總數應該為十間。
6 圖8-2、8-3資料來源：田野資料。

兩次仙師爺田野考察，引導我們進行田野研究的在地專家李成金先生
則有更新的統計，其資料顯示與仙師爺相關的廟宇約有二十六座（請
參考表8-1：馬來西亞仙師爺信仰相關廟宇），將來可能會發現更多
相關的廟宇。

表8-1 馬來西亞仙師爺信仰相關廟宇[7]

序	廟名	地點
1*# ξ	千古廟	芙蓉亞沙[8]
2	天師宮	芙蓉沉香
3*# ξ	仙四師爺宮	吉隆坡
4	天德宮	麻六甲雞場街
5	仙師爺宮	芙蓉小甘蜜
6* ξ	仙師爺宮	雪州萬撓
7*# ξ	仙師爺宮	雪州加影
8	仙師宮	麻坡武吉摩
9*# ξ	仙四師爺宮	雪州士毛月
10*## ξ	廣福廟、和勝宮	麻六甲靖港
11	師爺廟	吡叻和豐
12*# ξ	仙四師爺宮	雪州呀吃
13*# ξ	岳山古廟	雪州新古毛
14	福聖宮	森州知知港
15*# ξ	仙四師爺宮	雪州雙文丹
16*# ξ	廣福宮	彭亨文冬
17	仙師爺宮	吉隆坡新街場
18*# ξ	龍邦古廟	雪州龍邦
19	石拿督廟	森州武來岸
20	三聖宮	彭亨甘孟
21	三聖宮	森州葫蘆頂
22	泗仙堂	雪州淡江
23	三聖宮	森州庇勝
24 ξ	觀音堂	彭亨勞勿
25	觀音堂	彭亨勞勿都賴路
26	列聖宮	芙蓉譚陽街

資料來源：李成金，2016，〈仙師爺崇拜資料補遺及考證〉手稿。
*部分在梅景南主編（1989）的《吉隆坡仙四師爺廟慶祝125週年紀念特刊（1864-
1989）》中已經列出。本表有一半以上仙四師爺廟信仰有關的廟宇，是李成金後來才
發現增列的。

---

7 本表由李成金先生整理製作，原表另有創建年代、地址及陪祀神等相關記載。
8 梅景南主編（1989）的資料中列出兩間在芙蓉的仙師爺信仰廟宇，1861年建立的芙
　蓉千古廟和1864年建立的吉隆坡仙四師爺廟，不過看起來似乎是同一間。

三、仙師爺信仰與錫礦區的分布

1989 年《吉隆坡仙四師爺廟慶祝 125 週年紀念特刊》標示十二個師爺廟時，同時指出，「所建之地，都屬於當年吉隆坡保衛戰前後有關及戰場所在地，而且也是礦區。因此，大家認為仙四師爺當年在礦場群眾中，是最受尊敬的神意，備受他的忠義，而不惜犧牲的偉大精神所召感，當年開礦的成就，他該受公眾的酬謝，共用成果」（梅景南主編 1989：74）。雪蘭莪加影師爺宮紀念特刊也指出，「師爺公一如錫米山的佛爺」（雪蘭莪加影師爺宮 100 週年紀念特刊編輯組 1997：27），可見這一切都和錫礦產業有密切關係。

「當年華人礦工隊探礦開採的路線，是從馬六甲開始，而蘆骨，而芙蓉，而士毛月，而加影，而吉隆坡，再由吉隆坡北上萬撓，雙文丹，新古毛及龍邦。此外更有由吉隆坡上文冬，折東而趨關丹、林明與東海岸的隊群匯合，也有向南延展至巴生及八丁燕一帶，和瓜拉雪蘭莪一帶連接起來」，「當時的華人社群，可以說大部分是礦場份子，礦場是經濟重點，故對仙師爺的崇敬其來有自」（梅景南主編 1989：74）。我們把這些地點分別在地圖上列出來，就可以看出仙師爺的地點和這些錫礦開採的地點有相當大的重疊性。

如王琛發所言，惠州客家人是開墾馬來西亞半島中部礦鎮的先行者，「森美蘭歷史上的惠州先民，在 19 世紀，曾經分屬兩大勢力，他們分別成立鵝城會館和海陸會館。惠州人亦是領導和參與海山會黨的主導力量。……森美蘭的惠州人，也曾經開拓了森美蘭九州府的不少地區，從亞沙到 19 世紀初尚屬雪蘭莪擁有的蘆骨，以至文丁、沙都一帶地區，都有惠州先民的蹤跡，他們並成為了繁榮雙溪烏戎地區的先驅」（王琛發 2002a：7）[9]。

---

9 這些人都擔任過吉隆坡的甲必丹：「吉隆坡首任甲必丹丘秀，以及接下來歷任的劉王光、葉亞來、葉致英都曾經帶領惠州同鄉參與過蘆骨到雙溪烏戎的森美蘭內戰，又都是在內戰後轉向吉隆坡，在轉戰兩地沙場的過程中奠下了基業」（王琛發 2002a：7-8）。

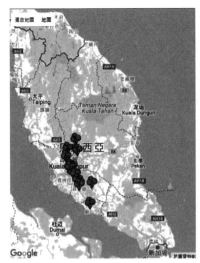

圖8-4 仙師爺廟分布圖[10]　　　圖8-5 錫礦的產地分布圖[11]

　　王琛發進一步指出，惠州人領袖盛明利化身的仙師爺神明，也演變成以礦業為主要經濟力量發展出來的市鎮的地方保護神：「回顧從19世紀中葉到20世紀80年代，錫礦也一直是馬來西亞經濟成長的主力，也正是盛明利的香火信仰遍布森美蘭、雪蘭莪、馬六甲、柔佛、彭亨各州的事實」（王琛發2002a：9）。

　　進一步來看仙師爺師爺宮的分布空間，主要分布在馬來西亞三個州：森美蘭州、雪蘭莪州與彭亨州。李成金先生具體的指出：「神廟的分布也集中在中馬雪隆、森州一帶，部分香火南傳至柔佛麻坡武吉摩，北至吡叻和豐；東傳至彭亨關丹甘孟」（李成金2016）。大約也顯示出當時惠州礦工所從事採礦的位置，仙師爺廟的分布與錫礦產區的相關性（請參考圖8-4：仙師爺廟分布圖、圖8-5：錫礦的產地分

10根據實際田野資料地理資訊位置所繪製，因為距離和時間的關係，東部的仙師爺廟並沒有到現場進行考察。因此和右圖比較起來，缺少了東部的標示。
11根據梅景南（1989：74）所編輯的錫礦開採路線所繪製。

布圖），基於惠州礦工多的地方，不論礦主是否為客家，都有可能會因為礦工信仰的需求而建有仙師爺廟。這個假定並不能推論到非客家礦工的錫礦區，不過非客家礦工特別是非惠州客家礦工的礦區有多少，仍須進一步分析。

雖然仙師爺廟宇的分布，和錫礦開採的地圖有許多重疊一致的形狀，如果兩者之間並不是自然發生的，而是有重要的推手，是哪些人在推動這些廟宇的興建？梅景南主編（1989：73-74）的〈吉隆坡仙四師爺廟考〉指出：「策動建廟者，葉亞來公及陸佑公，兩位先賢為最著，葉亞來公是芙蓉亞沙的千古及吉隆坡仙四師爺廟兩間廟宇的建廟領袖。而其他十間，則與陸佑先賢有密切的關係，那是在19世紀末期至20世紀初期，其實戰火平息後，雪州境內安定而進入繁榮，各埠建廟，多由陸佑公所倡議，並大力裏助以完成之。」

兩大推手之一的陸佑，在一些師爺宮的香爐上面，可以發現陸如佑（陸佑）敬造的字樣（雪蘭莪加影師爺宮100週年紀念特刊1997：24）。「陸佑，原籍廣東鶴山，後來遷居新會，出生於道光二十六年（1846），卒於民國六年（1917）。是一位大企業家，經營過礦業、種植業也開士敏土工廠、鐵場，曾經創立銀行，在一次世界大戰時獲得政府許可，發行鈔票，並且在新加坡擁有廣大的地皮和產業」（梅景南主編 1989：97）。根據田野交談的理解，陸佑之所以推動一些廟宇的興建，可能是因為礦工多數為惠州客家人的原因。雖然陸佑本身並非惠州籍的客家人，但是他了解興建廟宇對於礦工在精神上的意義。

葉亞來（1837-1885）是另外一位推手，葉亞來，是一位傑出的拓荒者，卓越的戰略家，成功的礦業家，優秀的行政首長，也是開闢、建設吉隆坡的元勳（李業霖 1997：144），在吉隆坡甚至有紀念他的葉亞來街（Jalan Yap An Loy， 吉隆坡仙四師爺廟145週年紀念特刊編輯組 2009：103-106）。陳立瑜（n. d.）在〈從吉隆坡仙四師爺廟之仙師爺盛明利談起〉一文中提到：「葉亞來，道光十七年（1837年）出生于廣東惠州府陽縣淡水鎮周田鄉。十八歲那年，葉亞來南下

到麻六甲。後來和盛明利相識，並擔任保安隊的副總巡，受到盛明利的賞識，加入秘密社會海山黨，並成為其重要領導人之一。葉亞來對盛明利有知遇之感。1864 年他親自前往芙蓉千古廟，把盛明利的香火接到吉隆坡。1866 年雪蘭莪（Selangor）內戰爆發，戰鬥中遇到困難，葉亞來便仰求盛明利的協助。據說，是盛明利多次托夢，指點迷津，大概葉亞來也懂得作戰心理，借讖語來鼓勵士氣，鞏固軍心，三戰而奠定大局，光復吉隆坡」（李業霖 1997：150；陳立瑜 n.d.：5）。

陸佑和葉亞來兩位都是造神推手，特別是仙師爺和葉亞來之間的傳說，普遍在民間流傳，在古廟簡介《吉隆坡仙四師爺廟》的小冊子（2016）中仍栩栩如生的流傳著。

四、仙師爺成神的傳說與神化

盛明利仙師爺神化，合乎華人的人神關係邏輯。

如前所述，在華人世界圖像的歷史上，人死了以後變成神的案例不少。在這些案例中，不論是大家所熟悉的關羽，或者是不太熟悉的羅芳伯，他們後來變成神的理由，都有一個相似的模式：出生的時候有特別的徵兆，在世的時候他的行為受到群眾的尊重，去世的時候有許多神蹟的傳說。一個人，從不同的人變成特殊性格的人，最後變成神。人轉化成神的道路是通的。這和西方的一神論觀念完全不同，在一神論的架構之下，人們不會因為道德的修為或者什麼特別的表現，而在死亡之後通往成為這個神的方向。

首先，在盛明利仙師爺神化過程中，充滿著許多傳說和出身不凡的論述。王琛發（2002b）在「森美蘭的惠州人甲必丹」章節，以〈英靈成神的芙蓉甲必丹師爺〉為題來介紹盛明利，其身世如下：

> 盛明利（1823-1861），原籍中國廣東省惠州城人，誕于清道光

三年（1823）[12]。道光九年（1829），入私塾啟蒙修業，年屆十五，學習武藝。當時，惠州屬之羅浮山，盜賊猖獗，乃遷往新安縣之葵湧圩，盛明利改行習商，獲豐富之商場經驗。道光三十年（1850），從澳頭放洋南渡。抵達麻六甲後，盛明利得該埠鴻發號店東陳玉發錄用，協助陳氏經營什貨及錫米生意，經營得法，每年結算，大有所獲。

當時麻六甲商人收錫米，來源多從丹戎加欖（即今之芙蓉埠泉溝尾）及亞沙兩地，用牛車運至寧宜，再由水路運麻六甲。咸豐八年（1858），盛明利奉陳玉發之命前往芙蓉亞沙，創辦明發錫礦公司，實行直接開發，結果極為成功，獲利甚巨，盛明利因此更受器重而成為陳玉發全權執行人，銳意發展計畫。

過了年餘，發生亞沙土人與加欖母土人械鬥的事，是盛明利一躍為領袖人物的契機。事件起因是亞沙土人將泥沙堵塞水道，淹沒加欖母人之錫礦場；盛明利見義勇為，毅然挺身而出，向雙方調解，重行劃分疆界，並為雙方出資開闢水道，使水勢順流無阻，不復有水淹之事發生。由此，使盛明利受土人尊重，也受當地華人尊為領袖。從此，凡有糾紛盛明利都為之排解而結人緣，被封為雙溪烏戎（芙蓉）之華人甲必丹。

咸豐十年（1860），芙蓉兩名土酋為了互爭華人繳交的錫米稅和保護費，以致爆發戰爭，而當地華人也因幫派的礦場地盤，牽入戰爭漩渦之中。戰爭於8月26日（咸豐十年七月十二日）爆發，盛明利的海山公司在這一戰役軍事失利。當盛明利領著部卒，取道森林，企圖撤退蘆骨，滿以為能投奔蘆骨之統治者珠瑪亞德處暫駐，不料途遇敵酋，被殺，時年三十九歲。（王琛發2002c：31-32；王琛發2006）

「仙師爺」是先賢盛明利死後被民眾敬拜為神明的稱號。盛明利

---

12 1821年為道光元年。

從出生到被殺的敘述，還不能使盛明利成為神。一般說來，出生的時候應該要有異於常人的徵兆，活著的時候有非凡的人格特質表現外，死後的托夢、靈驗事蹟也是不可缺少的一部分。針對這一部分，王琛發在他的論文中做過詳細的介紹。出生時異於常人的方面，王琛發指出：

> 盛明利誕生于道光三年癸未歲農曆十月初十日午時，未誕生前幾晚，附近鄉鄰，夜間看見盛明利屋中有祥光四射，彩色迴繞，目睹之後，片刻忽然消逝，鄉中人士［原文為「鄉中人土」］談為奇事，不覺於初十午時，盛明利誕生的日子，其時天清氣朗，輕風吹拂，香馥滿室，登門觀看者眾，一般都認為盛明利的誕生，必是偉人，長大後必為國家柱石（王琛發 2002c: 41）[13]。

關於去世以後的傳說與靈驗事件，更是完成盛明利成神不可缺少的條件。整理如下：

傳說一：生前素行仁義，菩薩心腸，死後祥光圍繞，兇手遠走。當盛明利被刺殺時，白血靈花濺身，魂歸仙府，即刻發顯祥光，回繞屍體，兇手見之皆遠走。盛明利逝世時是清咸豐十一年辛酉七月初七午時，年卅九歲（王琛發 2002c: 41）[14]。
對於這件事情，「一時成為神奇，消息傳遍，衍為神話，俱說盛甲素行仁義，慈悲為懷，俱菩薩之心腸，寓生靈之耳目，故成仁之後，實已登仙籍，乃被時人尊敬為正神，設廟供奉，在芙蓉由其舊部建千古廟以為紀念」（梅景南主編 1989：72；李業霖 2009：107）。

---

13 非常類似的傳說，也可以在加里曼丹羅芳伯的身上發現。
14 殺害盛明利的土酋看見「流出白血」，以為殺錯「山神」（雪蘭莪加影師爺宮100週年紀念特刊編輯組 1997：41）。

傳說二：托夢葉亞來的事情，後來驗證為真。

盛明利死後，一時托夢葉亞來，未來多年將有禍亂，眾匪將踩躪地方，搶家劫舍，後來果然證明夢中話成真（王琛發 2002c：41）。

傳說三：提供葉亞來破敵之術，贏得最關鍵的戰役。

後來，在葉亞來等人號召下成立武裝部隊對抗匪徒，遠征加影，沿途沙登、沙叻、新街場因受到邪術降頭阻礙，足征一年都不順利之際，葉亞來想著盛明利托夢之言，便與眾商量，於是於癸亥三月十五日，葉亞來回到亞沙，迎盛明利香火背行，向前迎戰，用黑狗血為破陣之法，百戰百勝，敵人始為歸伏（王琛發 2002c：41-42；另參考張敬文 1959：44）。甚至於「在吉隆坡四年戰爭中，仙師爺曾屢屢顯聖，指點迷津」（梅景南主編 1989：73；李業霖 2009：108）[15]。

傳說四：通過乩童選定芙蓉亞沙為千古廟地點。

同治三年甲子九月廿六日，葉亞來親到亞沙，迎接盛明利香火到吉隆坡新建築廟堂，供百姓誠心祀奉[原文為「視奉」]。而盛明利亦以乩童指示：不久，盛明利四師爺護童溫禮，擇選芙蓉亞沙為千古廟（王琛發 2002c：42）。

傳說五：菜園顯靈，顯示自己的墓碑。

光緒廿四年戊戌歲，一名叫楊旅者居住於拉坑，種菜園為生，種有長豆，苗茂葉盛，長豆累累。一天下午六時，其兒子在門外看見有一位老伯偷採長豆，便叫其父親，出後不見有人。楊旅想：此是孩子的謊言吧！第二天早晨，他兒子又看見該老伯，其父楊旅出來，又不見該人，其心疑惑，莫非偷採長豆之人匿藏于叢林中，於是他便砍伐叢林。未有三十吠，簾刀砍中一塊石

---

15 另有文獻指出，在反攻吉隆坡的戰役中，兩次決定性的戰役，葉亞來都背著盛明利香爐，奮勇作戰，猶如得到仙師爺神助，大獲勝利（雪蘭莪加影師爺宮100週年紀念特刊編輯組 1997：41）。

碑，石碑半臥半立，視之字跡鮮明，赫然是盛明利墓碑，楊旅認為老伯乃仙師爺化身，便與丘有二人到亞沙廟堂，說明來意相告事實，即時便與莊美、戴康等將仙師爺石牌移來亞沙廟中（王琛發 2002c: 42；另參考張敬文 1959：42-43；吉隆坡仙四師爺廟145週年紀念特刊編輯組 2009：94）。

傳說六：托夢葉亞來前往吉隆坡會有發展，事後證明托夢靈驗。

這是關於劉壬光在吉隆坡擔任甲必丹，因為營業範圍廣闊，邀請葉德來前來幫助的時候：「葉公得仙師爺盛公報夢，謂往吉隆坡有大發展……，毅然辭去芙蓉甲必丹的任務，到吉隆坡來，由於經營得法，兩年間，公私經營，大有可為關係，為酬答仙師爺神恩，於1864年前往芙蓉千古廟，恭迎仙師爺盛公明利之神位，回吉隆坡供奉，厝於一所房屋內，稱為仙師爺廟」（梅景南主編 1989：72-73）。

在這些神話傳說的過程中，葉亞來曾經扮演過重要的角色，特別是在長達七年的錫礦利益爭奪的戰爭中，最後一役，「巫軍兵源較足，且在地理上佔了行軍優勢。那麼，最後決勝，葉德來的反敗為勝，是在於他的善用計智，特別是在兵弱勢危之際，把神化了的仙師爺盛明利甲必丹的『神力』搬了出來，一舉殲敵，奠定勝利大局」（溫故知 n.d.: 252）。葉德來是一位善用心理因素的聰明人，他知道在心理上「與神結義為兄弟的人，必然受到『凡人』自然而然的崇敬。對他日後的事業成就，會有大助，事實上證明如此。特別是在最緊張關頭，仙師爺的香火（灰），鳥狗血計，大奏奇功。或者可以看出，葉德來公確實是一位大智、富謀略、有遠見的人，能利用當時人的心理的非凡人」（溫故知 n.d.: 252-253）。「外表上，奉祀仙師爺，在吻頸之交這一場義氣上，做到盡情盡義，大家敬重仙師爺，當然也敬重葉公。……葉公的供奉仙師爺，雖然因其有靈驗實據，但這只有葉公一人心裡有數。他之崇奉，乃是神力幫助他統治吉隆坡十六年，幫助他在有關地盤鴻圖大展，葉公計智，堪稱奇才」（溫故知

n.d.: 253）。這些故事在民間不斷地流傳，在今天吉隆坡仙四師爺廟所有印製的精美簡介裡面，依然重複著這種傳說[16]。

五、客家到華人的在地信仰

在〈森美蘭惠州先民信仰文化〉一文中，王琛發（2002d：107）指出，「森美蘭惠州先民，在南來馬來西亞開拓的過程中，是帶著他們自己家鄉信仰文化的烙印。過番在異地謀生的先民，生存的威脅來自各種不可視的因素；因此神明的保佑，更是心靈最需要的慰藉和鼓勵。他們在異地時，可以通過相同的信仰物件達到同鄉互相認同也互相以神明為證，建立彼此的互相信賴與支持。此外，神明的香火與神廟的出現，令人們能長期一齊進行儀式、一同過節、一同聚首，信仰不只縮短了人的距離和凝聚人心，亦是縮短了大家心理上、精神上對家鄉的思念距離。」的確，對於華人移民來說，來自故鄉的神在異地生活的經驗中，具有重要的意義，這些神除了作為華人應該有的共同信仰之外，惠州客家有其獨特的故鄉信仰：「蕭府王爺」和「譚公仙聖」。特別是「譚公仙聖」，在仙師爺的廟及惠州會館裡，都看得到「譚公仙聖」的神位，「譚公廟遍及文丁、芙蓉、瓜拉比勞的惠州人集中區」（王琛發 2002a：9）。客家社群的另外一個特色是，在移民地上對於有功先人的英靈崇拜，例如盛明利。「全馬各州共有十二處供奉盛明利香火的公眾廟宇，又恰好側影（原文）出惠州籍先輩在馬來西亞半島中礦業史上的影響。甚至可說，盛明利英魂崇拜是反應惠州社群在一些村鎮歷史中的主流或主導地位」（王琛發 2002a：8）（參考圖8-6：森美蘭文丁譚公先聖）。

啟始之時，雖然是在惠州社群的村鎮中，不過從士毛月仙四師爺宮（1894）、加影師爺宮（1898）、新古毛嶽山古廟（1891）的仙四師爺神位先後出現可知，盛明利信仰已漸漸走出芙蓉，成為中馬各處

---

16 古廟簡介：《吉隆坡仙四師爺廟》簡介小冊子（2016）。

地區上的護境神明（王琛發 2002d：115）。事實上不只是在空間上有更廣泛的傳揚，早在千古廟設立初期，已經從惠州客家人的信仰，發展成與嘉應客家人所共享的信仰。1872年森美蘭芙蓉亞沙坑的千古廟中出現了嘉應人黎開合敬奉的「玉封四師爺」銅鐘，說明了這個現象。

圖8-6　森美蘭文丁譚公先聖
資料來源：張維安攝

　　此一由盛明利而來的仙師爺信仰，後來逐漸地跨越了方言群，而成為華人共同的信仰方面，王琛發（2002d：115）指出：「盛明利在1857年曾領導蘆骨客人捐贈麻六甲客屬三多廟，他逝世後，對他的英靈的信仰亦是傳播到原來並非昔日主要戰區的麻六甲市。麻六甲天德宮的仙師爺信仰不遲於1884年。另外麻六甲靖港的『和勝宮』又名廣福廟，建於1888年，也是仙師爺香火廟；1900年的『和勝宮』碑說明：本廟地原屬福建人何業勝祖地，由何業勝本人獻出，又

有潮州大埔人余觀蓮捐出地面結石鋪坪，因此當年立碑為據。可見在盛明利殉難的四十年後，其神化信仰圈的信徒，已跨越原來的方言群。」

仙師爺，從作為惠州人的認同和信仰，擴大成為華人的認同和信仰，「當社會發展趨向要求穩定，整個馬來西亞華人社會以至各民族，都深深體會和諧與團結之必要之刻，惠州人盛明利化身為神的神話，自20世紀初以來，已不僅僅單純是海山公司或惠州籍人士本身的英魂崇拜」（王琛發 2002a：8）。仙師爺的信仰，由惠州客家的信仰逐漸演變成為華人共同接受的信仰。這個部分從吉隆坡仙四師爺廟的受託人由三個省分的人員中選舉出來，可以知道一斑：「葉德來公歿後二十二年，時1907年，自該年起，仙四師爺廟產業及入息，概由受託人負責管理，當時受託人是由廣東、廣西、福建各屬選出，計十二名，釐定章程，照章支配入息用度」（張敬文 1959：38）。該廟從吉隆坡光復以後，「為死難同僑超渡，每年農曆的元月28日，仙四師爺鑾駕出巡，遊行全坡各通衢，藉以消災降幅」（張敬文1959：38）。

而〈吉隆坡仙四師爺廟考〉則指出，這個廟是「一般市民信仰之對象，華人血汗的結晶」（梅景南主編 1989：72），並沒有特別強調他作為惠州籍客家人信仰的特質。相同的，《吉隆坡仙四師爺廟慶祝125週年紀念特刊》也指出，「仙四師爺受託人代表吉隆坡之各屬華人，1907年的代表有，廣府人、惠州人，福建人、大埔人、海南人、潮州人、廣西人、嘉應州人代表」（梅景南主編 1989：153）。由此可知，這個時候的仙師爺，不再是惠州人或客家人所獨有，而是吉隆坡所有的華人所共有。

六、結語

在華人的世界圖像中，人神之間設計了一條互相流動的可能性，和西方一神論的世界圖像不同，世間凡人可以通過修行等各種日常行

為的實踐，創造出身後變成神的可能性。這種救贖的途徑鼓勵世間凡人在平常生活之中，多行善事。生活世界中的功德累積，行為的善，不只是個人救贖的基礎，甚至是使他成神的條件，這可能是華人世界中時而增加新的信仰的原因。

本文所討論的這一群惠州籍客家礦工們，和其他的華人一樣離開故鄉的時候，帶著家鄉的信仰到外地來謀生，這是我們在這個地區普遍的看到譚公仙聖信仰的背景。作為華人，惠州客家人也分享其他各種華人所共有的信仰，例如關公信仰、觀音信仰、天后信仰等。不過移民東南亞的客家人，似乎另外有一個特色，容易新創本土的信仰，就像在西加里曼丹有羅芳伯，在砂拉越古晉有劉善邦。仙師爺盛明利則是西馬地區客家人在地新興的信仰，在惠州客家籍礦工求生活、求發展的過程中，為了共同的利益和目標而犧牲的領袖，去世之後「浩氣長存」，加上相關人士的經營塑造，開始成為擁有共同記憶的一群人的新興信仰。

仙師爺盛明利生前的特質，待人處事的態度被加以美化成為天賦異稟英雄、領袖，去世之後顯靈、托夢等傳說的論述，加上一些關鍵人物的推波助瀾和營造，仙師爺盛明利信仰，漸漸的確立其地方信仰的地位。隨著時間的演變，跨越族群、跨越地區為其他華人所分享的信仰。在這個信仰發展的過程中，可能牽涉到一些關鍵人物的聰明設計，例如葉亞來和陸佑，因為有實際的需要，建立了仙師爺的廟宇和神話，一般信眾的香火，使神話進一步深入民心。

參考文獻

王琛發，2002a，〈惠州先民在森美蘭歷史上扮演過的角色〉，王琛發《惠州人與森美蘭》，頁7-10。馬來西亞：森美蘭惠州會館。

——，2002b，〈十九世紀惠州先民與森美蘭礦業〉，王琛發《惠州人與森美蘭》，頁11-28。馬來西亞：森美蘭惠州會館。

——，2002c，〈森美蘭的惠州人甲必丹〉，王琛發《惠州人與森美蘭》，頁29-56。馬來西亞：森美蘭惠州會館。

——，2002d，〈森美蘭的客家人的信仰〉，王琛發《惠州人與森美蘭》，頁105-122。馬來西亞：森美蘭惠州會館。

——，2006，〈英魂成神的芙蓉甲必丹仙師爺盛明利〉。http://www.xiao-en. org/cultural/magazine.asp?cat=34&id=1243 (2017-2-5)

古廟簡介，2016，《吉隆坡仙四師爺廟》簡介小冊子。

吉隆坡仙四師爺廟145週年紀念特刊編輯組，2009，《吉隆坡仙四師爺廟145週年紀念特刊》。吉隆坡：吉隆坡仙四師爺廟。

李成金，2016，〈仙師爺崇拜資料補遺及考證〉，手稿。

李業霖，1997，《吉隆坡開拓者的足跡：甲必丹葉亞來的一生》。吉隆坡：華社研究中心。

——，2009，〈葉亞來和仙四師爺宮〉，收錄於陳亞才主編《在吉隆坡遇見葉亞來》，頁106-112。吉隆坡：紀念甲必丹葉亞來聯合工委會。

李豐楙，2009，〈整合與跨越：仙師爺信仰在大馬社會的在地性神話〉，收入李豐楙等合著《馬來西亞與印尼的宗教與認同：伊斯蘭、佛教與華人信仰》，頁327-383。臺北：中央研究院－亞太區域研究專題中心。

張敬文，1959，《吉隆坡仙四師爺宮創廟史略》，仙四師爺廟編輯委員會編輯。吉隆坡：吉隆坡仙四師爺廟。

張維安、張容嘉，2011，〈馬來西亞客家族群信仰〉，收錄於蕭新煌主編《東南亞客家的變貌：新加坡與馬來西亞》，頁339-366。臺北：中央研究院－亞太區域研究專題中心。

張曉威，2013，〈客家人與馬來西亞仙四師爺信仰的關係：以吉隆坡仙四師爺宮為探討中心〉，收錄於林開忠編《客居他鄉——東南亞客家族群的生活與文化》，頁48-60。苗栗：客家委員會客家文化發展中心。

梅景南主編，1989，《吉隆坡仙四師爺廟慶祝125週年紀念特刊（1864-1989）》。吉隆坡：吉隆坡仙四師爺廟。

陳立瑜，n.d.，〈從吉隆坡仙四師爺廟之仙師爺盛明利談起〉，手稿。

雪蘭莪加影師爺宮100週年紀念特刊編輯組，1997，《雪蘭莪加影師爺宮100週年紀念特刊》。加影：加影師爺宮。

溫故知，n.d.，《仙師爺與師爺廟》。輝煌出版社。

簡瑛欣，2015，〈神明祖廟研究的文獻回顧：臺、中、星、馬四地的比較〉，《民族學界》35：185-216（2015年4月）。

第五部分

客家跨國通婚
Cross-border Marriages

第九章　臺灣印尼客家婚姻移民的認同重構與文化流動

王俐容、鄧采妍[1]

一、前言

　　臺灣東南亞婚姻移民中，越南籍佔相對多數，但桃竹苗地區卻以印尼為多；相關資料顯示，發現此區域的印尼外配，大多數為西加里曼丹山口洋市的客家人。這群從印尼加入「臺灣客家族群」行列的新住民，已經受到客家研究的重視。本文目的在於分析印尼籍客家婚姻移民之族群認同，如何受到移民過程、臺灣客家認同論述的影響，而促其族群認同產生流動與重構：例如在移入國與原生文化與認同交相影響與來回擺盪的過程中，自身原來的文化背景與族群認同如何與「臺灣客家認同」互動；以及另一方面，研究對象自己又是如何看待同屬客家的印尼原生社會，如何定義其族群認同？

　　為了解印尼客家女性婚姻移民的族群認同建構過程與面貌，本文首先析述臺灣印尼客家移民研究的發展及其問題意識，其次則從族群認同的形成與流動之相關文獻作為探索本文研究參與者的理論基礎。接下來以本文所蒐集到的實證資料作為分析內容，從研究參與者的原生印尼社會中的認同開始談起，分別是印尼與華人認同。由於研究參與者除了是華人之外，同時也是客家人，他們如何認定自身的客家身分，而又是如何連結華人與客家認同，將是本文探究的重點之一。雖

---

1 鄧采妍為科技部計畫「從印尼西加里曼丹到臺灣桃園——客家通婚與族群認同」研究助理，負責訪談執行，部分研究成果也為其碩士論文《桃竹苗地區印尼客家外籍配偶的認同變遷》（2016）所使用。

然研究參與者在印尼已認知到自己是客家人，但是來到臺灣之後，並因與同為客家人的臺灣男性通婚，其客家認同產生何種變化或是是否因為印尼客家與臺灣客家的交互影響而產生不同的族群認知與感受，則有助於我們進一步認識印尼客家婚姻女性移民的族群認同。最末，本文研究參與者由於與臺灣社會有所互動，例如在工作場合的互動對象除了臺灣人之外，尚有來自於其他國家的移工，因此除了印尼認同、客家認同之外，甚至會出現東南亞認同，然而，在何種情境下，研究參與者轉換認同或是產生與其他來自於東南亞移工或婚姻移民同為一個群體的認同，並如何以之作為反抗的策略，將是我們得以理解研究參與者多樣認同策略的切入點；其日常生活的文化混雜現象也為臺灣客家文化帶來新的樣貌。

本文以六位印尼客家女性新移民為研究對象，分析材料來自於研究者與研究參與者的深度訪談與在其家庭和工作場域所進行的參與觀察。研究參與者基本資料如下：

表9-1 受訪者基本資料表

編號	母國家鄉	教育程度	年齡[2]	夫家地點
A	西加里曼丹 坤甸松柏港	國小肄業	37	新竹縣
B	西加里曼丹 山口洋	高中畢業	43	新竹縣
C	西加里曼丹 山口洋	高中畢業	35	苗栗市
D	邦加島 邦加檳港	大學畢業	42	內壢市
E	西加里曼丹 新部頭	國小肄業	36	楊梅市
F	西加里曼丹 山口洋	大學畢業	38	楊梅市

---

2 年齡以訪問時間2015年為準。

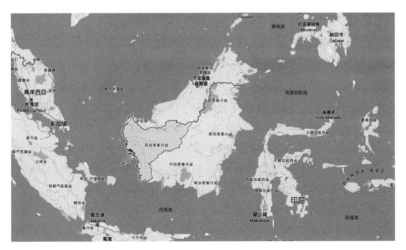

圖9-1 本文受訪者家鄉地圖：印尼西加里曼丹省

二、臺灣印尼客家移民的發展與研究

　　2005年公共電視臺的「客家新聞雜誌」以「少數中的少數」來報導印尼客家的專題內容，讓臺灣注意到的客籍印尼華人在臺灣形成一個新的社群。另外，鍾仁嫻的《客土——九座寮戀戀風土》主要以桃園龍潭的九座寮作為研究區域，介紹當地的歷史背景與族群脈絡，指出當時印尼華人約1,500人左右來臺，大部分是客家人為主，當初約只有50戶安置到龍潭居住，是對印尼華人移居臺灣的過程與經歷有較真實的呈現（鍾仁嫻 2006）。之後2006年「第三屆跨界流離國際學術研討會」中楊聰榮、藍清水（2006）所發表的〈從歸僑到外籍——印尼臺灣人的歷史過程，兼談客家文化的影響〉，認為印尼華人移居臺灣非指某一段時間，而是分四種來臺原因的類型：因升學移民、排華事件、媒妁之言和婚姻仲介移民，也在文中探討選擇臺灣作為移居地點的原因，並針對印尼華人對於中華民國的認同做了一些探討和分析。

　　除了龍潭的印尼客家新移民之外，劉振台（2005）也以屏東縣長

治鄉新潭村印尼客家華僑移民為對象，由成員內部文化生活表現，與外在社會接觸經驗，討論這群聚集在該地的社群，具有何種與族裔特徵相關的文化表現，並據之在環境與社會的變化過程中產生新認同，繼而發展為一族群。這群由印尼播遷來臺的客家華僑與六堆客家人生活型態原有差異，移民於日常生活中，主觀表達並呈現出不同於客家本地人的文化特色，諸如宗教、飲食、衣飾、語言、空間習慣。他們以這些代表社群的象徵符號，標記著「來自印尼」的共同起源，隱約形成「華僑」的族群感知，構成成員認同體系，引發社群歸屬情感，而與現地的客家社群產生了文化的影響與改變。賴郁如也於2009年的《客家族群的再次遷移與內在關係：以屏東縣長治鄉為例》，研究在地客家人（南客與北客），更將印尼華人的移居、遷移狀況和在地社群的文化互動狀況進行深入的分析與研究。

　　具有新移民背景與客家特質的印尼客家新娘，也受到學術界的重視。夏曉鵑（2002）提到嫁到臺灣的印尼婦女多是西加里曼丹的華裔，而且多數為客家人。鍾鎮城、黃湘玲（2010：693-716）的研究對象直接鎖定為高雄縣美濃鎮客籍新移民女性，發現客籍新移民女性在臺灣有關客語的語言角色上，她們在日常的口頭語言使用上，都以客語及華語（在臺灣學習華語）為最主要溝通語言，但在書面語言使用上，則以華語為主。這些研究都注意到印尼新移民女性偏向客籍華裔人士，她們原先就認同客家人身分，與臺灣家庭的日常生活互動、溝通語言以客語為最初選擇，相同語言（客語）連結到彼此相同族群（客家人）的認知，這是研究中多數印尼新移民女性的共通點（謝淑玲2006；鍾鳳嬌2007）。移動影響著認同，因此移動歷程對於印尼客籍人士有著深遠的影響。有人是一次移動、有人是二次移動，擁有長時間移動體驗影響了生活認知，所具有的客家想像與認同已經有所變化了（黃圓惠2012）。

　　在以上的文獻基礎上，本文希望更進一步分析印尼客家婚姻移民的認同如何轉變？如何在不同的情境下轉換或重組其認同？如何在社會環境的驅使下，使成員去感知、對抗、協商、創造社會情境，發展

新的認同？

三、認同的形成與流動

　　影響認同的社會性因素眾多，如性別、階級、宗教等等，族群也是非常重要的一種。族群認同影響到個體如何詮釋與了解自己的族群，並建立與其的承諾。族群認同是一個學習與探索的過程，個體需要去了解其族群的特色與意義、價值與態度，建立與族群成員的關係，學習與實踐族群的社會行為，認知到自己對其族群的感受，最後決定了族群在自己生命中的意義與角色（Xu, Farver & Fauker 2015：63）。同時學者也指出，認同的發展過程需要重視認同的內容（意義與重要性）。族群認同的內容意旨：影響個體實踐、態度的實際族群行為與行動（Phinney 1993：64）。Sellers et al.（1998）也發展出族群認同內容的兩大面向：意義與重要性。在重要性的部分，主要有三個面向來思考：中心性（centrality）：族群認同是否為個體最主要、最基本的認同？突出性（salience）：在哪些不同情境下族群認同會被凸顯出來？公共與私人的尊重：個體私人與外在的其他人對於其族群的尊重程度如何？（Sellers et al. 1998）

　　因此，個體的族群認同可能隨著其情境的轉變（例如當下的脈絡中其族群為強勢或弱勢地位）而調整。例如有關於墨西哥裔學童的研究指出，在拉丁裔優勢的學校中，墨西哥裔學童的族群認同較低，而在拉丁裔劣勢的學校中，反而其墨西哥認同加強，學者認為這可能是較少的歧視性經驗會降低自我族群探索的動力（Umana-Taylor 2004）。社會認同理論的框架也預測，隨著個人情境的變化，族群認同也會改變；在特殊的情境與自我分類方式都可能強化或是削弱族群認同。這類從社會心理學觀點所推演出來的族群認同理論，其實與社會學或人類學所提出的「情境論」或是「建構論」類似。例如：Epstein（2006）、Barth（1998）等學者推崇的「情境論」認為某個族群的形成，是為了適應社會情境之需要所發生的族群意識，多半與族群成

員為了在社會中取得較好的社經地位有關，族群是被社會情境下激發的結果。「建構論」則是綜合了原生論與情境論之論點認為某一個族群的形成是族群成員與社會情境互惠的結果，而族群也不是與生俱來、強迫接受的。族群成員在社會環境的驅使下，使成員去感知、對抗、協商、創造社會情境，發展新的族群認同，因此建構論將族群認同視為是「外在環境」與「個體」共同形成的結果，而建構的過程是一種主體的協商、意義的賦予、過往的詮釋、現狀的運用、未來的宣稱等交錯的結果；同時也強調，族群或認同也會隨著不同的時間與空間再改變（Cornell & Hartmann 1998）。

　　族群的社會與象徵邊界會在當每個行動者去區分不同族群分類，以及對待不同分類者的差異性當中凸顯出來。每一種認同過程都暗示了分類的邊界，並出現對應的行動。因此，聚焦於社會與分類邊界可以讓我們去研究族群團體的形成與消散。如同 Barth（1998）所關注的，族群邊界的再生產往往是最重要的問題：如何去解釋族群邊界是穩定的，雖然個體還是得以越過邊界？或是研究者需要去動態化這樣的分析：揭示邊界如何在一個地方出現，然後經由後續的轉換或發展，邊界可能會被重新的畫出來以包含新成員或是排斥舊成員？邊界也許是不斷模糊或是移動，但相反的，邊界也不會全然消失，而可能不斷調整與延續，但又是如何調整與維持？值得深入探討。

　　Wimmer（2013）提出 Bourdieu 式的社會學觀點可以協助理解族群邊界維持的動態分析，特別聚焦於族群邊界的製造（making）：行動者如何掙扎於族群的邊界，考量自己與不同族群分類的關係，最後透過日常生活的安排、族群意義的詮釋，進一步實踐其邊界的工作（boundary work, Gieryn 1983）。Wimmer 認為這個「製造邊界的工作」可能是可明顯看出來的、公共的與政治性的；但可能也是很細微、隱晦不明、無法言說的，或被掩蓋的；往往只有同族群成員才能共享與認知，卻很堅固來維繫族群的關係（Wimmer 2013）。因此，Wimmer 認為族群邊界展示了分類與社會（或是個人行為）的面相，也可以經由日常生活的活動來觀察與實踐。

四、全球化下的文化流動與混雜

　　Tomlinson 認為全球化對人們最主要的影響在於去疆界化（deter-ritorialization）。去疆界化所表達的直覺訴求為，是認為全球文化是相互交融；全球文化的流動瓦解了文化與地區的關聯，伴隨著流離失所的文化之間的混合，產生了新而複雜的文化融合（Tomlinson 2007：173）。Mike Featherstone 指出文化流動產生兩種可能，第一種是文化同質化與文化失序化，將刺激認同的互動，產生他者化的複雜形象。第二種可能則是發展出新的跨國性文化，是一種超越國界，不隸屬於之前任何文化的第三文化（Featherstone 1991：6）。Pieterse（2004）指出混合主義，較重視跨國文化的結果，文化混雜、流動、混語化、去疆界化、後現代觀點，未來是開放邊界不斷交錯混合的結果。

　　混雜性（Hybridity）與混雜文化（hybrid culture）常在文化研究裡被討論。Hybridity 指涉出不同的文化元素混合後產生新的意義與認同。混合物會以融合與混語的方式破壞原先文化疆界的穩定，並使其模糊化（Barker 2004：480）。Kraidy 指出混雜性的兩種意義，一種是本質論的觀點，混雜性以描述性的方式被呈現一種全球與在地文化互動的結果，因此，混雜性標示出跨文化關係的複雜、交錯與能動性，其背後的社會、政治與經濟的安排也需要被審慎討論。另一種則為政治性的意義，文化混雜性跨文化與跨國家邊界不斷協商、互動、競爭的結果，其中的權力關係、政治過程需要被分析與討論；批判文化混雜理論者認為，文化交錯與混合應注意反抗霸權（國家或是主流文化），作為批判文化帝國主義的典範。因此，批判者強調混雜性不只是跨文化之間觀察、編碼與讚頌多元文化的混合，更應注意不平等與權力關係是否在當中被忽略與掩蓋（Kraidy 2002：318）。Pieterse（1994）認為，混雜性在標明文化混合與新的認同形式時，需要考慮社會團體的特殊處境，建議將之區分為結構混雜化與文化混雜化。結構混雜化指的是混雜性所發生的各種社會及制度的場域，例如特殊的地區或城市。文化混雜化指的是文化上的回應，包括文化同化、邊界

不穩定且模糊化的情況。因此,結構混雜化呈現出人們的組織選擇,文化混雜化則包括更複雜的想像共同體的開放、文化特色的跨界、差異與各種身分的開放等等。

五、印尼客家婚姻移民的認同流動

移民與認同的相關理論,其所關注的面向在於,移動過程中主體如何在不同社會、歷史、情境下詮釋與建構自我的認同。來自印尼的客家受訪者,的確經歷複雜的認同形成過程,而這個過程一直到臺灣還是持續發展與改變:印尼認同、華人認同與客家認同都在生命歷程中交錯與共生;來到臺灣後新的客家認同、臺灣認同與東南亞認同也在日常生活中慢慢混合交融地出現。

(一)印尼與華人認同

王賡武(1999)認為東南亞的海外華人擁有不成比例的經濟影響力,他們的趨向是分化成至少三個群體:人數越來越多地對新誕生國家表示認同,寧願專注於確切屬於自己的種族社區的一群,保留了對中國文化的認同的少數一群,這三個群體人口的比例當然因國而異。如果這些國家想獲得穩定和經濟發展的話,可能當地的民族主義要放緩對於同質化的追求,以免形成太大的壓迫。它們要滿足於通過合作,以及對地區內部事務要協商,也許還要維護地區內部的相互依存,才能漸進地構建自己的民族(轉引自劉宏、黃堅立 1999),但實際的發展往往不是如此。

以印尼的經驗來看,即便老一輩的印尼華人可能依然具有華人認同,但在 1960 年代左右出生的印尼華人公民,大多數華人都在這時期被「印尼化」,「僑生華人」或「新客華人」的華人認同便不再重要,而是「印尼華裔」取代了他們的認同(雲耀昌 2012:9)。「印尼華裔」這樣的認同標示著他們把自己放在印尼民族國家的想像共同體中,但同時不可忽略「華人」群體的認同類屬。我們可以發現,印

尼華人早已把印尼當作自己真正的家鄉，但是即便印尼華裔已心向印尼，卻依然在日常生活中遭受到種種歧視，使他們對其認同產生質疑與厭惡。例如：

> B：其實我就是個印尼人，我裡裡外外就是個印尼人，只是印尼對華人實在是太差勁了，說我們是支那，對我們是那麼不好……可是有什麼辦法……，如果說我們不生在印尼那有多好，我們何苦這樣討生活，但我最後還是得歸鄉啊，再怎麼壞的地方，還是我的故鄉……。

邱琡雯（2005）認為具有華人血統的外配大多強調在原鄉就與華人社會親近，踏上華人社會的臺灣後更有一種不能言喻的歸屬感，她們強烈的需要被認同：

> ……而且我們同樣是華人，生活、語言、風俗也比較接近，這是我想嫁來臺灣的原因。爸爸、媽媽、長輩皆很贊同，畢竟印尼長期排斥華人，能變成一個中國人何嘗不是件光榮的事？（收錄於《不要叫我外籍新娘》，黎雪玲 2005：50-51）

正如居住在華人為主要地區的A與C，從小便被父母教育她們原住民（當地印尼人）與華人的不同，在她們受義務教育時，也經常耳提面命該與原住民同學如何相處，同時也灌輸她們「我們華人……」、「華人不應該跟印尼人……」類似「我群」與「他群」的敵意觀念，因此，族群之間毫無互動、環境的隔閡、語言不通的情況下，使她們在不知不覺中，建立了強烈的華人認同。

> A：我們（華人）住這個地方（筆畫左邊），那個人[3]（原住

---

3 A稱呼印尼原住民的方式，讓讀者體會A因為族群分居而對他群產生的不熟悉感。

民）住這邊（筆畫右邊），就沒有一起住，但是要到他們那邊也不會遠，隔個三、四條街就到，但根本不會去他們那邊。

A：我講客家話他們（原住民）都聽不懂啊，不會特地跟他們說話啦……（略）……我跟那個人（原住民）說就是說印尼話，跟華人就是說客家話，對，還有他們也不會跟我們說話，跟我們說話也只是說那種話（印尼話）。

C：我爸爸常常跟我們說，我們華僑，我們過我們的，印尼人他們過他們的。以前我如果在村外面跟印尼人吵架，我爸就這樣會說，要我們不要惹他們。

在印尼時，C從未走出華人的生活圈，也很少與原住民相處，但隱隱約約能夠發現C對印尼原住民的懼怕心理，即便她未曾發生過被原住民欺負或是汙衊的經歷：

C：一起上課時，他們（原住民）不會講客家話，上課都是我們跟他們說印尼話，我們華人比較多，可是有的（原住民同學）還是很排華的。排華時山口洋還好，可是雅加達……雅加達比較恐怖，那個華人都不敢出來。像我舅舅就住那邊，就有開店，可是那個怎麼講……就是有開店可是都不敢開就關起來啊。有的逃、跑到山口洋，就是發動那時候，華僑就跑去山口洋，不然就是去國外。

即便在印尼生活的歲月中對原住民的接觸是那麼的少，但在C身上還是能觀察到因為對原住民的陌生，這種「我群」與「他群」的敵意感受，也在F訪談中看出來：

F：我們那一代，如果像我們嫁給他們當地人，會被〔華人〕⁴排除掉〔排擠〕，但是現在應該是還好，會覺得嫁給番人，對新一代年輕人是沒差。對小孩子來說，嫁給唐人⁵要做什麼官，還做不了，現在搞不好嫁給爸爸是當地人，或是媽媽是當地人，還比較好一點，通婚已經有好處了。

族群彼此的隔閡造成了華人對原住民的猜忌心理，這樣的心理隨著時間的推移並沒有轉淡，在彼此毫無互動的「和平共處」模式下，卻隱含著更多看不到的問題，隨著光陰的強化，這些問題便潛移默化影響印尼華人的認同建立；也強化了印尼與華人的雙重或是混雜的認同。

（二）華人與客家認同的關聯

黃昆章（2005）提出，1990年末印尼有600萬華人推算，客家人就佔了180多萬人。所在地區有印尼本島爪哇的雅加達、萬隆，外島的西加里曼丹、邦加、勿里洞等。而這些地區的華人至今依然通行客家話，且因地域的不同盛行不同腔調的客語。根據利亮時（2013）的田調資料，西加里曼丹的山口洋是印尼華人比例最高的城市，佔45%，而客家人又佔當地華人人口數的六成，因此客語成為當地住民通行的語言，就連當地非客家人的華人家庭，像潮州人、福建人，都是以客家話作為家庭用語，因此該區客家認同強烈，就連不少非客家人都會自我認同為客家人。

但在爪哇本島，各族群人口眾多與華人「同化」政策的實行，客家認同以及語言等便沒有這麼好的維持與傳遞，尤其爪哇華人的僑生華人比例高，許多客家人便早已不會說客語；蘇門答臘島上的客家人，則因為當地閩南人社群的強大漸漸被同化，許多客家人已不講客

---

4 〔 〕內文字為筆者註。
5 印尼華人習以「唐人」稱華人。

家話，而是以閩南語或是印尼語當作通用語言，所以對客家認同也相對減少。相較之下，西加里曼丹的客家認同因當地客家社群大、人數較多，以及天然的隔絕環境，使客家認同得以綿延。

A：我就是客家人啊，我從小就知道了。我們家那邊也都是說客家話，大家都是客家人啊。

B：我爸爸常跟我說，你爺爺可是從中國唐山過來的客家人、你奶奶也是客家人，我跟你媽雖然是印尼出生，但我們還是客家人，而且是中國人！我從小就知道自己是客家人了，你這個問題很奇怪，什麼叫什麼時候知道自己是客家人，這有什麼好質疑的，哈哈哈。

C：我出生就知道自己是客家人啦，一出生就是客家人啦，血緣無法改變的，妳問這很奇怪，那你什麼時候知道自己是客家人？……你也答不上來嘛，是不是！哈哈哈。

問：在山口洋別人問你說，你是什麼人？你會怎麼回答？

F：我說客家人，但如果是當地人問我，我們通常跟他們講我是華人，很少會跟他說我是客家人，很少會有這樣子……我從小就講客家話，雖然我們小學的時候有學印尼文但是不會跟同學講印尼話。我最記得我大概是國小畢業後上國中了，我才會用印尼話跟老師他們溝通。

尤其生活在西加里曼丹的A、C進一步認為，「華人」等同於「客家」的認同概念：

A：客家跟華人不是一樣的嗎？哪裡不一樣，我覺得客家就是華人啊！

C：欸？我以前在那邊（印尼）的時候搞不清楚喔，我以為華人就是客家人！所有的華人都是客家人！是後來有工作嘛，接觸到潮州人，我才發現華人也有分耶，後來來臺灣就更清

楚，什麼閩南人、客家人，我才知道華人不是客家而已。小
時候真的不懂哪，很好笑厚！

　　從這些訪談分析，客家認同是以原生情感為核心存在，然而，華
人認同在某程度上是在印尼環境下被「扮演」出來。確切來說，華人
認同更應該說是被激發出來的結果。其可能本就身具華人認同，卻在
印尼打壓華人的情境之下，使她們彰顯與強調作為華人之重要性。正
如前述提及的，主張情境論的Epstein（1953）、Barth（1998）認為
族群的形成是為了適應社會情境之需所發生的族群意識，社會情境促
使族群發生。「華人認同」與「客家認同」這兩項認同相同重要、缺
一不可，更是無法分割的，只是在印尼排華的社會情境下，「華人認
同」相對於客家認同，卻是更值得提及的認同存在。

（三）來臺後客家認同與臺灣認同的影響與互動

　　當代研究逐漸重視個體如何從社會環境與個人經驗中協商與交錯
出族群認同的結果，特別是在社會心理學的研究，其實可以提供給我
們許多新的觀點與經驗。例如Xu, Farver & Pauker（2015）比較亞裔
與歐裔美國人在身處優勢族群與劣勢族群環境中，族群認同與自我評
價的關聯性，以及如何去認知與感受族群分類進而影響其認同的形成
（Xu et al. 2015：62-76）；Yip（2014）的研究則從認同發展的過程
中出發，分析在日常生活中族群認同產生什麼樣的影響，族群的內
容、意義與重要性是如何發展出來的（Yip 2014：216-218）。

　　隨著外在環境的改變，受訪者的客家認同也經過新的協商與交
錯。嫁入臺灣客家庄的印尼客家配偶，是否更進一步強化其客家認
同？有些受訪者的確覺得自己的客家認同被強化：

問：所以在這邊會覺得自己比較是客家人嗎？生活環境什麼的。
C：對，在家說客家話，出門也說客家話，大家都是客家人，我
　　們苗栗年輕人才說國語的，而且習俗什麼也都是客家習俗，

走到哪客家話都會通。

B：是耶，這裡之後，真的厚，大家都說客家話，我發現自己又
變成客家人了，想到以前山口洋也這樣，而且腔調都一樣
喔！你漸漸的就會習慣自己是客家人，你不說我還沒有發現
耶，我自己都沒有感覺就變這樣了，哈哈。

同樣是嫁給客家夫家，「客家認同」的展現，我們卻較少在A與
D身上看到。

A：客家……客家我反而比較不（重要）……對……就是在這邊
也很少有人問什麼人吧，人家常說閩南、客家啊，客家人怎
樣閩南人又怎樣啊，但我都覺得不重要……。

問：……你的意思，什麼意思啊？……（略）……啊就是不要分
族群的意思？！

A：對啦，大家都是臺灣人啊！

D：我們家（夫家）不講客家話的，我都是說國語。我有時候跟
我婆婆溝通才說客家話，但是我婆婆她常回我國語，久了就
都說國語比較多。

問：住家附近呢？溝通什麼的。

D：大家都是說國語。

問：鄰居沒有客家人嗎？

D：有，但是大家都說國語。有一次我聽我隔壁的阿嬤跟她兒子
說客家話，我才知道原來我隔壁住的也是客家人，不過我們
家這邊大家都講國語比較多。

除了區域的差異外，客語腔調的差異也會有影響，例如：

F：臺灣的客家話比較多，要說全部聽得懂嗎？也有一些聽不
懂，我是曾經聽我爸說，其實我們原本說的是四縣，很軟

的，因為我們那邊海陸聽起來比較硬，我爸爸大前年有來，
又說其實我們講的，比較像饒平，因為客家話也很多種，我
爸說我們講的客家話是饒平的，我說是這樣喔，我也搞的不
是很清楚……

E：我不曾去了解說有幾樣不同的客語，但是聽他們講出來的腔
是不太一樣的，所以有時候我出去到市場，不敢用客家話跟
他們溝通，怕他們聽不懂。我擔心這樣，乾脆用國語溝通好
了。

比較身處在優勢族群與劣勢族群環境中的亞裔與歐裔美國人，如
何去認知與感受族群分類進而影響其認同的形成，同時，找尋族群認
同與自我評價的關聯性。透過本研究訪談資料可以發現，受訪者的客
家認同隨著婚配後夫家的生活環境、習慣而有所轉變。如：女性進入
夫家時，其所居住的地區若為客家優佔地區，則容易形成強烈的客家
認同；若反之，客家認同便成為無關緊要的選項。而在這樣的情況
下，「客家認同」則是成為家庭語言、內化的身分認同，同時，可能
由更大認同架構下的「臺灣人」所取代。

六、在臺灣日常生活的多樣認同策略與文化混雜

隨著移動過程，認同內涵與文化慣習經過轉換與調整，但這並不
意味著過往的認同與文化慣習已經消逝，相反的，不同階段的認同與
文化慣習層層疊疊地伴隨受訪者，交織成為複雜的認同素材與混雜文
化，在日常生活的情境中展現出來，形成了多樣性的認同策略與混雜
的文化表現。

（一）多樣的認同策略

族群成員在社會環境的驅使下，使成員去感知、對抗、協商、創
造社會情境，發展新的族群認同，因此建構論將族群認同視為是「外

在環境」與「個體」共同形成的結果，而建構的過程是一種主體的協商、意義的賦予、過往的詮釋、現狀的運用、未來的宣稱等交錯的結果。行動者得以在族群的邊界，考量自己與不同族群分類的關係，最後透過日常生活的安排、族群意義的詮釋，呈現出複雜多樣的認同策略。

在實際觀察這些受訪者時，發現在東南亞雜貨店工作的C、飯店廚房擔任助廚的B，兩人在職場的認同非常多元，也時常轉換。在雜貨店時C稱呼自己為「麗娜」，她在印尼時給自己取的英文名字，而不是平日家裡使用的中文名字。工作中她與同事的交談幾乎是使用印尼語[6]，偶而與同事穿插國語作交談。另外拜科技所賜，工作時C也會看印尼雜誌、聽印尼流行音樂、上印尼網站觀看印尼國內新聞。但當她面對筆者或者臺灣的家人、親朋好友時，她卻會稱呼自己的中文名，語言也立刻切換成客家語或國語。其認同的適應與變遷是非常柔軟的，能夠配合人、事、物隨時轉換，「客家」與「印尼」的認同在她的日常生活中是雙重的也是瞬息萬變的。但同時C的印尼認同多少混雜了「東南亞」認同，也許是受到工作環境的影響，造就C的多重認同。

在B的身上，也許是因她的生命中經歷過多次的移動，又曾在不同的地方生活，因此讓她能夠輕易地融入各樣的情境，也能自在地與各種人、事、物相處，以下面的觀察為例：

日期：2015年2月14日（過年前夕）
地點：B工作的餐廳內場
人：主廚、B、二廚、助廚、洗碗阿姨（只能看到五人）
環境：吵雜、忙碌、洗碗與點菜的聲音，很多人來回走動，身體需要閃來閃去，還有裡頭的人是多元的族群。

---

6 印尼語（Bahasa Indonesia）屬南島語系的馬來－玻里尼西亞語族，與其他東南亞國家（如馬來西亞、新加坡）的馬來語可能有些細微的差異，但可以溝通。

B介紹了我是誰，主廚便開始與我聊天，說自己也是客家人什麼的寒暄。B在煮麵時便與隔壁的二廚（馬來西亞人）聊天，說馬來西亞語。助廚（印尼人）遞食材給B時會說印尼語，助廚遞食材給二廚時則是說國語，但助廚與二廚兩人溝通時有時候會說各自國家的語言，多少可以通應該都是馬來人的關係，不一定是國語。感覺得出他們三位的同事情誼不錯，也許同是非臺灣人，加上移工的關係。

但B與主廚的關係感覺也不錯，主廚點菜、試菜、出菜時都用國語，但與B溝通時有時候會用客家話，像是說B的菜有什麼要改進或者重做的都是說客家語，也會用客家語閒聊彼此的日常近況[7]，除了B，其他兩位廚師（移工）感覺上都很怕主廚，不常與他互動，也不常與他溝通。（補充：B說主廚也會用客家話罵他們，所以其實所有人都聽得懂客家話的髒話，罵人不是攻擊他們，有時候是師傅在教學徒的罵，可能當天研究者在現場，所以主廚不好意思罵人，不然平常都會罵人，另外主廚要跟B講餐廳的壞話，還有對話內容不想讓其他兩位廚師聽懂時也會講客家話。）

比起C與B，A的印尼認同是非常少顯露出來的，就連一起工作四、五年的同事都不知道A是印尼來的外籍配偶，A很現實的說，因為臺灣的工作環境對外國人很不利，即便有了臺灣身分證，身為外籍配偶的她還是有道無形的牆被業主阻隔著，更何況是「外籍配偶」與臺灣人相處時無形的壓力，讓她非常不能適應，加上她的外貌與口音根本不像外國人，所以她乾脆不提起自己來自印尼，在別人的詢問中也一律用「臺灣人」做回應。

A：我現在有身分證啦，那我就是臺灣人。剛來那時候比較麻

---

7 研究者亦會以客語加入談話。

煩，不過那時候都很少出去，所以也沒什麼困擾。工作後大家都是講國語，也很多閩南人什麼的，我就認真學國語，客家話用不到。

但還是有例外的，A坦承的說，其實她會以自己與某人相處的感受來決定是否要向對方「坦承」自己是印尼人。認同的汙名讓A更加在意自己的母國認同，在臺灣社會情境下不得不隱藏的印尼認同，在身處舒適情境時，便容易展現：「我都跟別人說我是印尼人，我本來就是印尼人。」

D是四位研究參與者當中對印尼身分最為堅持的研究參與者，她的認同取向並未被臺灣社會情境所改變，也沒有受到職涯環境的打擊而轉換自身認同，但也許因為如此，D頂著「印尼人」的身分打拼，努力堅持下去的結果，便是獲得更多臺灣社會的掌聲。無論是之前的工廠工作或是D目前服務的政府單位，她對來自印尼的身分毫不掩飾：

D：那時候工廠用我就知道我是印尼人，我也沒什麼好不跟別人說的。我那時候要教外勞跟臺灣人用機臺，我那時候都常常在學習，因為我會一點點英文也會一點點中文，大家都知道我是印尼人。

更進一步看，在臺灣的社會情境、職場環境影響下，除了印尼認同、臺灣認同兩項對立的認同，其認同意識更參差著些許「東南亞認同」。像是在東南亞商店工作的C、餐廳擔任廚師的B、替政府協助移民（移工）的D，其工作環境經常需要與東南亞各國移工（移民）合作，加上臺灣的社會情境容易把東南亞各國移民（移工）視為「外來的」同一群，以及「新移民女性」的正名風氣下，發現她們容易把同樣是來自南國的女性移民視為「我群」，而在這個時候，她們便又從印尼認同的框架擴大至東南亞認同。

Ｃ：一起工作的時候我們就都是……，有點是說都是同一國（東南亞）的這樣子啦，因為大家要一起合作啊，不會分那些你是印尼、越南還是哪裡來的，因為都是外國嘛，也都要幫忙同事啊，所以我們都是一國的啦。

Ｂ：剛來時都是跟外勞一起工作，我那時候就是東南亞外勞，後來結婚後，就變成東南亞外籍配偶，東南亞認同在臺灣對我來說就是這樣子。現在，我又不一樣了，應該可以算是東南亞移民。

Ｄ：（政府）一起工作的同事也都是外籍配偶啊，協會裡面的人什麼國家都有啦，像是越南比較多，那大家都算是東南亞嫁過來的，一起加入新移民的團體。

比較起印尼認同、客家認同、臺灣認同等，「東南亞認同」具有新的認同意義，其所回應的正是臺灣社會對多元文化的期盼，對於身在臺灣的外籍配偶而言，其所面對的既是母國不曾聽過，又是在臺灣被重新塑造的認同，它是個前所未見的認同架構及選項。「東南亞認同」與「新移民女性認同」就是在這樣的社會脈絡下多重對話、協商後的結果。同時，也不能忽略研究參與者因臺灣社會情境對「外籍配偶」的汙衊，使研究參與者產生的認同反抗。謝世忠（1987：20）說明汙名化的認同，被汙名化的弱勢一方感到深深的羞恥，這種強烈的感受來自強方對弱方的判斷與描述，以及弱方負面的對自己身分地位的判斷，而可能形成反抗：

Ａ：如果那個人（指某位人，並無特定的人）說我，說我……你不是臺灣人吧……，你的口音不像臺灣人，我就會回他我是臺灣人啊！（語氣很兇，表情挑釁），我都有臺灣身分證了，我也沒騙他啊！但一定是人家故意的話，我才會這樣說，他挑釁我，我就挑釁他。

Ｃ：我常會說做給他們看就對了。我跟那些逃跑的（外籍配偶）

不一樣，我是真的愛我老公才過來的，就算我印尼人又怎樣，印尼人還是可以愛臺灣啊，那些說印尼來的哪裡來的怎樣怎樣不好才小心眼吧！

以上的訪談顯示出，受訪者透過協商不同的主體位置，在現有的權力和不平等的格局下，經由動員及其掌握的文化資源，創造性地從事選擇性的認同。認同協商和文化改變也在日常生活中以更平凡的方式存在。

（二）移動與文化混雜

在受訪者的日常生活中，可以看出新的文化混雜現象，特別飲食最容易被觀察出來：首先觀察到，A飯桌上的佳餚非常特別。A的飲食習慣喜歡吃辣，菜色不拘但一定會有魚[8]，有時候有酸辣涼拌菜、椰奶咖哩等印尼家鄉菜，在料理臺灣家常菜有時還會加「魚露」或「椰奶」調味[9]，煮法對臺灣人來說相當特別。跨國移動的經驗使得她們可以遊走於不同文化的邊界，採取不同的食材創作出新的文化內涵，與混雜的料理成果。

同時，移動的過程也在其生命留下印記，改變了飲食的習慣，構築不同的記憶，例如B：

B：我剛從印尼到馬來西亞的時候很不習慣他們的食物，那時候我前夫就常帶我去吃印尼料理的攤子，他們的咖哩真的很奇怪，應該就是不同地區做出的調配之類的，但我吃久了，就習慣了。我這次回去印尼啊，我反而覺得印尼的咖哩很奇怪，我以前都不覺得！後來我去馬來西亞找小孩時又去那間攤子吃了一次，我才覺得這才是印尼咖哩，但這裡明明是馬

---

8 松柏港漁業普及造成的飲食影響。

9 魚露或椰汁都是南島國家入菜的主要佐料。

來西亞。

在馬來西亞吃的印尼咖哩，沒想到在多年後逐漸蓋過對於原有家鄉印尼咖哩的記憶，讓B不禁疑惑自己的記憶，更進一步懷疑自己的根在哪裡？遷移改變習慣的情形，也在C的經驗上出現：

> C：吃習慣臺灣的客家菜後，你回印尼沒吃到（臺灣客家菜）會不習慣。剛開始回去（印尼）很開心啊，天天吃媽媽弄的菜好好吃！可是後來你會很膩很不習慣，會很想吃臺灣的客家菜，我那時候回去九天，但是我第三天晚上就受不了，很想吃婆婆用的梅干扣肉，吃那個肉，那個肉吸了醃菜的汁多好吃啊，我後來受不了就自己做來吃，去市場買豬肉燉啊，還做了韭菜炒蛋、菜圃雞湯啊，但我媽他們（娘家）都說不好吃，不辣吃不下、湯又淡，可是我就很開心啊，終於吃到了厚，就是這樣子啦。

在臺灣朝思暮想印尼的客家菜，但萬萬沒想到回到印尼也會思念臺灣客家菜。但比較起來，D的經驗就沒有特別在意食物的變化：

> D：我會做印尼菜啊，可是很少！印尼菜很麻煩，又燉又煎，還有很多香料要放，買料又不容易，要去印尼店才有，老公也沒特別喜歡吃，很麻煩。臺灣菜好做多了，加蒜頭炒一炒，肉醃一醃隨便炒炒就又香又好吃，大家也吃比較習慣，也不用花很多時間。有時候很忙啊，就出去外面買回來吃，這樣比較方便。

有趣的事情是，「客家菜餚」是受訪者來到臺灣後，認為印尼客家與臺灣客家的最大差異，同時也是最不習慣的地方。例如：

C：我們也有發糕，作法也很像，其實就是一樣啦！可是樣子就是不一樣，裡面加的東西也不一樣……（略）……我們長相是小小的樣子，臺灣的居然有碗公那麼大！……（略）

這樣的差異讓受訪者或多或少還是意識到，印尼客家跟臺灣客家的差異，也有些格格不入的地方：

A：我們好愛吃辣耶，但我嫁過來他們（夫家）都不吃辣，來臺灣後聽人家說客家人不吃辣！但我是客家人啊，怎麼我們那邊客家人都吃辣。

C：吃辣是一定要的，我們（印尼）的客家菜喔都會加辣，辣才好吃！還有那個咖哩啊，那要很辣才好吃，哈哈哈！

咖哩也是印尼客家與臺灣客家料理很大的差異點：

C：（客家菜）都跟臺灣一樣，比較不一樣的是咖哩，我們吃客家菜啊也會吃咖哩，咖哩我覺得……就是說我們也會吃咖哩嘛……所以咖哩也算是客家菜吧，哈哈哈。

其他差異還包括：

D：（印尼客家菜）有梅干扣肉啊、菜包、菜圃蛋、燙雞、發糕，跟臺灣的客家菜很像，還有木瓜蝦子涼拌，酸酸辣辣的好好吃喔……

問：木瓜蝦子涼拌（疑惑）？

D：對，它在印尼是客家菜，很道地傳統的。木瓜沒有熟的加蝦子還有魚露跟香料下去拌，這很好吃。我們那邊做喜事的時候常常吃。但是臺灣人都覺得它不是客家菜，就像你這樣！而且臺灣的客家菜那個炒魚什麼的，叫什麼名字……啊，客

家炒魷魚啦！（客家小炒？）對啦，客家小炒！我在家（印尼）沒有吃過，我是來臺灣才知道的，剛來時在餐廳吃的啊，我才知道這是客家菜。

　　遷移脈絡的不同、所屬的地區不同，相同的族群產生了不同的飲食文化，對菜餚的認知也有了歧異，受訪者所認為的「客家菜」在臺灣社會脈絡下卻成為了異國風味的「印尼菜」；而臺灣大眾所認為的經典客家菜：「客家小炒」，則不曾在印尼客家人的生命歷程中出現過。在文化與族群邊界的轉移過程中，「我們的客家菜」變成「臺灣的印尼菜」，使得受訪者歷經了認同被否決的傷害感受（但是臺灣人都覺得它不是客家菜，就像你這樣！）。因為流動所帶來的文化混雜，也鬆動了傳統族群文化的邊界與想像，文化混雜性指涉出不同的文化元素混合後產生新的意義與認同，可能會以融合與混語的方式破壞原先文化疆界的穩定，並使其模糊化（Barker 2004：480）。同樣的，臺灣客家菜的內涵是否可以從跨越不同邊界來思考？具有印尼辣椒、咖哩、青木瓜與蝦子是否能夠被理解與容納進入臺灣客家菜的想像？也可以讓人思考，族群文化與飲食的論述，如何因應跨越流動更為活化、交錯與融合？可以更彈性容納新的變遷？

七、結語

　　當代研究逐漸重視個體如何從社會環境與個人經驗中協商與交錯出族群認同的結果，特別是在社會心理學的研究，其實可以提供給我們許多新的觀點與經驗。本研究的主要貢獻在於闡述與理解，隨著社會情境的轉變，印尼客家女性的認同如何協商與交錯。首先，受訪的印尼客家女性配偶幾乎都擁有印尼與華人的雙重認同。印尼永遠是她們的家，但當地不友善的族群關係使她們保有與當地原住民強烈明顯的區隔，強化印尼與華人的雙重認同。進一步分析，對這些受訪者而言，客家認同是「骨」，華人認同是「皮」；客家認同是原生情感所

擁有以及存在的，但華人認同卻是在印尼環境下被「扮演」出來的。正確來說，也許華人認同本來是在與印尼在地原住民族群關係下所產生的「我群」與「他者」的分別，就是她們天生擁有的，但卻在印尼打壓華人的社會情境下，強調自己身為華人的重要性，因此被強化的華人認同是被激發出來的結果。

隨著外在環境的改變，嫁入臺灣客家庄的印尼客家配偶，是否更進一步強化其客家認同？或是重組出哪些新的認同？採取哪些認同策略？本研究訪談資料顯示，婚配後夫家的生活習慣、住家環境會對受訪者的客家認同產生影響。例如夫家若處客家語言與文化優勢地區，新移民女性進入的客家認同隨之強烈展現；但若反之，客家認同便成為無關緊要、無迫切的認同需求，在國語通行、族群混雜的情況下，進入此夫家的女性便會以更大的認同架構「臺灣人」取而代之，「客家認同」則是成為家庭語言、內化的身分認同。同時，其認同能夠配合人、事、物隨時適應與轉換，因此「客家」與「印尼」的認同在日常生活呈現瞬息萬變的面貌。

「東南亞認同」的出現是臺灣社會對於多元文化期盼下所產生的回應，也是一種新的認同意義，對身在臺灣的外籍配偶來說也是一個前所未有的認同架構，既是母國不曾聽過，又是在臺灣被重新教育的新認同選項。「東南亞認同」與「新移民女性認同」就是外籍配偶與臺灣社會對話、協商之後的結果。從這些認同轉變與策略，可以看出受訪者通過協商幾個主體位置，在權力和不平等的現有格局，通過動員和通過其掌握的文化資源創造性地從事選擇性的認同，並進一步形成反抗的可能。

同時，因為流動所帶來的文化混雜，也鬆動了傳統族群文化的邊界與想像，文化混雜性指涉出不同的文化元素混合後產生新的意義與認同，可能會以融合與混語的方式破壞原先文化疆界的穩定。在這群印尼客家婚姻移民的日常飲食上已經清楚呈現出這樣的發展：其印尼客家菜的經驗挑戰了傳統臺灣客家菜的想像。但如同 Pieterse（1994）認為，混雜性在標明文化混合與新的認同與事實，需要考慮社會團體

的特殊處境，文化混雜化除了強調包括文化邊界不穩定且模糊化的情況，包括更複雜的想像共同體的開放、文化特色的跨界、差異與各種身分認同的包容等等。透過這些分析，我們也更理解行動者如何掙扎於族群的邊界，考量自己與不同族群分類的關係，最後透過日常生活的安排、族群意義的詮釋、進一步實踐其認同；同時也期待開啟一個更為彈性、包容、多元且複雜的空間來發展客家認同多重的想像與文化實踐。

參考文獻

Barth, F., 1998, "Introduction", in *Ethnic groups and boundaries: The social organization of culture difference*, edited by F. Barth, pp. 9-38. Waveland Press.

Cerulo, Karen A., 1997, "Identity construction: New issues, new directions", *Annual Review of Sociology*, 23, 385-409.

Cornell, Stephen & Douglas Hartmann, 1998, *Ethnicity and race: Making identities in a changing world*. Thousand Oaks, Calif.: Pine Forge Press.

Epstein, C. F., 2006, "Great divides: the cultural, cognitive, and social bases of the global subordination of women", *American Sociological Review*, 72, 1-22.

Featherstone, M., 1991, "Global culture: An introduction", in *Global culture: Nationalism, globalization and modernity*, edited by M. Featherstone, pp.1-14. London: Sage.

Gilroy, Paul, 1993, *The black atlantic: Modernity and double consciousness*. London: Verso.

Hall, Stuart, 1991, "Old and new identities, old and new ethnicities", in *Culture, globalization and the world-system*, edited by Anthony D. King, pp. 41-68. New York: State of University of New York.

—— , 1992, "New ethnicities", in *'Race', culture and difference*, edited by James Donald & Ali Rattansi, pp. 252-259. London: The Open University.

Kraidy, Marwan M., 2002, "Hybridity in cultural globalization", *Communication Theory*, 12 (3), 316-339.

Phinney, J. S., 1993, "A three-stage model of ethnic identity development in adolescence", in *Ethnic identity: Formation and transmission among Hispanics and other minorities*, edited by M. E. Bernal, pp. 61-79. Albany, NY: State University of New York Press.

Pieterse, J. N., 1994, "Globalisation as hybridisation", *International Sociology*, 9, 161-184.

—— , 2004, *Globalization and culture: Global mélange*. Oxford: Rowman & Littlefield Publisher, INC.

Sellers, R. M., S. J. Rowley, T. M. Chavous, J. N. Shelton, & M. A. Smith, 1997,

"Multidimensional inventory of black identity: A preliminary investigation of reliability and construct validity", *Journal of Personality and Social Psychology*, 73, 805-815.

Umana-Taylor, A. J., 2004, "Ethnic identity and self-esteem: Examining the role of social context", *Journal of Adolescence*, 27, 139-146.

Wimmer, Andreas, 2013, *Ethnic boundary making institutions, power, networks.* Oxford: Oxford University Press.

Xu, Y. Y., J. Farver & K. Fauker, 2015, "Ethnic identity and self-esteem among Asian and European Americans: When a minority is the majority and the majority is a minority", *European Journal of Social Psychology*, 45, 62-76.

Yip, Tiffany, 2014, "Ethnic identity in everyday life: The influence of identity development status", *Child Development*, 85 (1), 205-219.

羅世宏主譯，2004，《文化研究：理論與實踐》。臺北：五南出版。（原書 Barker, Chris [2000], *Cultural Studies: Theory and Practice.* London: SAGE）

鄭棨元、陳慧慈譯，2007，《文化與全球化的反思》。臺北：韋伯文化。（原書 Tomlinson, John [1999], *Globalization and Culture.*）

利亮時，2013，〈走過移民崎嶇路的社團：曼谷客家總會與山口洋地區鄉親會之比較〉，收錄於林開忠編《客居他鄉——東南亞客家族群的生活與文化》，頁 102-113。臺灣：客家委員會客家文化發展中心、國立暨南國際大學東南亞研究中心。

邱琡雯，2005，《性別與移動：日本與臺灣的亞洲新娘》。臺北：巨流出版社。

夏曉鵑，2002，《流離尋岸：資本國際化下的「外籍新娘」現象》。臺北：臺灣社會研究雜誌社。

黃昆章，2005，《印尼華僑華人史（1950至2004年）》。廣州：廣東高等教育出版社。

黃圓惠，2012，《移動在兩個家庭之間：北臺灣印尼客家女性的認同與情感民族誌》。交通大學客家文化學院客家社會與文化學程碩士論文。

雲耀昌，2012，《當代印尼華人的認同：文化、政略與媒體》。臺北：群學。

楊聰榮、藍清水，2006，〈從歸僑到外籍——印尼臺灣人移民的歷史過程，兼談客家文化的影響〉，發表於「第三屆跨界流離國際學術研討會」，

2006年10月7-8日。臺北，世新大學。

劉宏、黃堅立，1999，《海外華人研究的大視野與新方向：王賡武教授論文集》。新北：八方文化。

劉振台，2005，《一個消失中的田野：長治鄉印尼客僑的族群構成》。雲林科技大學文化資產維護系碩士論文。

賴郁如，2009，《客家族群的再次遷移與內在關係：以屏東縣長治鄉為例》。高雄師範大學客家文化研究所碩士論文。

鍾鎮城、黃湘玲，2010，〈客籍新移民女性之語言使用與自我移民認同形塑〉，收錄於莊英章、簡美玲編《客家的形成與變遷（下）》，頁693-716。新竹：交通大學出版社。

鍾鳳嬌，2007，《以客家之名：後堆客籍新移民女性自我形塑之探討》。屏東科技大學客家文化產業研究所碩士論文。

鍾仁嫻，2006，《客土──九座寮戀戀風土》。臺北：行政院客家委員會。

謝淑玲，2005，《在臺客籍「印尼」與「大陸」配偶之客家認同比較研究》。中央大學客家社會文化研究所碩士論文。

第十章 「差不多……又不一樣！」：臺灣與印尼客家通婚之文化經驗

蔡芬芳

一、前言

由於臺灣社會環境的變化，族群通婚逐漸增多。在國民政府來臺之前，各族群外婚比例極少。蔡淑玲（1994）發現「意願」、「適當」對象是結婚的兩大因素，此外，在婚姻配對模式上，首先考慮的是族群、階級背景以及學歷、後天努力成果。臺灣地區傾向族群內婚，民眾傾向和自己社會位置相近者結婚。各族群間，以客家內婚居多（王甫昌 1994；李逸君 2005），然而在全球化浪潮之下，臺灣客家男性約自 1970 年代中期開始與東南亞國家女性通婚（張雅婷 2005）。

目前東南亞國家與臺灣客家男性通婚的女性多來自印尼西加里曼丹，她們多數為客家人。與臺越婚姻政治經濟取向（張書銘 2002；蔡雅玉 2000；張鈺平 2004）不同之處在於，臺印在婚配對象的選擇上將客家文化要素（客語）納入考量（謝淑玲 2005；張雅婷 2005；張翰璧 2007；張亭婷 2007；黃圓惠 2012）。因婚姻而來到臺灣的印尼客家女性，在前述臺印通婚研究中因其為客家人而被視為跨國未跨界，本文贊同文化親近性的確是臺印客家跨國婚姻的主要因素，然而，值得思考的是，雖然臺灣與印尼皆有客家之名，但來自印尼的客家女性婚姻移民之文化實踐事實上包含印尼客家、印尼華人以及印尼多重來源，再加上，其文化實踐會受到不同社會類別的影響，例如宗教信仰，因而促使我們重新思考當我們以文化親近性來看待臺印客家通婚時，文化的內涵所指為何。有鑑於此，本文研究目的在於透過印

尼客家女性婚姻移民的文化實踐，尤以客語為例，重新檢視文化親近性在解釋臺印跨國婚姻上的適切性，或是否有其他可能的觀點可作為思索文化之切入點。

雖然前人研究已經勾勒出客籍移民女性的文化實踐、認同樣貌，同時也因之理解她們與臺灣及臺灣客家社會的關係，然而，筆者認為目前研究鮮少透過從婚姻移民與臺灣客家交互參照，以了解彼此客家社會四種可能的變貌：延續、斷裂、重組和創新，並藉此更加凸顯臺灣客家特色。本文將透過印尼客家女性在臺生活中的語言使用、節慶禮俗與祭祀經驗，期以理解臺印客家文化之異同，進而擴展我們認識臺印客家意涵與文化之視角。

二、跨國婚姻之客家通婚

（一）如何理解婚姻移民？

約始自 1980 年代，過去以男性觀點為主的移民研究因為 1970 至 1980 年代女性移民的逐漸增加，而開始有少數學者以女性主義的觀點，分析女性在移民浪潮中的重要性（例如 Donato 1992；Morokvasic 1984；Ong 1991；Pedraza 1991，引自 Pessar and Mahler 2003：814）。自 21 世紀開始，跨國移民的研究則有性／別的觀點出現，尤以 Patricia R. Pessar 與 Sarah J. Mahler 合著的 "Transnational Migration: Brining Gender In"（2003）為先鋒，他們從 Doreen Massey 的「權力幾何學」（power geometry）發展出「性別權力的地理學」（gendered geographies of power）（Pessar and Mahler 2003: 816）。以此作為理解跨國移民的架構，可以幫助我們理解女性移民在跨國移動的過程中背後所牽涉的在各種不同場域內的權力階序，其中尤其受到國家、社會位置與個人動機的影響。筆者認為 Pessar 與 Mahler 的觀點可以描繪移入臺灣的印尼客家女性在跨國婚姻中的移動過程之外，還可觀察到她們在臺灣所在社群結構位置，因為這會影響到她們與主流文化協商的能力。

印尼女性婚姻移民與臺灣主流文化協商的能力則是其能動性（agency）的展現。臺灣的印尼女性婚姻移民與國際婚姻移民，或是亞洲洲際內通婚的共通之處，在於移民女性因為「父權結構」、「上嫁」（hypergamy）邏輯，常被移入社會視為無行動能力或無自我決定能力的客體，或被汙名化為因為金錢而締結婚姻，而縱使已在移入社會結婚生子，亦常因「外貌」、「口音」、「行為」而被套入刻板印象或遭致歧視、不友善或不平等的對待[1]。然而，女性婚姻移民的生命故事與人生歷程卻是栩栩如生地告訴我們她們為何移民，來到之後面臨的境遇，以及她們自己如何面對外在巨觀結構，或是以何種方式、策略應對之。這即為女性婚姻移民能動性之所在，他們可能是「毫無權力」的（powerless），但卻可以有目的地行動，在結構與自我之間進行協商（Williams 2010：51），因為「霸權從未實現，因其始終在協商與論爭之中」（Wang 2007：724）。在多數與女性婚姻移民相關的研究之中，常會提到的研究動機與在移入國人數逐漸增多有關之外，研究目的主要彰顯女性移民的主體性與能動性（例如 Constable 2005；Thai 2005；Wang 2007；Williams 2010），而非純然如主流社會所認為的係因「經濟」因素而嫁至異鄉，一方面為女性移民去汙名化，另一方面則因此凸顯移入國在政策制度與一般論述中的「我族中心」觀點（例如夏曉鵑 2009[2]；廖元豪 2009）。抑或是從女性移

---

1 以臺灣印尼女性婚姻移民為例，其與臺灣主流文化協商的能力則與「臺灣新國族主義」之中所蘊含的排他現象有關（廖元豪 2009）。廖元豪在其〈全球化趨勢中婚姻移民之人權保障：全球化、臺灣新國族主義、人權論述的關係〉（2009）中分析由於在臺灣強調臺灣主體意識與新國家認同的同時，面臨著全球化浪潮下的「去國家化」、「去領土化」之權力重組過程所帶來的挑戰。這個挑戰打擊了具有強烈國族意識者的「國族」尊嚴，再加上國族建構時需要清楚的「我族」與「他者」的區分，因此，婚姻移民女性成為受挫的臺灣國族主義的代罪羔羊（廖元豪 2009：189-193）。此外，她們除了因為以本土種族主義（nativism）為基調的移民政策使其人權未能被維護，更因為其在未歸化前的外籍身分、位居「全球膚色階層」低階、來自貧窮國家並與臺灣中下階層男性結婚、並為依賴男性養活口的第二性（女性），而遭受外籍、種族、階級與性別交錯的多重歧視（廖元豪 2009：191-192）。

2 夏曉鵑（2009）將在《臺灣社會研究季刊》歷年所刊登與移民／工課題相關的文章

民與移入社會的互動之中，如何建構自身認同的過程、變化與自我肯定，凸顯移民的個人特質，以及她們如何透過不同策略去讓移入社會了解其原生文化或扭轉主流社會對她們的負面印象（例如邱琡雯2013）。

綜上所述，以性別視角出發，理解女性移民在跨國遷移中如何受到由歷史、政治、經濟、地理、以親屬為基礎的，以及其他社會層化因素所構成的權力階序（Pessar and Mahler 2003：816）之影響而形成其社會位置。更甚者，女性婚姻移民具有與移入社會的協商能力，其能動性與主體性則在一次次的協商之中展現。如此觀點將作為本文認識與理解印尼客裔女性的基本立場。

（二）「跨界婚姻」與「跨國婚姻」

一般說來，在許多研究中，「跨界婚姻」（cross-border marriage）與「跨國婚姻」（transnational marriages）兩個概念交互使用，通常所指為「跨越族群／文化通婚或是具有相同文化的雙方所締結的婚姻」（Lu and Yang 2010：25），但未見清楚定義。本文在此引用 Melody Chia-Wen Lu 與 Wen-Shan Yang 於其所合編之 *Asian Cross-border Marriage Migration: Demographic Patterns and Social Issues*（2010）導論中詳細區分兩個概念之差異，以說明臺印客家通婚之性質。「跨界婚姻」強調在移入國所建構的地理、國族、種族、階級、性別與文化之

集結成《騷動流移》。編者強調，這些文章秉持著與主流論述不同的立場，以批判性的角度出發，與為移民／工權益奮鬥的社會運動團體舟舟共濟、並肩作戰，拒絕成為制度暴行的共犯（夏曉鵑 2009：2）。目前臺灣國內的新移民女性研究如上述夏曉鵑所言，多著重於拆解臺灣移民法令背後的帶有「階級主義」、「種族主義」意識形態。同時，關注在世界國際政治與經濟發展下，因應資本主義發展所帶來的勞動力生產、再生產面向，以及意識形態面向，還有將移民階級化的議題。此外，國族主義的排他性與保守態度不僅可以上述廖元豪的研究為例，婚姻移民女性被視為因受到全球化衝擊而無法成功的臺灣國族建構之情緒宣洩出口；亦挑戰傳統「公民權」的認知。最後，雖然移民／工在臺灣生活多有限制，然而不能忽略的是其有作為主體的認同建構過程與反抗策略。除了形成組織、參與社會運動為自己爭取應有的權利之外，在消費行為上的能動性亦是可以觀察到移民／工的主體性。

界線，研究關懷核心在於婚姻移民對於移入社會的衝擊與影響，包括人口壓力與社會安全、婚姻移民之政治與社會公民權，以及整合與同化（Lu and Yang 2010：25）。「跨國婚姻」側重由行為者本身所創造的跨國網絡與空間；以及在移出國與接收國之間經濟資源的交易，象徵、政治與文化實踐之交流；這些交流又是如何影響移出國與接收國的在地發展、社會實踐與文化規範（Lu and Yang 2010：25）。

以臺印客家通婚來說，在定義上可以包含「跨界婚姻」及「跨國婚姻」，然而需要注意的是，印尼婚姻移民的印尼認同、印尼華人認同、印尼客家認同皆會影響我們如何定義所謂的「界線」（border）。首先，在印尼與臺灣的相對之下，印尼客家女性因其具有印尼國籍的婚姻移民身分，的確跨越了臺灣社會所建構的地理、國族、種族、階級、性別與文化之界線。尤其是從公民身分觀之，「跨界婚姻」所指為至少部分是因為住在不同國家或居住地的個體之間的契約關係所產生的移民（Williams 2010：5），由於婚姻移民為非公民，因此在面對為公民的配偶時，雙方之間的不平等則在關係中受到制度影響而成形（Williams 2010：6）。其次，印尼華人認同係相對於印尼國內其他族群所產生的，由於印尼華人長期以來受到排華政策與氛圍影響，臺灣在其眼中同屬華人國家，在此定義下，種族與文化的界線似乎不存在。再次，印尼客家人的身分歸屬相對於臺灣客家而言，彼此之間的界線更因為「同屬客家人」以及「同操客家話」而更加模糊，甚至消弭，尤其在一般論述中，相同族裔群體以及語言常與相同文化畫上等號。然而，是否如此，有待本文後續的討論。

此外，值得思考的是，在女性踏入婚姻之際，即已跨越了「界線」。以中國父系社會以及從夫居的脈絡來說，女性為跨越界線者，新嫁娘被要求住進夫家，適應新環境，因此「上嫁」是中國社會最為偏好的婚姻型態，在此意義下，婚姻本身就是移民形式之一（Oxfeld 2005：20）。以此觀之，本文研究對象印尼客家女性進入與臺灣客家男性所締結的婚姻時，界線即被跨越，然而，由於通婚雙方皆為客家人，因此被定位為「跨國未跨界」（張翰璧 2007；張亭婷 2008）。

不過，由於本文核心問題意識在於檢視文化親近性解釋臺印客家通婚的適切性，因此上述Oxfeld（2005：20）的觀點則提供我們重新思考是否臺印客家通婚之間的界線未被跨越？

至於「跨國婚姻」的意涵強調的是移出國與移入國之間的網絡與對彼此的影響，Lu 與Yang （2010）強調經濟、象徵、政治與文化實踐之互相交換，若以本文所欲探究的文化實踐觀之，「跨國婚姻」的概念有助於了解印尼客家女性在婚姻移民過程中，是否因為臺灣客家而使其身上所承載的客家文化產生變貌，以及其實踐是否突出了臺灣客家文化的特色。本文之所以強調從文化實踐理解跨國婚姻係因「〔過去〕研究者多是在民族國家的架構中，探討跨國婚姻中女性移民的社會適應，在強調影響婚姻移民的政治／經濟過程時，忽略了其社會文化的影響。跨國婚姻中的社會文化影響，指的是婚姻生活中不同社會或族群團體間的文化接觸，以及上述文化接觸對不同社會或族群文化再生產的影響。跟隨著『性別化的權力地圖』而來的，是移動的族群邊界，以及多重與不斷創新的族群文化」（張翰璧 2007：4）。此外，由文化切入，一方面可以看見婚姻移民女性之能動性，其以所屬原生文化邏輯與移入社會互動之後，使得文化發生變化；另一方面，我們不再僅是如過去研究從「臺灣」觀點出發，探究婚姻移民女性所處的國際政治經濟脈絡、臺灣生活適應，以及所生子女的健康狀況及教育與輔導，而得以了解婚姻移民女性之原生文化背景、社會階級與社會價值觀（張翰璧 2007）。

（三）臺灣印尼客家通婚

一般說來，咸認跨界或跨國通婚發生在不同文化之間，然而相同文化之間亦有跨界或跨國婚姻產生。而具有相同文化、族裔身分的雙方之間所締結的婚姻是一般跨國婚姻的特色，當然東亞亦然（Wang and Hsiao 2009：3），例如臺灣與中國通婚、臺灣客家與印尼客家通婚、南韓與中國朝鮮族（Josunjok, Chosŏnjok）通婚（Freeman 2005）。東亞與其他地區共有的跨國通婚特色尚包括上嫁與跨國婚姻

中的陽剛文化（Wang and Hsiao 2009：3）。上嫁通常意指經濟較差國家的女性嫁給經濟較佳國家的男性（Lu and Yang 2010：15），然而實有弔詭之處，因為單從經濟或是理性選擇無法解釋婚姻的移民女性的決定與動機，因為女性在移民後經濟地位的確提升，但是在移入國與夫家親族中的社會地位卻比其在原生國家低落，例如有些女性原來是專業人士或是中產階級（Constable 2005；Freeman 2005；Oxfeld 2005；Suzuki 2005）。值得注意的是，上嫁並非促成婚姻移民的原因之一，尚伴隨著對於性別、性慾特質、傳統與現代的慾望與想像（Constable 2005：7）。跨國婚姻中，居住在經濟情況較佳或較進步國家的男性，希望尋求具有「傳統特質」或是「傳統美德」的女性，以便延續香火、孝順服侍公婆、操持家務等，此即跨國婚姻中陽剛文化的展現；相對地，女性卻希望透過婚姻移民能夠過著現代、進步的生活，以及生活在進步國家的丈夫能夠以開放態度看待性別關係與角色。

除了上述共通特徵之外，東亞通婚的特徵主要有以下三點：1. 婚姻並非僅是個人選擇，而是與家庭有關，亦與社群相關，即需透過婚姻傳宗接代、繼承家業；2. 與公婆同住，因此男性選擇具有傳統特質的媳婦，以便照顧公婆，如此家庭型態乃東亞儒家文化的產物，在此意識形態下的性別關係影響了婚姻移民女性在家庭與公共領域中之位置；3. 東亞國家僅允許通婚移民，否則毫無移民政策（Wang and Hsiao 2009：5-7）。另外一個特徵則是透過商業仲介的婚姻（Wang and Hsiao 2009：7-8），不過亦有其他透過社會網絡媒介而形成婚姻（Lu and Yang 2010：15）。

上述特徵與本文問題意識最為相關的則是與相同文化或族裔身分者進行跨國通婚。語言相通、相同族群身分（Oxfeld 2005；Schein 2005；Freeman 2005）亦是臺印客家通婚之所以發生的部分原因。夏曉鵑（2002）提到嫁到臺灣的印尼女性多是西加里曼丹的華裔，而且多數為客家人。尤其隨著 1990 年代開始，臺灣對印尼投資的增加，印尼籍外籍配偶大量增加，不僅多為客裔，而臺灣男性亦多為客家

人，始自北部，而後擴及中南部的客家聚落（夏曉鵑 1995）。夏曉鵑（2000）主要從宏觀之政治經濟架構與資本國際化，以及臺灣與東南亞（如越南）在地因為政策與制度影響到人口結構、就業與移動來分析臺灣與東南亞國際婚姻為何發生，然而，根據本文研究對象觀點，印尼長期排華政策與氛圍亦是促使她們移動的原因之一。張雅婷（2005）則從跨國婚姻仲介研究分析臺印客家通婚產生的原因及其特質。張雅婷以南投縣國姓鄉南港村為例，其研究發現告訴我們，同樣都為客家人的身分對於造成臺印客家人通婚具有一定的影響力，然而，尚有其他因素使然。最初因為村內有人率先與印尼客籍女性結婚，村民認為該名女性勤奮、耐勞，因此村內適婚男性開始依循臺印聯姻模式，建立家庭。爾後該村這第一對臺印夫妻扮演起臺印婚姻仲介的角色，主要的原因和親族與朋友關係的信任、良好的仲介形象有關，以及在與越籍以及中國籍配偶相較之下，印尼客家女性因為在語言上與夫家溝通無礙、不會像越籍配偶結黨成群、個性乖順、勤勞等，而使得當地居民特別偏好與印尼客家女性通婚。從張雅婷的研究中，可以看到與臺灣其他外籍配偶不同之處在於臺印客家通婚的網絡具有因文化、語言、華人血統所勾勒出的特質。相對地，張書銘（2002）針對「越南新娘」仲介業之運作所進行的研究發現經濟利益取向與最大利潤之市場化是臺越婚姻網絡特色，或是如蔡雅玉（2000）、張鈺平（2004）皆認為臺越婚姻與經濟取向或政治經濟有關。臺印在婚配對象的選擇上將客家文化要素（客語）考量在內，此可謂臺印跨國婚姻之客家通婚的獨特之處。

然而，原本預設的「相同」文化與語言卻在這類的國際通婚中受到挑戰，Caren Freeman（2005）在其針對中國朝鮮族女性與南韓男性通婚的研究中發現，鄉村地區的年輕女性大多前往都市尋求教育、就業與結婚機會，因此鄉村男性面臨無妻可娶的現象，南韓政府認為這樣的現象是國家危機[3]，因此由政府帶頭進行婚姻仲介。之所以與中

---

3 根據1997年媒體報導，約400,000男性已超過適婚年齡但未婚，更為極端的例子是

國朝鮮族通婚的原因在於韓國政府期待能夠恢復鄉村家庭生活，以及達到分離在中韓的民族能夠恢復族群同質性之神聖目標（Freeman 2005：95）。族群同質性的概念植基於種族上與文化上同質的大韓民族，希望透過血緣連結分布在國外的同胞（Freeman 2005：95）。族群同質性的迷思也導致韓國男性想像與中國朝鮮族女性結婚，在文化上可以無縫接軌（Freeman 2005：95），尤其是他們期待中國朝鮮族女性比快速發展、資本主義的南韓社會中的女性更能維持韓國貞潔、純潔與順從傳統（Freeman 2005：192 註釋17）。由於南韓家庭認為他們與來自中國的朝鮮媳婦血緣相連，因此不太願意承認事實存有文化差異（Freeman 2005：96）。Freeman（2005）的研究發現呼應本文的問題意識：文化親近性作為分析臺印客家通婚之適切性，尤其是我們不能預設臺印客家一定是同質整體，理所當然地認為語言使用與文化實踐是全然相同的，因為如此，即忽略了印尼客家女性是具有能動性的主體，同時未能將其置於原生社會與文化脈絡。

由於本文的研究對象係來自印尼西加里曼丹的客家女性，其原生背景則適切地說明印尼的內部差異。該地客家的情形不僅在某種程度上有別於同樣為華人的潮州人等，更有別於印尼其他地方（例如雅加達）的「成功有錢」華人的形象，反而是居住鄉村且貧窮的（蔡芬芳 2016：19）。此外，以新移民的原生族群背景亦可提供我們從「文化」層面切入女性婚姻移民與臺灣社會互動的關係。以上觀點有助於加深對移民的理解，因為我們可從其探究內容觀察到移民女性在臺生活的多重面貌，更重要的是，「東南亞」「外籍新娘」、「外籍配偶」的標籤因此被解構，而移民女性的內部差異性則逐漸顯露出來。

張亭婷（2008）《外籍配偶與客家文化傳承》則說明上述從文化層面理解婚姻移民女性，聚焦於跨國婚姻與文化影響的關係，張亭婷以客庄中日益增多的外籍配偶為研究對象，以飲食烹調為日常文化實作的場域，探索越南籍與印尼籍配偶，在文化再生產的過程中對客家

有人因此自殺，因此南韓政府認為這對國家來說是危機（Freeman 2005：80）。

文化的傳承產生何種影響。相當值得一提的是，張亭婷注意到以國界來區分外籍配偶不足以細緻區分外籍配偶內部的差異性，因為在該研究中的越南籍配偶（非華僑）是屬於跨國又跨界（張亭婷 2008：41），印尼籍配偶因其背景為客家華僑，因此屬於跨國未跨界，而又因為她們各自不同的原生文化背景，影響了客家文化傳承。更重要的是，我們看到外籍配偶因其文化傳承的角色而擴充了「客家婦女」的意涵。除了飲食之外，語言亦是從文化角度觀察臺印客家通婚的切入點。鍾鎮城、黃湘玲（2011：693-716）以高雄縣美濃鎮客籍新移民女性為例，研究發現她們在日常的口頭語言使用上，都以客語及華語（在臺灣學習華語）為最主要溝通語言，但在書面語言使用上，則以華語為主。印尼婚姻移民女性原先就認同客家人身分，與臺灣家庭的日常生活互動、溝通語言以客語為最初選擇，相同語言（客語）連結到彼此相同族群（客家人）的認知，這是多數印尼新移民女性的共通點（謝淑玲 2006）。

三、文化親近性！？

在探討與臺灣客家男性通婚的印尼客家女性之相關研究上提到，「文化親近性」是臺灣客家男性選擇同為客家人的印尼女性的主要因素（謝淑玲 2005；張雅婷 2005；張翰璧 2007；張亭婷 2007；黃圓惠 2012）。其他原因尚有夏曉鵑（2000、2002）從資本主義出發所強調的經濟因素，或是如楊聰榮、藍清水（2006）所分析的來臺原因，除了媒妁之言和婚姻仲介之外，升學移民與排華事件亦為主因。

本研究之研究對象來臺時大多相當年輕[4]，皆因與臺灣男性通婚來臺，有些係透過已在臺灣生活的親戚（例如淑瑩[5]的姑姑與夫家是鄰居、或是美芬也是透過已經嫁到臺灣的姑姑介紹）介紹前來，有些

---

4 參閱附錄。
5 為保護研究參與者隱私，本文以化名方式處理。

與夫婿則是透過仲介認識並結婚。臺灣男性會希望與同為客家人結婚。

> 玲娟：他一直講，我們就是客家人，想說要娶一樣。
> 筆者：一樣要客家人。
> 玲娟：華人，對對，客家人，比較能溝通。（2016年2月28日，
> 　　　苗栗縣苗栗市）

相對於男性明顯希望與客家女性通婚，「一樣要客家人」隱含著共享客家文化，更重要的是因為語言相同有助溝通，然而本研究中的絕大多數印尼客家女性的出發點則以與華人通婚為主。不過，本研究僅有一位出生於山口洋，在坤甸長大的客家女性主動向媒人要求要與臺灣客家人通婚。梅玉因後來在雅加達從事美髮工作，由於她的美髮客戶從事婚姻仲介，所以她從客戶獲悉印尼與臺灣通婚情形。

> 梅玉：我的媒人啊，就我的客戶啊，佢來弄頭髮，佢就來臺灣帶
> 　　　細倈、帶細妹轉去，專門就帶嘉義、高雄，全部講福佬話
> 　　　的。
> 筆者：福佬話的，係講福佬話。
> 梅玉：係啊，我就一句就聽毋，講國語我哪聽有，我老公我認識
> 　　　他，因為他是客家人，苗栗的，佢就講四縣，啊我就通
> 　　　啊！
> 筆者：所以你在你們家都是講四縣的嗎？
> 梅玉：講海豐。
> 筆者：海豐。
> 梅玉：然後佢〔指梅玉的丈夫〕[6]又講佢住苗栗，客家人，係
> 　　　啦，話就通啊。我老公也不會跟我講國語，啊來到〔臺

---

6 〔〕內文字由筆者加註。

〔灣〕我公公〔說〕海豐〔客家話〕，我家娘四縣，啊我就〔能溝〕通啊。（2016年2月28日，苗栗縣苗栗市）

　　由上觀之，梅玉已經知道她的媒人專門經營嘉義與高雄的臺印通婚，而且是操閩南語地區，她明白她若是與閩南人結婚，會產生溝通困難，因此她主動告知仲介要與客家人結婚。雖然她操海豐，先生操四縣，但她認為不管是海豐或是四縣都是客家話，所以是可以溝通的。在筆者與梅玉進行訪談時，她皆以四縣客家話回答。

　　與梅玉相較起來，其他研究對象並無特別指定要客家男性，因為對印尼客家女性及其家人而言，以與華人通婚為原則。對於來自印尼的客家女性來說，同為華人的文化與環境才是她們為何到臺灣的主要因素之一。印尼的排華事件與氛圍促使了研究對象前來臺灣，這與華人與原住民之關係相關（蔡芬芳 2016）。

　　對於印尼原鄉生活，研究對象皆提到與當地原住民（pribumi）的關係，淑瑩在言談中強烈表達不喜歡與「番人」相處，對伊斯蘭亦無好感，如此的厭惡感是相對於臺灣的華人環境所提出的。因為對於淑瑩來說，由於在臺灣所見的人們都是與她自己相同的華人，同時她並不喜歡在印尼，甚至回到印尼雅加達下飛機時到處都看到「黑黑的人」（意指原住民黝黑的膚色），讓她感到不安全以及不舒服。淑瑩是透過已在臺灣定居的親戚介紹與先生認識結婚，但另外一個重要的原因在於她的父親在印尼長期排華的情形下，希望孩子能夠到華人的地方生活，這樣的情形與張雅婷（2005）的研究中所提到的華人想法相似，亦即「留下一個根」（張雅婷 2005：50）。或是如玉月所說的，「知道臺灣沒有排華，因為都是華人。」甚至淑瑩念到高中一年級即輟學，到坤甸與雅加達工作的原因之一係因「不想讀番人書」，由此觀察到其從華人的身分認同角度出發，表達在印尼華人處境以及與原住民的關係。即便是住在華人佔60%以上的山口洋的研究對象們，當地雖然較無「排華」的事情發生，但少有與原住民互動，除了在學校之外。筆者在山口洋的田野觀察發現，華人少與原住民來往，

購物或飲食多到華人店家，在聘僱店員或家中幫傭亦多請達雅人（Dayak），因為華人認為達雅人與自己較為相近，亦多有與達雅人通婚的華人。

研究對象所描述的印尼華人經驗與其他新移民，或是印尼客僑（如利亮時、賴郁如 2012）或是印尼華人研究（如雲昌耀 2012）相關研究雷同，由此可見，印尼華人之遭受排擠打壓的經驗可謂印尼華人共同的歷史經驗與集體記憶之展現。值得注意的是，雖然排華是印尼客家與其他華人的記憶與經驗，但對於她們的臺灣丈夫來說亦是負面的經驗，尤其是玉月與文英的丈夫到印尼相親的時間剛好是 1998年排華事件，這也讓他們了解到當地華人的處境。

由上觀之，的確都是出自於「文化」的考量，但值得注意的是，雙方所指涉的文化分別是客家與華人。當然，對於來自印尼的客家女性來說，她們也是說客家話的客家人，但是華人是她們在印尼的主要認同。如同美芬認為是「這邊的〔指臺灣人〕人自己強調〔指客家人〕」，筆者提問，「你沒有感覺自己是客家人嗎？」美芬以肯定的語氣回答「當然啊，我們是客家人啊」，但是她認為臺灣人比印尼人更加強調客家人的身分（2016 年 2 月 28 日，苗栗縣苗栗市）。美芬的觀察凸顯了臺灣客家特色，因為臺灣已有作為一個獨立族群之客家意識，再加上客家族群社會文化運動，更重要的是具有國家制定的客家族群政策，三者相互影響之下，臺灣客家因而凸顯（蔡芬芳2016：52）；相形之下，印尼客家人對於客家的概念係由血緣與語言構成，未形成族群意識（蕭新煌、林開忠、張維安 2007：569；蕭新煌 2013、2016）。由此觀之，臺灣客家男性與印尼客家女性在通婚時對於「文化」的考量，或許皆有將客家納入考量，但印尼客家女性最主要是從華人作為考慮的出發點。

四、「差不多！……又不一樣！」

在訪問過程中，詢問研究對象如何看待臺灣的客家文化與印尼的

客家文化時，往往立刻獲得的回答皆是「差不多耶」！但是隨著話題繼續深入之後，逐漸地發現「不一樣」！以最常提到的客家話為例，雖然可能如前述梅玉所言，會認為是可以互通的客家話，來自印尼的客家女性在臺灣夫家家中或是跟其他鄰里、朋友互動時的確都說客家話，客家話對於身在臺灣的她們來說，可以減少陌生感，例如玉玲在家帶孩子時，看電視時轉到客家電視臺，不過「佢講很快，佢聽毋識」（2016年1月23日，桃園市楊梅區）。此外，客家話是印尼客家女性的母語，然而在印尼所使用的客家話已經參雜印尼當地用語。研究對象認為印尼客家話已經參雜印尼當地用語（研究對象以「印尼話」、「番話」稱之），因此並非「純粹」的客家話。

> 敏娟：其實印尼的客家話很多，摻掉了，不純啊，你知道嗎？
> 筆者：我知啊。
> 敏娟：會加到那印尼話。
> 筆者：有，我知，所以有時候我在那邊沒有辦法完全聽得懂，因為他們會加印尼話進去。
> 敏娟：對，langsung，會加到langsung。
> 筆者：langsung係麼介意思啊？
> 阿霞：馬上，直接。
> 敏娟：就馬上啊，直接啊。
> 筆者：這樣子。
> 阿霞：嘿呀，我們會加一點那個印尼話下去。
> 敏娟：你的anak幾多儕，你的細人多少？
> 阿霞：細伙喔，自家蠻多講細伙喔，細人。
> 敏娟：就會，無論如何佢就會加到一句的番話啦。（2016年2月28日，苗栗縣苗栗市）

此外，印尼客家話與臺灣客家話的腔調與用詞有別，例如，來自山口洋的阿佳提到她是說海豐，但家鄉在桃園龍潭的先生操四縣腔，

但他們之間卻多用「國語」溝通，因為「他的客家話我不會講啊，不一樣」（2015年12月26日，桃園市八德區）。而且，初到臺灣時，例如莉芸發現與丈夫溝通上容易因為用詞不同而無法順暢溝通，例如在印尼冰箱稱為「雪櫥」，稱電扇為「風扇」。

> 莉芸：〔客語〕不一樣。
>
> 丈夫：基本上還好啦。
>
> 莉芸：不一樣。那電扇啊，冰箱都不一樣。
>
> 筆者：電扇、冰箱怎麼講？
>
> 莉芸：就雪櫥啊。
>
> 筆者：雪櫥。
>
> 莉芸：那個電扇都是風扇啊。
>
> 筆者：風扇。
>
> 莉芸：他〔指丈夫〕每次都講電扇，電扇。
>
> 丈夫：基本上這都可以克服啦。
>
> 莉芸：等於說我們還可以溝通的話。
>
> 莉芸：我嫁過來，我不敢問他，我愛面子，又害羞。後來，我老公說，你去冰箱拿辣椒。冰箱拿辣椒，辣椒我聽得懂嗎，客話講辣椒。冰箱，冰箱是哪一個冰箱？比我還高喔？又不敢問他，站有五分鐘，還有十分鐘，〔我〕出來〔之後〕，他〔指丈夫〕說，辣椒，我說我沒看到，他跑進去，我跟著後面去。那個門打開，喔，就是冰箱喔，我不要問他，因為我害羞。他講什麼，我就聽不懂。開電扇我也聽不懂，那有一個電扇一拉，喔，那是電扇。反正我不會，我不會問人的，對。他講什麼我也聽不懂。
>
> 丈夫：個性死⋯⋯倔強啊！
>
> 莉芸：會害羞問。
>
> 丈夫：死硬頸！〔意指固執〕
>
> 莉芸：我跟他講說客家話不一樣，我講的客家話比較快，他也聽

不懂。（2016年1月23日，桃園市楊梅區）

　　從上述莉芸與丈夫的例子可以觀察到雙方用語的差異，尤其在剛結婚之初，又因為個性關係不敢啟齒發問，導致溝通無法順暢。而且，相當值得我們注意的是丈夫與妻子的看法不同，丈夫認為基本上是可以克服的問題，但妻子強調「我跟他講說客家話不一樣，我講的客家話比較快，他也聽不懂」[7]。如此的差異對於來自印尼，需讓自己適應於臺灣整體社會、社區環境與夫家家庭的莉芸來說，語言差異是存在的，然而身為主體社會成員的丈夫，「自然」認為差異不大。筆者認為，這隱含了前述「上嫁」邏輯中的性別關係。

　　除了在家中因為客語腔調的不同之外，在外與他人互動時也可能發生相同的情形，例如同樣來自山口洋的惠明提到，「不曾去了解說〔客家腔調〕有幾樣，但是聽他們講出來的腔是不太一樣的，所以有時候我出去到市場那些，不敢用客家話跟他們溝通，怕他們聽不懂，我擔心是這樣，乾脆用國語溝通好了」（2015年11月27日，桃園市楊梅區）。淑瑩也與惠明有相同的看法，認為她與臺灣客家人說客家話時，因為印尼原鄉的口音或用法阻礙了她順暢地使用客語，因此她在臺灣反而以「國語」以及「閩南語」作為對外溝通語言（2015年7月23日，桃園市八德區）。

　　此外，就語言來說，研究對象不一定扮演著傳承客家文化的角色，因為這與印尼客家女性在臺灣所處的夫家環境有關。二十位研究對象中有三位與臺灣閩南人通婚，一名女性淑瑩之公婆則為客閩通婚，家中並未使用客家話為溝通語言，而只有公公會與來訪的親戚說客家話；還有淑瑩反而相當勤於學習閩南語，例如她會透過與鄰居學習或是觀看臺灣連續劇學習，以融入臺灣的環境。在與淑瑩互動的過程中，筆者注意到她常夾雜一些閩南語用詞，並非客語。至於孩子的

---

7 筆者在進行訪談時，如阿佳與芳琴一起接受訪談時（2015年12月26日），有時她們兩位彼此之間會以客語交談，筆者注意到她們說客語的速度的確很快。

語言教育，淑瑩認為學好英文才能與國際接軌，她自己本身也希望能夠好好學會英語，相形之下，客語教育並非在對下一代的教育中佔有重要性，而是具有國際代表性的英語。

綜上所述，印尼客家女性在最明顯的族群客觀特徵——語言上的展現與臺灣夫家環境有關。假若夫家是客家人，研究對象基本上會以客家話作為與夫家的溝通語言，如此的確符合「文化親近性」的觀點。然而，需要注意的是，部分研究對象與夫家間並非可以毫無困難地以「客語」溝通，因為臺印客語有腔調與用法之別，如此情形亦出現在研究對象對外互動時，由於印尼原鄉的客家口音阻礙溝通，因而寧願使用華語或是閩南語。再加上，假若夫家家庭為閩南，或是閩客通婚家庭，印尼客家女性在家庭中並無客語環境。此外，值得思考的是，對於研究對象來說，因其移民身分，故學習華語是其在臺灣融入社會與生存的首要之道。因此，以客語為主的語言使用可能是延續的，但也可能是斷裂的。

除了從研究對象語言使用的情形來理解臺灣客家人所認知的印尼客家人所說的客家話，可能在日常生活中傳承與接續重要的客家文化元素——語言，然亦有可能因外在環境與對外互動而中斷或消失，但是客家話在某些情境下，可能被應用為重組與創新其認同的元素。這與研究對象遭受臺灣人詢問其身分或被不友善對待的經驗有關。印尼客家女性因為其「外籍配偶」的身分遭受到外人的質疑時，「客語」的口音可以變成反擊的策略，例如阿佳因為尚未能夠標準地使用華語而被質疑不是臺灣人時，「我是客家人，客家人因為有一個腔」（2015年12月26日訪談，桃園市八德區）的回答意謂著「自己是臺灣人，有口音是因為我是客家人、說客家話」，此時，「客語」成為在婚姻移民的脈絡下「重組」認同的要素，因為在印尼原鄉時，周遭全為操持客語的生活環境，無須強調自己的客家身分，然而在臺灣，其因為口音而被詢問「你的腔不是臺灣人」時，「因為是客家人說客家話」的關係則成為婚姻移民女性希望被臺灣本國人認可為臺灣一份子的說詞。筆者認為，同樣都是客家文化要素之客家話，但在移民脈

絡之下，婚姻移民女性自身重新組合同一元素之新舊意義。

在「創新」部分，「印尼客家人」的身分認同可說是婚姻移民女性在移入國所產生的，否則一般說來，「華人」向來是印尼客家人的主要認同。例如阿佳面對自己女兒問她：「媽媽，你是印尼人嗎？」阿佳說，「什麼印尼人？媽媽是印尼客家人，不是印尼人這樣子。〔女兒〕被我罵」（2015年12月26日訪談，桃園市八德區）。阿佳的大伯〔丈夫的哥哥〕在她看電視的時候說「你看得懂嗎？這樣子問我」，阿佳說，「怎麼看不懂，就你看得懂，我看不懂，我就這樣回他，很討厭」（2015年12月26日訪談，桃園市八德區）。阿佳認為夫家親戚的話語具有歧視意味，因此強調自己是「印尼客家人」，以「同為客家人」的身分與夫家親戚共享「客語」溝通基礎。

五、「看似相近但又有些相異」的文化經驗

在跨國婚姻下，尤其是她們在臺灣的夫家多是因為她們同為客家人的因素而結婚，當她們嫁入臺灣時，「媳婦」是她們被期待扮演的角色，除了如上一段所討論分析的語言因素之外，伴隨而生的是被期待符合臺灣客家文化價值觀的生活與行為。根據從事婚姻仲介長達二十年以上的業者王先生表示，臺灣人會去娶印尼女性為妻的原因之一如下：

> 王先生：基本上她們現在來講，她們鄉下來講，她們保持那種觀念還是傳統的，以臺灣來講，比起來還是比較傳統的。
> 筆者：例如哪些觀念？
> 王先生：比如說我們最常講到的拜拜啦，過年的一些禮俗。
> （2015年11月10日，桃園市桃園區）

業者認為在臺灣人眼中，印尼客家女性因為生活在鄉下，所以與臺灣比較起來，觀念上較為傳統，此為前述Constable（2005）所言

之男性期待來自較「落後」或是「貧窮」國家的未來妻子具有傳統特質與婦德。業者所說的傳統涉及了祭祀與年節禮俗，印尼華人所過的節慶與臺灣人大致相同，所過節慶包括農曆過年、元宵節、天穿日、清明節、端午節、中元節、中秋節、冬至。雖然相似，但不可忽略的是臺印之間有些微差異，例如臺灣的中元節是家庭各自在家中祭拜，當然也有是集合祭拜，但在印尼則是大家將祭品拿到廟裡拜拜，祭品皆放在地上，到午夜則有搶孤的活動，通常由男性去搶，若有搶到則代表好運；端午節的粽子形狀也與臺灣不同；中秋吃月餅，有口感較硬較乾、外型為白色的大塊月餅，亦有販賣類似廣式大小的月餅；冬至時臺灣客家人吃鹹湯圓，印尼客家人只吃甜湯圓。這些節慶基本上是華人共享的，不過，其中值得提出的是，在臺灣，客家委員會將天穿日制定為全國客家日，但在印尼，潮州人也過天穿日，享用裹上蛋液油煎的年糕，並無族群之分。根據筆者在印尼所進行的田野觀察發現，他們的確如研究對象所提到的過年氣氛濃厚，張燈結綵，到處喜氣洋洋，而且研究對象強調過年時大家都會從外地回到家鄉，相形之下，臺灣的過年氣氛並不如她們家鄉熱鬧。

此外，由於筆者在印尼田野調查期間，觀察到華人（包括客家人、潮州人）習慣自己烹煮食物，甚至連醬汁都是自己用果汁機將香料打碎，再加上椰漿調理，或是親自做相當費工的千層糕。筆者在臺灣進行田野調查時，由於多到研究對象家中進行訪談，亦觀察到研究對象在工作繁忙之際，仍自己做蛋糕或是餅乾。由此觀之，這的確可以呼應前述業者所提到「觀念傳統」——不僅遵循歲時節慶，而且在年節時準備應景食物，然其背後意涵則是印尼客家女性符合傳統意涵下的婦工。更甚者，臺灣夫家期待來自印尼的媳婦之行為與價值相符於對「媳婦」的想像。例如在與秀美進行訪談時，她的婆婆也坐在旁邊並相當稱讚秀美的勤勞與乖順，每天從楊梅到觀音工業區上班，但是仍相當勤於家事，然而，同時婆婆也以自身的經驗道出：「當客家人的媳婦不好當！」（2016年1月23日，桃園市楊梅區）。秀美與其他研究對象皆須操持家務與上班，筆者發現研究對象中除了一位是

圖10-1 秀美做的蛋糕

資料來源：蔡芬芳攝影

剛生產完小孩的麗玲以及梅玉是家庭主婦，其他人都有工作。她們大多從事勞力工作，需要輪班，或假日亦須上班，或工作時數達10到12小時。然而，她們並沒有因此而在家務勞動上缺席。其中玉玲更是每天清晨五點起床，為家人做早餐、餵雞、照顧菜園後，去上班，傍晚五點半下班接兩個孩子放學，回家煮飯（2016年1月23日田野筆記）。

　　除了在家務上期待媳婦符合「傳統」形象與責任之外，在祭祀方面更是期待媳婦能夠延續祭拜行為。此即前述業者王先生所提到的拜拜內涵之一，在與東南亞新移民女性的相關研究中，得知因為印尼籍配偶多為華人，認為臺灣的宗教信仰與祭祀行為與原生家庭差異不大，所以雖然祭祀品內容略有不同，但也可以快速學習如何準備祭品

（張翰璧 2007：124），經過本研究的調查，亦有同樣發現，如果是信仰傳統華人民間信仰的研究對象，皆可適應婆家祭祀習慣。在祭祀或拜拜方面，印尼客籍移民女性如果與公婆同住，大多是公婆或主要是婆婆會負責祭祀，媳婦從旁幫忙準備。

不過，值得注意的是，由於本研究中十九位研究對象中有五位在印尼已經信仰基督教，因此她們在祭祀方面則與婆家有異，甚至在結婚之初，受到婆婆的誤解。

> 美芬婆婆：喔，我緊罵佢喔，我講，祖先就要拜，其他可以不
> 　　　　　要，但一定要拜祖先。
> 美芬：*母愛拜*。
> 美芬婆婆：*麼介就做得*，別樣你就*母愛拜做得*，這下祖先有好拜
> 　　　　　*母得*。
> 美芬：*拜母得啦*。
> 筆者〔對美芬的婆婆說〕：你*母知佢係*Christian喔？
> 美芬：*佢知*。
> 美芬婆婆：有啦，早先有知啦。
> 筆者：有。
> 美芬：但是她還不了解。
> 美芬婆婆：我不了解這是什麼意思啦。（2016年2月28日，苗栗
> 　　　　　縣苗栗市）

在結婚前，婆婆雖然已經知道美芬信仰基督教，但還是不了解，認為她應該要拜祖先，而且婆婆強調，其他可以不拜，但是一定要拜祖先。

> 美芬：但是我們沒有拜祖先，不是因為我們沒有尊重我們的祖
> 　　　　先，我們也是聖經說你要愛你的父母。
> 筆者：我知道，對。

圖10-2 教會中做禮拜

資料來源：蔡芬芳攝影

> 美芬：但是神就是，最大的，還有我們的，就是要拜，只有拜神
> 　　　而已。
> 筆者：只有拜神。
> 美芬：我們的膝蓋只有跪神，不能拜別人。聖經很清楚說你要尊
> 　　　敬你的父母，所以我們想，他活著時候我們，他要吃什麼
> 　　　我們就給他吃，他死了就回到上帝那邊了。（2016年2月
> 　　　28日，苗栗縣苗栗市）

　　梅玉也有相同經驗，「我有時候跟我婆婆說，她很會講，她每次
就講怎麼樣，她說我信主了，她說以後，毋人拜。」梅玉因為公公與
丈夫皆已過世，婆婆與她相依為命，期待她過世後，梅玉可以祭拜
她，但又因為基督徒的身分而無法達到她的期望。梅玉在剛開始時，
因基督徒身分而不吃祭品，後來逐漸發展出調適策略。

> 梅玉：以前我來過我也一樣啊，跟她〔指梅玉的婆婆〕拜啊，但

是那，那時候我在印尼基督徒，她說拜好的沒有吃，我所以我剛嫁過來時候，我媽〔指梅玉的婆婆〕拜的，我又沒什麼吃，就不敢，後來慢慢慢慢的，有說可以吃，我也會幫她準備東西，我沒有拿香啦，然後就他們會拜這樣一起，這樣子，我還會尊重他們。因為我有經過到我阿姨鄰居啊，因為她媳婦基督教，她是臺灣人，她婆婆就會跟我們大家聊的時候，就講到她媳婦，她說她老了，拜公媽她去三樓，然後她老人家，她說她媳婦信基督教的，也沒有尊重他們家的公媽，所以不幫她，你不拜，但是你要幫她拿東西啦，或是準備東西禮貌上的，對不對？她全部不做，所以她講的時候真的掉眼淚了，覺得兒子娶一個老婆回來這樣一點幫忙就沒有，就覺得她真的命很苦那種的啦，就講到一直哭，一直哭，其實我說，她是太那個了，不行這樣做啦，其實我是尊重我們家，她要拜我們就幫她去買東西，我也幫她去準備東西，我上去我也跟著她，我用禱告，他們要怎麼念就他們的事這樣子，就這樣子尊重她這樣子，然後拜好我也一樣會吃啊這樣子。（2016年2月28日，苗栗縣苗栗市）

　　梅玉跟著祭拜，但是因為基督教信仰而不拿香，後來也開始在拜完後享用祭品。她認為幫忙準備祭品，以及以禱告取代拿香祭拜，是尊重婆家信仰的表現，而不應該像鄰居媳婦完全置之不理。其中，梅玉提到了「覺得兒子娶一個老婆回來這樣一點幫忙就沒有」，意謂著祭祀是媳婦應該盡的責任，尤其需要幫忙準備祭品。

六、結語

　　本文以來自印尼西加里曼丹的客家女性婚姻移民為研究對象，重新檢視文化親近性解釋臺印客家跨國婚姻的適切性。本文主張文化親

近性的確是可以作為解釋臺印客家通婚何以發生的原因之一，然而，相較於臺灣客家男性從客家出發的考量，印尼客家女性則因印尼排華氛圍而認為臺灣同為華人國度提供安全的環境，因此，臺印配偶雙方所指文化意涵有別。

此外，需要注意的是印尼客家女性之母國社會文化脈絡在其身上所產生的作用與影響，因為臺印客家雖皆有客家之名，然其文化實踐不一定是相似的，但是在於文化親近性的假設之下，通常會「自然而然地」認為臺印客家具有相同的文化實踐，但是本文以語言為例，說明事實上雙方的客家話是「差不多！……又不一樣！」，有其在地環境與脈絡影響之下所形塑的不同面貌。事實上不一定能夠無礙地與丈夫溝通，尤其在結婚初始之際，即便是居住在客家人為多的鄉鎮，因為口音、腔調與用法不同，反而偏好以「國語」溝通。再加上，因體認到英語作為國際語言之重要性，研究對象會認為小孩學會英語是更加重要的。印尼客家女性以其嫁入臺灣的家庭性質和夫家的客語腔調、用法，決定其客家話的「延續」或「斷裂」，但主要還是以學習華語為其融入臺灣社會與生存的首要途徑，並以「華人」作為自我認同身分；透過語言的溝通，當以外配身分而被歧視其華語腔調時，會以帶有「臺灣認同」的客家認同自稱為客家人，此為認同意識的「重組」現象；而當其印尼人的身分受歧視時，會以與夫家共享的客語溝通基礎的成分，強調自己是「印尼客家人」，此為認同意識「創新」的展現。

在這些「延續」、「斷裂」、「重組」、「創新」的過程中，印尼客家女性婚姻移民顯示了她們與臺灣、臺灣客家社會、夫家的協商過程，雖然她們在臺灣的社會位置受到了主要由「上嫁邏輯」（因為「經濟因素」而通婚）、父權結構（夫家對於媳婦傳統特質的期待與想像）所構成的權力階序影響，但是她們所採取的言語以及行動策略，彰顯了身為主體的能動性。更甚者，亦因印尼客家女性的婚姻移民身分，當其與臺灣客家社會遭逢之後，方始突出印尼客家與臺灣客家之間的差異性與相似性。語言即為一例，此外，以節慶禮俗為主的

文化經驗多與臺灣相近，但仍有些許差異，因此本文認為亦因出自於文化相近甚至是相同的假設之下，容易忽略相異存在的事實。這些差異提醒我們注意到印尼客家女性的原鄉文化背景，以及其個人經歷，例如宗教信仰與婆家有異而導致祭祀行為的摩擦與衝突，提供我們再度思考文化在臺印客家通婚中的意涵。

　　本文希冀透過上述思考，重新探索文化親近性在臺印客家跨國通婚中的意涵，注意到印尼客家女性與臺灣客家夫家之間如何詮釋彼此的文化行為，在「差不多！……又不一樣！」以及「看似相近但又有些相異」的文化經驗之間，我們看到同一與差異，其意義在於臺印雖共享客家之名，然因印尼客家女性的原鄉文化實踐與個人生命經驗讓我們一方面了解到臺灣客家特色，另一方面則因此認識印尼客家樣貌。

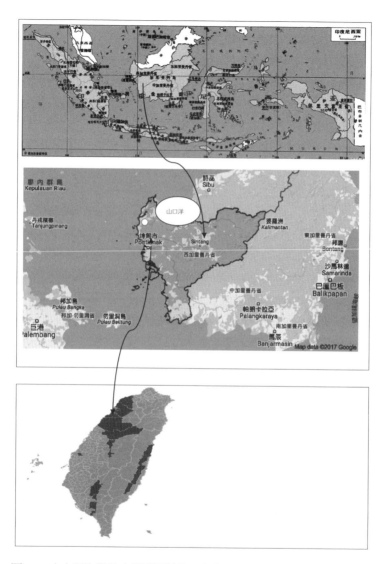

圖10-3 本文研究對象家鄉地圖暨移民臺灣客家區域示意圖（蔡芬芳後製）

資料來源：https://www.google.com.tw　瀏覽日期 2017年10月3日

參考文獻

Constable, Nicole, ed., 2005, *Cross-Border Marriages: Gender and Mobility in Transnational Asia*. Philadelphia: University of Pennsylvania Press.

Freeman, Caren, 2005, "Marrying Up and Marrying Down: The Paradoxes of Marital Mobility for Chosŏnjok Brides in South Korea", in *Cross-Border Marriages: Gender and Mobility in Transnational Asia*, edited by Nicole Constable, pp. 80-100 Philadelphia: University of Pennsylvania Press.

Lu, Melody Chia-Wen and Wen-Shan Yang, eds., 2010, *Asian Cross-border Marriage Migration: Demographic Patterns and Social Issues*. Amsterdam: Amsterdam University Press.

Oxfeld, Ellen, 2005, "Cross-border Hypergamy? Marriage Exchanges in a Transnational Hakka Community", in *Cross-Border Marriages: Gender and Mobility in Transnational Asia*, edited by Nicole Constable, pp. 17-33. Philadelphia: University of Pennsylvania Press.

Pessar, Patricia and Sarah Mahler, 2003, "Transnational Migration: Bringing Gender In", *International Migration Review* 37 (3): 812-846.

Schein, Louisa, 2005, "Marrying out of Place: Hmong/Miao Women Across and Beyond China", in *Cross-Border Marriages: Gender and Mobility in Transnational Asia*, edited by Nicole Constable, pp. 53-79. Philadelphia: University of Pennsylvania Press.

Suzuki, Nobue, 2005, "Tripartite Desires: Filipina-Japanese Marriages and Fantasies of Transnational Traversal", in *Cross-Border Marriages: Gender and Mobility in Transnational Asia*, edited by Nicole Constable, pp. 124-144. Philadelphia: University of Pennsylvania Press.

Thai, Hung Cam, 2005, "Clashing Dreams in the Vietnamese Disapora: Highly Educated Overseas Brides and Low-Wage U.S. Husbands".

Wang, Hong-Zen, 2007, "Hidden Spaces of Resistance of the Subordinated: Case Studies from Vietnamese Female Migrant Partners in Taiwan", *International Migration Review* 41 (3): 706-724.

Williams, Lucy, 2010, *Global Marriage: Cross-border Marriage Migration in Global*

Context. Hampshire: Palgrave Macmillan.

王甫昌，1994，〈光復後臺灣漢人族群通婚的原因與形式初探〉，《中央研究院民族學研究所集刊》第76期，頁43-96。

李逸君，2005，《臺灣婚姻配對模式及其效率性檢定》。國立中央大學產業經濟研究所碩士論文。

利亮時、賴郁如，2012，〈臺灣印尼客僑的歸屬經驗〉，《臺灣東南亞學刊》9卷2期，頁109-132。

夏曉鵑，1995，〈外籍新娘在美濃〉，《中國時報》，1995/10/17，第15版。

──，2000，〈資本國際化下的國際婚姻──以臺灣的「外籍新娘」現象為例〉，《臺灣社會研究季刊》第39期，頁45-92。

──，2002，《流離尋岸：資本國際化下的「外籍新娘」現象》，臺灣社會研究叢刊。

──編，2009，《騷動流移》。臺北：臺灣社會研究雜誌社。

廖元豪，2009，〈全球化趨勢中婚姻移民之人權保障：全球化、臺灣新國族主義、人權論述的關係〉，收錄於夏曉鵑編《騷動流移》，頁165-200。臺北：臺灣社會研究雜誌社。

黃圓惠，2012，《移動在兩個家庭之間：北臺灣印尼客家女性的認同與情感民族誌》。國立交通大學客家社會與文化學程碩士論文。

張亭婷，2008，《外籍配偶與客家文化傳承》。國立中央大學客家社會文化研究所碩士論文。

張鈺平，2003，《臺越跨國婚姻之仲介業角色研究》。國立成功大學政治經濟學研究所碩士論文。

張雅婷，2005，《臺印跨國婚姻仲介研究：以南港村為例》。國際暨南國際大學東南亞研究所碩士論文。

張書銘，2002，《臺越跨國婚姻市場分析：「越南新娘」仲介業之運作》。淡江大學東南亞研究所碩士論文。

張翰璧，2007，《東南亞女性移民與臺灣客家社會》。臺北：中央研究院－亞太區域研究專題中心。

雲昌耀著，邱炫元等譯，2012，《當代印尼華人的認同：文化、政略與媒體》。臺北：群學。

楊聰榮、藍清水，2006，〈從歸僑到外籍——印尼臺灣人移民的歷史過程，兼談客家文化的影響〉，發表於「第三屆跨界流離國際學術研討會」，2006 年 10 月 7-8 日。臺北：世新大學。

賴郁如，2009，《客家族群的再次遷移與內在關係：以屏東縣長治鄉為例》。國立高雄師範大學客家文化研究所碩士論文。

謝淑玲，2005，《在臺客籍「印尼」與「大陸」配偶之客家認同比較研究》。國立中央大學客家社會文化研究所碩士論文。

鍾鎮城、黃湘玲，2010，〈客籍新移民女性之語言使用與自我移民認同形塑〉，收錄於莊英章、簡美玲主編《客家的形成與變遷（下）》，頁 693-716。新竹：交通大學出版社。

蔡雅玉，2000，《臺越跨國婚姻現象之初探》。國立成功大學政治經濟學研究所碩士論文。

蔡芬芳，2016，《走向伊斯蘭：印尼客家華人成為穆斯林之經驗與過程》。桃園：中央大學出版中心、臺北：遠流。

蕭新煌、林開忠、張維安，2007，〈東南亞客家篇〉，收錄於徐正光編《臺灣客家研究概論》，頁 563-581。臺北：行政院客家委員會與臺灣客家研究學會。

蕭新煌，2013，〈從臺灣客家經驗論東南亞客家研究的比較視野〉，收錄於林開忠編《客居他鄉——東南亞客家族群的生活與文化》，頁 18-23，苗栗：客家委員會客家文化發展中心。

——，2016，〈臺灣與東南亞客家意識的浮現〉，收錄於蕭新煌等撰，邱榮舉主編《2015 桃園市乙未‧客家紀念活動暨國際學術研討會論文集》，頁 35-46。桃園：桃園市政府客家事務局。

附錄

姓名	出生年	結婚時間／年齡	居住地點	職業	夫家族群身分
阿佳	1974	1998／24	桃園市八德區	勞工	客家
淑瑩	1985	2003／18	桃園市八德區	勞工	公公客家、婆婆閩南
芳琴	1980	2002／22	桃園市八德區	勞工	客家
雲霞	1946	1980／35	桃園市八德區	勞工	客家
惠明	1977	2001／24	桃園市平鎮區	職員	閩南
麗玲	1971	1991／20	桃園市楊梅區	家庭主婦	客家
莉芸	1980	2000／20	桃園市楊梅區	自營	客家
玉玲	1973	2001／28	桃園市楊梅區	勞工	客家
玉月	1982	1999／17	桃園市楊梅區	勞工	客家
秀美	1975	1995／20	桃園市楊梅區	勞工	客家
文英	1977	2000／23	桃園市龍潭區	勞工	客家
英雲	1979	1999／20	桃園市龍潭區	勞工	客家
娟芬	1978	1998／20	桃園市中壢區	自營	閩南
玲宣	1971	1991／20	桃園市新屋區	勞工	客家
玲娟	1979	2006／27	苗栗縣苗栗市	勞工	客家
敏娟	1971	1999／28	苗栗縣苗栗市	勞工	客家
阿霞	1978	1998／20	苗栗縣苗栗市	勞工	客家
梅玉	1971	1988／17	苗栗縣苗栗市	家庭主婦	客家
美芬	1977	2001／24	苗栗縣苗栗市	教會	客家

臺灣與東南亞客家認同的比較：延續、斷裂、重組與創新 /
蕭新煌主編 . -- 初版 . -- 桃園市：中央大學出版中心；
臺北市：遠流, 2017.12
　　面：　公分 . --（海外客家研究叢書；6）
　ISBN 978-986-5659-17-2（平裝）

1. 客家　2. 族群認同　3. 比較研究　4. 臺灣　5. 東南亞

536.21107　　　　　　　　　　　　　　106021811

海外客家研究叢書 06

臺灣與東南亞客家認同的比較：
延續、斷裂、重組與創新

主編：蕭新煌
執行編輯：曾炫淳
編輯協力：簡玉欣

出版單位：國立中央大學出版中心
　　　　　桃園市中壢區中大路 300 號

　　　　　遠流出版事業股份有限公司
　　　　　台北市南昌路二段 81 號 6 樓

發行單位／展售處：遠流出版事業股份有限公司
地址：台北市南昌路二段 81 號 6 樓
電話：(02) 23926899　傳真：(02) 23926658
劃撥帳號：0189456-1

著作權顧問：蕭雄淋律師
2017 年 12 月 初版一刷
售價：新台幣 400 元

YL*ib*—遠流博識網 http://www.ylib.com　E-mail: ylib@ylib.com